高等学校应用型本科金融学“十三五”规划教材
兰州财经大学专项科研经费资助

中央银行典型案例教程

ZHONGYANG YINHANG DIANXING ANLI JIAOCHENG

主 编 黄 萍

中国金融出版社

责任编辑：王　君　单翠霞
责任校对：张志文
责任印制：陈晓川

图书在版编目（CIP）数据

中央银行典型案例教程（Zhongyang Yinhang Dianxing Anli Jiaocheng）/黄萍主编．—北京：中国金融出版社，2016.4

ISBN 978－7－5049－8366－4

Ⅰ.①中…　Ⅱ.①黄…　Ⅲ.①中央银行—案例—教材　Ⅳ.①F830.31

中国版本图书馆 CIP 数据核字（2015）第 319203 号

出版
发行　中国金融出版社

社址　北京市丰台区益泽路 2 号
市场开发部　（010)63266347，63805472，63439533（传真）
网 上 书 店　http：//www.chinafph.com
　　　　　　（010)63286832，63365686（传真）
读者服务部　（010)66070833，62568380
邮编　100071
经销　新华书店
印刷　北京市松源印刷有限公司
装订　平阳装订厂
尺寸　185 毫米×260 毫米
印张　10.5
字数　230 千
版次　2016 年 4 月第 1 版
印次　2016 年 4 月第 1 次印刷
定价　26.00 元
ISBN 978－7－5049－8366－4/F.7926
如出现印装错误本社负责调换　联系电话（010）63263947
编辑部邮箱：jiaocaiyibu@126.com

前　　言

《中央银行典型案例教程》以本教材组编写出版的《中央银行学》（中国金融出版社）教材为蓝本，以中央银行发展沿革、业务运作和功能发挥为线索，以“十三五”发展的新背景为指引，以满足理论与现实相结合的教学需求为宗旨，以全面性与精要性为原则，是在对主教材课程体系做了创新架构的基础上同步编写出版的辅助教材。本教材通过案例与主教材双向动态结合，力求将中央银行相关理论与实务的最新动态与研究成果贯穿于教学实践中。

本教材由六章内容组成，每章精编5~6个典型案例，每个案例由基本案情、案情分析、本案启示、参考文献、思考与讨论五个部分组成，这种体例安排更适宜于学生结合教材动态掌握比较抽象的中央银行理论知识，有利于提升学生立足宏观经济金融视野分析实际问题的能力。

本教材立足新视野，体系安排科学、体例结构完善，突出了中央银行学课程宏观性、时效性与实践性强的特点，整合与拓宽了课程内容，对教学具有重要的实践指导意义。通过大量真实、丰富、来自世界范围的案例分析，使学生能够从中央银行制度、中央银行业务、金融调控、金融监管、金融稳定以及对外活动六个方面全面把握课程体系，并轻松系统地拓展中央银行学的理论知识。另外，每章还配有思考与讨论，更有利于学生自主拓展学习。

本教材由黄萍担任主编。全书共六章，编写的具体分工如下：王碧莹编写第一章、第二章第五、第六节；韩秋阳编写第三章、第二章第四节；黄萍编写第四章；史艺琼编写第五章、第二章第一、第二节；何亮强编写第六章、第二章第三节。全书由黄萍负责修改定稿。

本教材在编写过程中，参阅了国内外大量的文献资料，在此谨对著作者致以诚挚的谢意。同时，中国金融出版社对本教材的出版发行给予了较大的支持与帮助，在此致以由衷的敬意与谢意。通过该教材的编写，既可以弥补统编教材编写更新速度慢跟不上金融形势的不足，也可以及时补充各国中央银行改革和发展的新变化。由于水平有限，虽致力于推陈出新与有效补充，仍难免有不足之处，敬请读者批评指正。

黄萍

2016年4月

目　录

第一章

中央银行制度典型案例

第一节　中央银行的鼻祖——英格兰银行

一、基本案情

建立于1694年的英格兰银行，被认为是世界上最早全面履行中央银行职能的银行，也被认为是中央银行的鼻祖。在英格兰银行成立之后的100多年里一直是英格兰地区唯一的股份制银行，并且在这100多年里，英格兰银行也完成了从普通的私人银行向英国的中央银行的转变。

图1-1　英格兰银行外景

英格兰银行建立初期只是一家普通的私人股份制银行，18世纪初经历了几次金融和经济危机后，在18世纪中期成为英国的准中央银行，19世纪之后全面发挥中央银行的职能。英格兰银行能够从一家普通的私人股份制银行逐步发展成为英国的中央银行，是与当时的经济发展、政府筹款的需要、英格兰银行特许状的保护等因素分不开的。其职能的转变对英国乡村银行的发展、银行券的发行、经济发展及国债制度都产生了深远影响。

英格兰银行建立之初并不是真正意义上的中央银行，而是到18世纪初才具备了一些中央银行的特征。英格兰银行最初是一家私人银行，但由议会批准，与政府有着密切的关系，为政府提供贷款，这使英格兰银行在履行公共职能时更有优势。因此，银行董事经常要在自身利益与公共之间进行权衡，积极地关注公共利益，最终使英格兰银行向特殊的方向发展。而它的中央银行职能也是在这一过程中缓慢发展出来的。

二、案情分析

英格兰银行在17世纪末至19世纪初的发展壮大过程中，顺利实现了自身角色的转变，从建立之初的私人股份制银行逐渐演变成了19世纪初实际意义上的中央银行。英格兰银行能够成功实现自身职能的转变，是与当时的经济环境、政府财政的需要、不断更新的英格兰银行特权法令等多方面因素分不开的。

（一）经济因素的影响

由于英格兰银行在伦敦地区的至高地位，使得英格兰银行也担负起了一系列的社会责任，即我们现在所说的“中央银行”的职责。英格兰银行从本身的利益和客户的利益出发，处理货币市场的动荡问题。在这个过程中，英格兰银行也逐渐意识到自身的力量和影响力的不断增长，同时民众也希望英格兰银行的力量和影响超过其他银行。当危险的投机行为走向高潮的时候，英格兰银行通过实物抵押贷款的形式规避风险，同时也以信誉信贷的形式支持货币市场，使其免于垮台。

每次在金融危机来临的时候，英格兰银行都想方设法扭转局面，稳定民心。英格兰银行在18世纪末的发展历程表明，当时的英格兰银行的总裁们已经开始认真地履行他们的社会职责。据英格兰银行行长塞缪尔·博赞克特说，在某一时期，如1753年，当出现外汇短缺和黄金出口威胁到黄金储备的时候，英格兰银行就缩减本身的业务，以保持必要的储备，这是保证英格兰银行和货币市场安全必不可少的条件。

英格兰银行的实力逐渐增强，这也使得它所经营的业务有所扩大。英格兰银行自建行之初便开始经营国债，随着英国国债数额的持续增加，英格兰银行在经营国债方面的重要作用也逐渐展现出来。英格兰银行经常借款给私人，使他们能够不断买进政府发行的债券，这样英格兰银行就间接地掌握了政府许多部门的税收权力。除此之外，在18世纪它已经开始发行“汇票”贴现，这些汇票可以在伦敦流通，尽管发行量有点波动，但是在18世纪60年代及以后的时间里数量明显增加。

英格兰银行的黄金储备随着社会经济的发展和自身业务的不断扩大而增加，1750年的黄金储备为1959万英镑，1770年增至2873万英镑，到1890年就已经达到8386万英镑。充实的黄金储备，是英格兰银行在经济危机和金融恐慌来临时能够从容面对的基础，也正是充实的黄金储备使英格兰银行逐步具备了向其他银行贷款的能力。这在某种程度上凸显了英格兰银行在银行系统中的领导地位。

（二）政府筹款的需要

英格兰银行发展的前120年间，英国政府要么在准备战争、发动战争，要么在寻求战争后的节约开支。其实，也正是这个特殊的环境才使得英格兰银行在走向中央银行的道路上形成了不同于欧洲其他国家的独特模式。时断时续的战争环境，使得政府在战争筹款问题上对英格兰银行产生了依赖，在对外战争期间，财政大臣不得不经常与英格兰银行的董事们进行接触谈判。1696—1781年，英格兰银行特权法令的6次成功延期基本上都是在这种环境下获得的。

随着时间的推移和英格兰银行与政府财政之间的关系日益密切，银行本身的实力也越来越强，资本总额由最初的120万英镑，发展到1742年的1078万英镑，1797年已达到1759万英镑。除了向政府短期垫款外，它还定期帮助财政部与伦敦城的金融家和银行家商谈新政府公债发行的条件。就这样，英格兰银行在与政府往来的过程中，逐渐成为“英国国家机构的一部分”。

1793年，当英国经济正发生严重危机时，英国政府又向法国宣战。长期的对法作战，使得政府的财政又陷入了困境，再加上当时政局的动荡不安，许多商人又将黄金运出伦敦，使英格兰银行无法满足客户提现的要求，这就使原本动摇不定的公共信贷遭受了致命的打击。许多银行，特别是乡村银行纷纷倒闭，这也使得英格兰银行有可能面临单独维持公共信贷的困境。英格兰银行对此十分震惊，它通过缩减银行券发行量和提高贴现率等无奈的办法等待时局的转变。有人声称，除非政府予以直接帮助，否则英格兰银行倒闭将会引起国内出现全面破产。在这种情况下，政府不得不以国库财产为担保为英格兰银行垫款500万英镑，才使英格兰银行化险为夷。英格兰银行和政府在缓解经济危机和安定人们信心方面都发挥了巨大作用，不过英格兰银行在这方面发挥的作用相对来说又显得更重要一点。

（三）英格兰银行特许状的保护

英格兰银行是在英国政府为战争筹款陷入困境的情况下，由一群希望从新型银行中获益的商人企业家们支持建立的。1694年，英格兰银行的特许状在议会获得通过，宣布银行的正式建立。但是，最初的特许状并没有给予英格兰银行永久的特权，而只有短短的几年期限。在特许状到期的时候，政府会提前一年发出通知，如果得不到延期，政府将会偿还银行所有的贷款，同时解除特许状的法律效力。然而，实际上英格兰银行特许状从来没有被取消，在1694—1844年共获得了9次长短不同的延期。

整个18世纪，英格兰银行一直忙于争取特许状的延期，并在特许状的保护下逐步发展壮大。期间，虽然英格兰银行也为此付出了很多代价，但是这些付出都是有价值的，而且也得到了政府相应的回报。可以这样说，是英格兰银行特许状的持续保护，才使英格兰银行有条件发展成为英国实力最雄厚的银行。

英格兰银行在伦敦地区的垄断特权持续了一个多世纪，由此成为伦敦货币市场的实际领导者。即使是在1826年，议会通过决议把英格兰银行的垄断范围局限在查林克洛斯方圆65英里之内，英格兰银行的中心地位也没有动摇，因为议会同时也允许英格兰银行在格洛斯特、斯旺西和曼彻斯特等从来没有开办分行的地方开办了分行，以弥补其损失。甚至到了1833年，英国当局彻底废除了不准在英格兰创办股份制银行的规定，但也没有对英格兰银行造成巨大影响，因为此时英格兰银行已经取得了银行券发行的垄断权，成为英格兰地区银行券发行的唯一合法机构。1844年，英格兰银行正式成为了现代意义上的英国中央银行。

三、本案启示

英格兰银行从最初的私人股份制银行经过一个多世纪的曲折发展，最终成功实现了自身职能的转变。这一转变的顺利实现，是与英国国内多方面因素分不开的。反过来，它的成功转变也对英国乡村银行的发展、银行券的发行、经济的发展和国债的制度等方面产生了深远影响。

（一）对英国乡村银行发展的影响

英格兰银行在18世纪的发展过程中，得到了不断更新的英格兰银行特许状的保护，这是其能够顺利实现职能转变的重要因素之一。但是这些特许状在保护英格兰银行享有特权的同时，也对英国乡村银行的发展产生了深远影响。

从18世纪英格兰地区银行发展的趋势来看，一方面在限制股份制银行发展的同时给乡村银行的发展提供了客观条件，另一方面又导致了乡村银行资金少、规模小和抗风险能力差的现状。这是英国银行体系发展过程中所独有的特点。

（二）对英国银行券发行的影响

英格兰银行在向中央银行转变的过程中，对英国银行券发行产生了深远影响，这主要体现在英格兰银行在18至19世纪的发展过程中逐步垄断了英国银行券的发行权。

英格兰银行建立之初就获得了银行券的发行权和其他一些特权，但是当时并没有直接限制其他银行的银行券发行权。伦敦城里的其他城市银行和众多伦敦城外的乡村银行，最初也都拥有发行银行券的权力，只要其保证所发行的银行券能够随时兑换。但是在实际过程中，伦敦的城市银行和众多的乡村银行在发行银行券方面并没有长久地坚持下来，很多银行或许因为倒闭，或许因为信用不良而最终放弃了发行银行券。英格兰银行是伦敦地区唯一发行银行券长达一个世纪之久的银行。

另外，英格兰银行在发行银行券方面的影响还体现在银行券的面值上。最初英格兰银行只发行大面额的银行券，在1759年以前它从不发行小于10英镑面额的银行券，只在18世纪90年代英国国内黄金数量急剧减少，无法应对社会需求的时候，英格兰银行发行了1英镑、2英镑等小面额的银行券以代替金币流通。

（三）对英国经济发展的影响

英格兰银行职能的转变和英国银行体系的形成，对英国经济的发展，特别是工业革命的进行起到了巨大的推动作用。18世纪后半期，伴随着乡村银行的发展壮大，英国的银行体系初步形成，这为英国各地工业革命的开展提供了有力的资金支持。有人曾把银行对工业革命的主要贡献之一归结为：把资本从资本需求少的地方转移到急需资本的地方。例如，兰开夏郡等工业地区的资金需求无法完全靠本地的财力满足，同时农业地区剩余存款日益增加，这样，银行体系就提供了资金融通和地区转移的渠道。迪恩就曾说，“在工业革命开始后，英格兰银行就成为了兰开夏郡的一个重要资金来源。”

18世纪中后期形成的银行体系通过贴现票据、直接提供短期贷款、间接提供长期贷款等多种方式为工业革命筹集了所需要的资金，为经济发展作出了自己的贡献，从而使英国率先进入现代经济增长时期。正如W. H. B. 考特所说，英国的乡村银行为18世纪的经济生活填平了许多鸿沟，也缓和了正在发展工业的地区经常出现的资金短缺问题，银行家们也终于成为向工农业提供短期贷款的主要贷方。

（四）对英国国债制度的影响

“在近代初期，英国金融领域中的每次改革都与借贷有关。”这一方面反映出借贷，尤其是国债，在国家经济生活中的重要作用；另一方面也反映了英国的借贷，包括国债，一直处于相对混乱的局面。改革总是从阻碍社会发展的方面入手的，只有建立健全有效的财政体制和国债制度才能改变这种混乱的局面。为此，对于英国政府来说，一方面要组建一个统一、有效的管理机构，从而使政府的财政机构能够良好地运转；另一方面也需要组建一个信誉良好、资金雄厚的银行，为政府的借贷提供帮助。

英格兰银行的发展壮大并逐步担负起中央银行职责，为政府财政的正常运作提供了稳固的基础。英国政府也正是因为有了英格兰银行这个坚强的财政后盾，才在18世纪与欧洲各国的较量过程中顺利发行大批国债，筹得巨额战争经费并最终成功取得争霸斗争的胜利。英国国债由最初众多银行参与经营到由英格兰银行独家经营，使国债的发行更加稳定，并向制度化方向发展。

第二节 世界上最小的中央银行——中华苏维埃国家银行

一、基本案情

在1927年“八一南昌起义”之后，为了走农村包围城市的道路，中国共产党在许多地方建立了农村根据地。为了维持当地的经济运行和财政需要，各个地区都建立了独立的银行和金融机构。然而大量金融机构的出现虽然满足了各个根据地经济发展的需求，却由于缺乏管理而混乱不堪。它们大多独立发展，发行的币种种类繁多，五花八门，品种达270多种，这严重影响了各个根据地之间的交流，也不便于统一管理，最终也会威胁到根据地经济的长远发展。因此，建立一个统一的国家银行已迫在眉睫。为了支持财政和革命战争，需要建立更高一级的国家级金融机构，以统筹各地金融机构，执行统一的货币金融政策，就这样苏维埃国家银行应运而生。

这个国家银行虽然相对其他银行而言比较小，然而它的功能却非常齐全，分支机构设置在各个领域，业务种类也十分丰富。它不以巧伪趋利、渔夺侵牟为目的，而以革奸铲暴、济寒赈贫为己任，有别于古今中外任何钱庄票号和银行。

二、案情分析

1931年11月，通过中华苏维埃第一次全国代表大会毛泽民被推选筹建中华苏维埃国家银行。然而政府却在当时既无法提供场所，也没有能力提供设备的情况下要求该国家银行能够印刷和发行国家法定货币，并只给了毛泽民五个编制。毛泽民没有被眼前的困难吓倒，而是迎难而上。首先，他通过细心的观察，挑选出了“出纳”、“会计”、“勤务”等职员。其次，他在叶坪村谢氏宗祠附近租借了一幢简易民房，摆了几把椅子，放了几把算盘，国家银行就算正式成立了。关于制造货币的机器，他想到了原江西省苏维埃政府造币厂，于是他将这个造币厂进行扩建和修整，使其成为了苏维埃国家银行的中央造币厂。最后就是货币的票样图案了，毛泽民将卷入了一场冤假错案的中共汀连县委宣传部长黄亚光及时从刑场上解救下来，委以国币设计师之重任。在巨大的压力下，黄亚光充分发挥自己的才能，汲取了传统艺术的精华，又赋予其新的时代意义，很快便制作出了具有浓厚政治色彩的票样图案。造币师似乎也受到了启发，在造币的过程中也勇于创新，既利用了传统的影制铜版、剪贴，又使其符合印制中央货币的要求，最终顺利制作出了印制货币的铜版。然而印制货币的纸张和油墨是专用的，普通的纸张和油墨根本无法胜任。毛泽民开始去各敌占区采购，结果却无功而返。最终毛泽民决定自己制作，他常常没日没夜地带领工人在造纸坊研究制作工艺，最终用自己研制的土办法成功地生产出了既具有防伪能力又十分柔韧的钞票纸，紧接着又成功地研制出了符合标准的油墨。

图 1-2　中华苏维埃银行金库

1932 年 7 月 7 日，中华苏维埃共和国国家银行正式开始印制首批国家货币。在短短的半年中，分别印制伍分、壹角、贰角、伍角和壹元 5 种硬币累计高达 65.61 万元。同时，为了对外交易，充盈国库，他们还广泛收集散落的贵金属。在这段时间里，中华苏维埃国家银行发行的货币币值稳定，准备金也十分充足。通过大力的宣传，根据地的广大群众非常信任国家银行，他们都交出了自己的旧币来兑换新币，于是苏维埃国家银行逐渐统一了根据地的财政和货币。红军自从在深山老林里设立金库以来，主要是依靠打土豪、没收地主的财产等方法扩充国库。但是之后以王明为代表的“左倾教条主义”上台，他们不能根据中国的实际国情作出正确的决策，而是大力推行“城市中心论”和“正规化”，武断地取消主力红军的筹款任务，改由政府统一供给，最终导致了严重的赤字问题。

1932 年 2 月，由于红二军团和红三军团在贵州战场上的失利，造成了严重的损失，国家因此拨出巨额军费，最终导致中央财政严重的收支不平衡。为了扭转倒闭的局面，1932 年 3 月下旬，毛泽东为了能东征据理力争，最终攻下了龙岩和漳州，获得了大量的金钱和紧缺物资，大大改善了根据地财政赤字的状况。

1932 年 6 月和 10 月，苏维埃国家银行分两期发行“革命战争公债”共 180 万元，次年又发行“经济建设公债”300 万元，并从中拿出 20 万元设立储蓄基金，广泛吸纳社会闲散资金，用于支持工矿生产，促进对外贸易。

因为采取了科学的管理方法、完善的经营理念，苏维埃国家银行在这短短的时间里发展迅速。总行设有 2 个处、7 个科和 1 个总金库，工作人员增加到 50 名。下辖福建，江西 2 个分行，1 个瑞金直属支行，4 个兑换处，5 个金银收买处和几十个代兑处等，业务延伸到了苏区内外，并且涉及了不同领域，为这个逐渐强大的红色政权提供了强大的财力、物力支持。此外，苏维埃国家银行还在石城县横江镇张坑村烂泥坑设立了一个秘密金库，来保护国家财产的安全。那些从各地送来的财物，被藏在一个巨大的地窖里，两名便衣日夜不间断地守护在这里。这个隐秘的金库由于其天然良好的地理位置和远离政治中心的优势以及群众的自发保护，使得其长久不为众人所知，最终能够在多次危机中安然无恙。

1934 年 10 月，因为在错误思想的指挥下，红军第五次反围剿失利，毛泽东毅然决定战略大转移。苏维埃国家银行从所有的业务人员中精心挑选了 14 名骨干人员，这些人被编入中央军委直属纵队第 15 大队，剩下的工作人员则仍然留在中央苏区。在国民党围剿下，苏维埃国家银行迫于压力，只能慢慢停止了货币的印铸和发行，各地的分支机构也逐渐关闭、停业，结束了它们的光荣历史使命。秘密金库中的财物也只能分配给各个部队进行保管，而剩余的印制货币的器材是靠着 200 多名战士，手提肩扛地走完了漫漫长征路。这一路上危险不断，战斗不断，终于在 1935 年 1 月 7 日，贵州遵义被红军攻下，进行了一次难得的休整。在这段时间里，苏维埃国家银行也没有闲下来，为了补充军需，苏维埃国家银行连夜印制和发行货币。但为了不影响当地的经济发展，他们在离开遵义之前，全部用银元或实物予以回收，最后在路上进行了销毁。10 月 19 日，第 15 大队 14 名苏维埃国家银行干部在中央红军抵达陕北革命根据地时仅剩下 8 人，其余全部牺牲，而他们运送的黄金和银圆却保存完整，分毫不差。

1935 年 11 月，休整过后的苏维埃国家银行与原陕甘晋银行合并，成立了中华苏维埃共和国国家银行西北分行，至此苏维埃国家银行的时代结束了。

三、本案启示

中华苏维埃国家银行从最初的建立到最后合并，总共只有短短的 3 年零 9 个月。在这期间，发行货币 800 万元，由于国民党的围剿，红军自己携带不便而损毁，以及自然腐蚀等原因，现在流传的已经寥寥无几。这些货币虽然纸质粗糙，印制简陋，但票面的设计却大方精美，不仅具有传统内涵文化特征，还十分符合当时的政治需求，有些图案直到今天还非常具有借鉴意义。国家银行存在的时间虽然并不是很长，但是它在革命时期所作出的贡献却是不容小觑的。

苏维埃国家银行实际上主要从事的业务有发行货币、存款和代理国库。

（一）发行货币

苏维埃国家银行作为苏维埃共和国的中央银行，拥有中央银行的性质，货币发行即中央政府赋予苏维埃国家银行集中与垄断货币发行的特权，它是苏维埃共和国唯一的货币发行机关。这也是苏维埃国家银行最基本最重要的标志，同时也是发挥其全部功能的基础。

由于国民党的白色恐怖，苏维埃国家银行缺乏必要的设备和物资，直到 1932 年才开始发行货币。据统计，到 1932 年底共印制发行壹圆券 375000 元，贰角券 103000 元，壹角券 129800 元，伍分券 48375 元，总计 656175 元，1933 年又增印了面额伍角的纸币。至 1934 年 10 月长征前，国家银行发行的纸币共有壹圆券、伍角券、贰角券、壹角券、伍分券 5 种面额 8 个版别，累计发行量达 800 万元。

为了能使苏维埃国家银行发行的货币顺利流通，临时中央政府要求在缴纳各种税费时，都要使用国家银行发行的货币，在市场上必须流通法定的国家货币，不得有任何人阻拦或破坏国家货币的信用和流通活动。并且在当时还提出“苏维埃公民及一切居民，都要用苏维埃国币”的口号。可见当时临时中央政府为了国币的信用与流通作出很多的努力。在流通的开始阶段，为保障新发行的货币能够迅速兑换，苏维埃国家银行在一些地方设立了兑换处，通过大量的宣传，人民群众纷纷自觉自愿地前来兑换，这样不仅迅速提升了国币的信誉，同时也极大地稳固了国币的地位。在政府的帮助以及老百姓的拥护下，国币流通的范围越来越大。在这期间，苏维埃国家银行还兑换了一些其他的杂币，通过这一系列活动，成功地统一了中央苏区的货币市场。苏维埃国家银行作为中央银行，发行的货币是高能货币，决定着一个时期的货币供给量的多少和货币流通状况，也影响着商业银行等金融机构的货币派生能力。然而，在当时复杂的战争年代，临时中央政府面临着巨大的财政压力。1933 年后政府财政收入日益减少，为了应付巨大的战争开支，政府只能通过苏维埃国家银行增加纸币发行量来缓解赤字。纸币发行量的不断上升和现金准备的急速短缺，导致了苏维埃国家银行所发行的纸币迅速贬值，最终使革命根据地陷入通货膨胀的困境。

（二）开展存款业务

存款业务是银行最基本、最传统的业务，也是银行最大的资金来源。因此，为了扩大资金来源，苏维埃国家银行在成立之后就立即开始广泛吸收存款，主要以政府财政性存款和红军部队“公营企业”合作事业往来存款为主。1932 年 2 月苏维埃国家银行开业后第一项工作就是接收财政部的库存现金 20 万元，开立财政往来账户，接着就是通知党政军各机关和公营企业必须在银行开户。与此同时，苏维埃国家银行还积极开展储蓄业务，吸收社会闲散资金。

在特殊的战争年代，苏维埃国家银行要担负起作为农村革命根据地银行所要承担的责任，因此在这特殊时期，苏维埃国家银行的资金主要用在支持政府财政和满足战争支出方面。这符合当时的特殊时代背景，同时也体现出了苏维埃国家银行在革命时期存在的意义和作出的贡献。

（三）代理国库

代理国库即政府在中央银行设立账户，政府的各项财政支出均在其开立的账户中进行。苏维埃中央政府成立后，首先需要解决的问题就是健全各级财政管理机构，统一财政制度。而尽快建立统一的国库制度就显得尤为重要。

1931 年 12 月，临时中央政府颁布了《中华苏维埃共和国暂行财政条例》，规定苏区财政收入支出实行严格的预算和决算，严格履行领款程序和实行统一的簿记制度等。1933 年 10 月又颁布的《国库暂行条例》规定“国库统由财政人民委员部国库管理局管理之，其金库则委托国家银行代理之，总金库设于总行，分金库设于分行，支金库设于支行，总分支金库主任，由国家银行总分支行行长兼任”。这一规定赋予了苏维埃国家银行全权代理金库的特权。1933 年起，苏维埃国家银行各级机构设立了国库科，“总行设总金库，分行设分金库，支行设支金库，区设特派员。各级行长为各级金库的主任，区特派员有专责的，也有兼任的。1933 年下半年，金库设到红军的师一级，团设特派员，均由政治部代理”。这一套财政制度的机器，在一年多时间中，始终准确顺利地进行，很少发生故障，一直到准备长征时，才停止工作。

第三节　德国中央银行的独立性

一、基本案情

图1-3　德意志联邦银行

当今世界，各个国家都不可避免地面临一个重要问题，那就是中央银行与政府之间的关系。一个国家的经济是否健康，发展是否具有潜力，其中重要的一个因素是宏观调控政策是否恰当、有效。而中央银行作为制定和执行货币政策的主要机构，责任重大，因此中央银行是否能够独立地制定稳定、科学、合理而又灵活的货币政策就显得十分重要，同时这也是宏观调控中重要的组成部分。根据经济学原理，劳动、资本、技术进步决定GDP的潜在增长，而价格和工资水平可以起到平衡作用，这两个因素最终又是由中央银行进行调控，因此从短期看，合理的物价水平和工资—价格水平就是中央银行的重要任务。从长期来看，抑制通货膨胀，保持经济健康发展是中央银行最重要的任务，同时也是衡量一个国家中央银行业绩的标准。

从世界范围看，德国中央银行的独立性是十分具有代表性的。德意志联邦银行是德国的中央银行，它的主要任务是稳定货币，同时自己的决策不受政府干涉。尽管这样的方式在过去被大家认为是非理性的德国式“通货膨胀恐怖症”，但是它却以自己优秀的表现证明了其可行性和优越性。因此，历史上德国马克是世界上最稳定和可信赖的货币之一。

现在，只要一提到独立性较强的中央银行，首先想到的就是德国中央银行，它已经成为独立制的代表。国际货币基金组织甚至把独立性问题作为健全中央银行体制的首要问题向其会员国提出，建议其会员国借鉴与学习。

二、案情分析

（一）德国中央银行的资金管理体制

德国中央银行采取单一货币政策目标，即“稳定币值”，而其他西方国家的中央银行往往拥有多个货币政策目标。究其原因，主要是德国经历过两次严重的通货膨胀。第一次发生在一战时期，德国滥发货币，马克变得一文不值，最终不得不重新发行货币。第二次是二战结束后发生的通货膨胀，是由于物资严重短缺，经济严重萧条。这两次通货膨胀的教训深深留在了德国人的心里，因此他们把维持币值稳定、控制通货膨胀率作为中央银行最主要的任务。

第一，德国中央银行能够独立制定并且执行货币政策。德国中央银行的独立性是受法律保护的，1957 年颁布的《德意志联邦银行法》规定，德国中央银行可以独立运用法律所赋予的权力，不受政府的控制。原因是政府在看待经济发展的问题时，所处的位置和角度与中央银行有极大的不同。政治家为了自己的政治前途，只关注失业率的下降和 GDP 的增加这些公众较为关心的问题，因而忽略了一定时期内的通货膨胀率增加。而中央银行却从长远角度出发，较为关注长远的经济利益，即如何维持货币的币值稳定，避免通货膨胀而导致的经济波动。因此，中央银行的独立性就显得十分重要了，独立的中央银行应当不受政府政策变动的干扰，能够根据经济发展态势，独立制定和执行恰当的货币政策，为经济的长远发展提供有力的保障。

第二，代表各方意志的中央银行理事会决定货币信贷方针。德国中央银行的最高权力机关是理事会，每隔 1 周开 1 次理事会，决定中央银行的各项事务。理事会共有成员 17 人，其中政府推荐 6 人由德国总统任命，包括行长、副行长；剩下的 11 人，由德国的 11 个州政府推荐任命，最后由参议院批准。从理事会的成员组成我们可以看出，德国中央银行代表着不同团体的意志，同时这也很好地保证了它的独立性。

第三，联邦银行执掌中央银行的资金。根据德国法律规定，联邦银行是德国唯一有权发行马克的银行。这样，联邦银行就可以控制整个中央银行的资金，并可以合理地制定信贷政策。联邦银行对资金的控制有其自身的一些特点：首先是联邦银行只与金融机构办理贷款业务，不与实体经济有业务往来。它的资金只能用于金融机构和政府。其次是联邦银行与各州银行的资金管理权限划分明确。州中央银行没有对商业银行的贷款和公开交易量的决定权，而只负责组织商业银行对联邦银行贷款的投标，并将情况报告联邦银行，由联邦银行决定贷款的数量和对象。

第四，政府财政的融资受到联邦银行的监管。德国立法机构吸取以前的经验教训，严格规定联邦银行对政府融资的范围，使联邦银行在制定货币政策时有充足的权力。法律规定，政府能够直接在联邦银行贷款的额度只有 60 亿马克，其他各州能够贷款的额度只有 30 亿马克。同时还规定政府不能随意贷款，即使贷款也只能是短期性贷款，必须在 3 个月内偿还。至于贷款的用途，也有明确规定，只能用于政府财政收支时间不一致，不能用来弥补财政赤字。

（二）联邦银行制订货币增长计划目标的程序

制订适度的货币供应计划有利于维持货币稳定。货币增长计划目标由预测的实质经济增长率、货币流通速度的变动和可接受的物价上涨率 3 项指标构成。而货币增长目标是十分复杂的，因此德国中央银行要通过各方预测的结果来确定各个指标。

首先，要采纳一个由 5 个专家学者构成的小组的意见。这个小组里的每个专家分别独立的管理着一批助手，以此来专门预测和分析当前的和未来的经济走势。其次，还要考虑 5 个专业的经济机构的预测和分析结果。最后，参考中央银行政策研究部门的意见。

上文提到的这些专家学者会在每年9月开一次研讨会，以便相互交流学习，并对重要的数据作出预测，此外还会提出一些相关的意见和建议。联邦银行最后将这些数据汇总、整理，再通过理事会讨论，来确定未来的政策目标，并在年底公布。

联邦银行的业务还包括对商业票据再贴现实行配额管理、抵押贷款、招标融资，对法定存款准备金管理等业务。

三、本案启示

德意志联邦银行保持了较强的独立性，这对于其充分履行央行职能、有效开展业务与推行货币政策的积极作用与借鉴意义是不言而喻的。

（一）央行保持较强独立性有利于降低通货膨胀率

政府在执行经济政策时，往往容易从短期利益出发，扩大财政支出，加大政府消费和公共投资，从而增加通货膨胀的压力。相关研究也表明，中央银行独立性强弱与通货膨胀率高低密切相关。从发达国家的经验看，中央银行受到政府操纵时国家的平均通货膨胀率要比中央银行具有高度独立性的国家高。

为什么央行的独立性会带来较低的通货膨胀率？对于这一问题，理论界通过公共选择学说、萨金特（Sargent）和华莱士（Wallace）的分析得出的结论，以及货币政策的短期和长期不一致学说作出了解释。

第一种根据公共选择理论的观点，货币当局承受着强大的政治压力，这迫使它必须根据政府的偏好来制定政策。货币紧缩会给政府的预算状况带来负面影响，如暂时的经济降温带来的税收减少、铸币税收入可能的减少、公债利率的短期上升都会使财政赤字增加。因此政府偏好宽松的货币政策。

第二种解释中央银行独立性有助于降低通货膨胀的理论，是萨金特和华莱士首先提出来的。他们将政策当局和货币当局做了区分。如果财政当局居主导地位，也就是说，货币当局无法影响政府财政赤字的大小，则货币供应量就成内生变量。当公众无法或不愿意再吸收新增的政府赤字时，由于政府预算约束的限制，货币当局将被迫通过增发货币来融通政府赤字。反之，如果货币当局居主导地位，财政当局就会被削减赤字（或拒付部分债务）。央行越独立，央行被迫增发货币融通赤字的可能性就越小，这一理论与央行的信用独立性有关。

第三种有关央行独立性的理论建立在短期和长期的不一致问题上。为将来某个时期所制订的计划，在目前看来可能是最好的，但当该时期真正到来时，可能就不是最佳选择了，这时，短期和长期的不一致就发生了。央行保持独立性可能减少大选前对货币政策的人为操纵。因此，央行保持独立性可以带来更稳定的货币增长，并减少通货膨胀的变动。

另外，还有一些理论也解释了为什么中央银行独立性可以减少通货膨胀的波动。例如，执政党不仅尽可能长期执政，而且当选的党派也要为他们的选民谋取利益。有证据表明，失业率和通货膨胀的情况与政府的政治倾向呈系统相关，而相对独立的央行则不会因新政府的上台改变其政策，从而降低了通货膨胀的变化。

（二）央行保持较强独立性有利于货币政策的有效发挥

中央银行独立性问题不仅涉及是否赋予中央银行以更高的自主权，更需要明确中央银行的责任。在这种制度安排下，中央银行的首要职责是通过独立的货币政策操作来维护物价稳定——要对通货膨胀承担责任，这彻底改变了有关官员在制定与实施货币政策方面的随意性。在货币政策操作方面，这种制度安排具有其他制度不具有的高透明度性——中央银行不仅要明确宣布具体货币政策目标，而且还要对所进行货币政策选择进行详细的说明。这样，就能够使社会公众清楚地了解货币政策的走向。社会公众是政策最好的监督人，一旦中央银行与政府明确宣布了货币政策目标，任何没有正当理由而未实现调控目标的现象都意味着中央银行存在失职行为，并将因此受到惩罚。为了避免这种现象的发生，中央银行有关官员必然要竭尽全力履行职责。另外，社会公众对货币政策目标以及各种政策调整的依据都有一个清楚的理解，这样就提高了人们对政策效果的信任程度（政策的可信度）。历史经验表明，保证货币政策的独立性有利于中央银行实现保持货币币值稳定的基本目标。

（三）央行保持较强独立性有利于避免政府过度增加财政支出

德意志银行作为德国的中央银行，它的首要任务是使政府预算收支平衡，必要时增加收入来缓解赤字。但现实是财政活动并不总是能保证经济稳定增长，降低通货膨胀率。当政府支出大于收入，中央银行就要想办法进行填补，此时对于中央银行而言，根本就没有独立性。凯恩斯认为，财政政策在经济萧条时，对经济的影响十分有力，那么此时货币政策是财政政策顺利执行的保证。如果，财政政策要求在市场上募集资金，那么中央银行就要同时降低利率，减少政府成本，这样就导致了政府的财政赤字。

中央银行不仅要发行货币，同时还要稳定货币的币值。它还具有健全金融体制，促进就业和使经济稳定增长的任务。一旦中央银行丧失独立性，中央政府就可以很容易地实施财政赤字政策，这样会使经济运行不稳定的可能性增加。相反，当中央银行拥有较大的独立性，它就可以根据社会经济发展的状况采取恰当的货币政策，这样既可以对政府起到限制的作用，同时也有利于维护经济的健康发展。

（四）央行保持较强独立性有利于协调货币政策与财政政策的配合

无论任何一个国家的中央银行，包括德国中央银行，独立只是相对的，不可能完全不受政府的影响。为了完成稳定物价、增加就业、促进经济增长以及平衡国际收支的任务，中央银行必须与政府相互协调配合，并接受政府的指导与监督。

在理想状态下，货币政策与财政政策应当能够相互统一，因而也不需要设立中央银行。然而在现实中，由于各个方面因素的限制，并不能达到理想的状态。中央银行在有些时候制定政策缺乏远见，可能采取快速降低自己成本和获得短期效益的通货膨胀策略。与此同时，政府在陷入财政赤字的情况下，往往也会对中央银行施加压力。但是，如果给予中央银行充分的独立性与权威性，给它设定长远的目标，那么就能很好地避免其不加节制地制定通货膨胀策略，并可以降低这种政策偏好。

（五）央行保持较高的独立性有利于提高中央银行的信誉和透明度

按照货币经济学理论，中央银行采取的货币政策往往会造成动态不一致的后果。中央银行为了增加产出而采取通货膨胀政策，而公众会预期到货币当局采取通货膨胀政策，均衡的结果是只有通货膨胀而没有产出提高。为解决这种动态不一致，就需要给予中央银行制定政策的独立性，提高中央银行的信誉和制定政策的透明度。此外，中央银行的业务有很强的专业性和技术性，其管理人员必须具有熟练的业务、技术和制定货币金融政策，调节货币流通的经验。政府对央行在制定货币金融政策过程中的不正确干预会导致整个经济陷入困境。因此，央行需要保持较高的独立性。

（六）央行保持较高的独立性有利于加强金融监管，提高经济和金融的稳定性

美国金融危机后，中央银行金融监管的职能逐渐凸显出来，受到越来越多国家的重视。为了有效降低金融系统的风险，提高金融系统的运行效率，中央银行就必须独立实施金融监管职能。此外，政府与中央银行的地位不同，因而在考虑经济政策的侧重点上存在差异。政府较多地考虑就业、社会保障等社会问题，而中央银行较多考虑货币稳定的经济问题。政府往往推行赤字财政政策以刺激有效需求和增加就业，结果往往会导致通货膨胀。然而中央银行的首要任务是稳定货币，如果市场银根偏松，就会出现通货膨胀的危险，需要采取紧缩的货币政策来提高利率，以遏制通货膨胀。这时中央银行不应仍维持低利率政策以利于财政筹措资金。所以，中央银行在制定政策时就需要保持较高的独立性，来维护经济健康稳定地发展。

第四节　美国联邦储备系统

一、基本案情

1914 年 6 月美国《联邦储备法》规定成立的美国联邦储备系统（简称美联储），负责履行美国中央银行的职责。它的构成包括华盛顿特区的联邦储备委员会和 12 家分布在全国主要城市的地区性的联邦储备银行。美联储的现任最高长官为珍妮特·耶伦。作为美国的中央银行，它的权力由美国国会赋予，需要完成制定货币政策和对其他金融机构的监督任务。

图 1－4　美国联邦储备系统标志

美联储的诞生是美国经济、社会发展到一定阶段的产物。在美联储建立的一个世纪前，由于经济波动，美国发生了好几次严重的金融危机。这几次金融危机，致使银行纷纷破产，大批企业倒闭，最终严重影响到美国的经济发展。同时，美国国会 1963 年通过法案，规定国民银行向流通中发行的钞票额取决于国民银行购买国家债券的数量。然而，美国银行券的发行权被国民银行垄断，这对当时有 3700 多家国民银行的美

国来说，必然造成货币供应的混乱，加重自身的经济危机。为此，1913 年美国国会通过了《联邦储备法》，正式建立了联邦储备系统，希望以此使得美国的货币体系更加规范、安全、健康。而美国联邦储备系统也随着时间的推移，不断地变革和发展，使其变得更加完善。

二、案情分析

（一）美国联邦储备系统的构成

美国联邦储备系统的构成是十分复杂的，它主要包括：联邦储备委员会、联邦储备银行、联邦储备银行的会员银行、联邦公开市场委员会和联邦咨询委员会。

联邦储备委员会是1935 年在原联邦储备局的基础上建立的，是联邦储备系统的最高决策机关。该委员会共有 7 名理事，每名理事都要由参议院推荐，最后由总统任命，任期 14 年。联邦储备委员会主要负责货币政策和金融规章制度；拥有对联邦储备系统的其他管理层成员的决定权，包括任免正副行长；同时还可以决定再贴现率、存款准备金率和贷款利率；负责审查各联邦银行与有关金融组织的财务报表；监督银行券的发行和联邦储备银行的业务活动，同时还负责监督各联邦银行与国外银行之间的业务往来。联邦储备委员会直接对国会负责。这些关于联邦储备委员会的职责规定其实是将 12 个联邦储备银行统一为一个整体，能够使其更好地履行中央银行的职责。

联邦储备银行其实被赋予了中央银行总行的职责。根据联邦储备条例规定，将美国划分为 12 个区域，每个区域都将建立一个联邦储备银行，这实际是将其变为 12 个分支机构。每个联邦储备银行分别设立董事会，该董事会共有 9 名成员，拥有任命行长的权力。联邦储备银行的职能主要表现为：执行货币政策，进行银行监管，调拨货币，提供票据清算服务，代理国库和联邦公开市场委员会指导下的买卖公债。然而，每个区域联邦银行的职责侧重点却是不相同的。例如，各个区域的联邦储备银行根据不同的区域特点分工进行调研。达拉斯州联储所在的区域分布着美国主要的工业，所以达拉斯分行就主要负责对能源领域进行调研。位于平原的明尼苏达州则主要种植农作物，因此该联邦银行就主要负责对农业的调研。

美国联邦储备系统采取会员银行制度，这些会员银行主要指在政府注册过的商业银行。首先，从会员银行的组成上看，法律要求只要是在政府注册过的商业银行都要成为会员银行，在州政府注册的商业银行则可以自由选择是否成为会员银行。当然，最终成为会员银行的都是在全国范围来说规模较大的银行，小银行成为会员银行的情况较少。其次，从会员银行的数量上看，美国联邦储备系统中的会员银行数量只占美国所有商业银行数量的40%，然而资产却是所有美国商业银行总和的75%。成为会员银行后，权利与义务并存。权利是可以参选所属联邦储备银行的董事，义务则是每个会员银行都要认购其发行的股票。

美国联邦公开市场委员会的职责主要是实施公开市场业务，规定联邦储备系统外汇业务和国内外证券业务活动。它的构成包括 7 名联邦储备委员，5 名联邦储备银行的行长，这 5 名行长中必须有一位是纽约联邦储备银行的行长，剩下的 4 位则是由其余 11 家银行的行长担任。根据传统规定，联邦储备委员会主席还经常被任命为公开市场委员会主席。公开市场委员会的主要职责是制定货币信贷政策，根据经济发展，安排短期的公开市场业务计划，并且监督联邦储备银行执行。美国联邦公开市场委员会，实际上是制定货币政策的关键机构，拥有的权力很大，它是美国联邦储备系统中负责公开市场操作的最高权力机构。它在制定政策时主要依靠商业银行在联储的存款额，然后根据法律规定的商业银行存款准备金来确保充足的支付。如果商业银行的存款总量接近或者低于存款准备金的规定时，美联储就会适当放松银根。同时，如果美元升值时，就会放出更多的美元，美元贬值时，就会放出更多的外汇。

咨询委员会是联邦储备银行根据法律规定所建立的，其目的是为了与其他委员会的成员一起相互探讨和分析相关的业务及未来发展的问题。每个联邦储备银行各派出一名董事来担任委员，并且每年必须在华盛顿召开商讨会，通过商讨会提出相关的政策措施。

（二）美国联邦储备系统的运作机制

第一，美国联邦储备系统的独立性。首先它在制定和执行政策方针时不受政府任何一个部门的干涉，保持着决策和执行上的独立。其次它不需要美国政府的资金支持，通常情况下，它的各个部门的会员也跨越了多届总统及国会的任期，这主要归功于它拥有政府的公债。虽然美国联邦储备系统具有一定的独立性，但它还需要接受美国国会的监督，同时在制定和执行政策和计划的过程中还必须兼顾美国政府对未来经济发展所作出的整体政策框架。

第二，美国联邦储备系统的运作机制。在美国每个拥有存款业务的金融机构，都必须在美联储建立一个储备金账户。这些金融机构不仅包括已经成为美国联邦储备系统的会员银行，还包括信用社、存贷款协会、外国银行在美国的分支机构等。为了确保这些机构能够随时使储户取出存款，美联储规定这些拥有存款业务的机构必须将这些存款按照比例存入美联储，这个比例被叫做存款准备金率或储备金率，而这个资金账户就被称为储备金账户。

国家基金利率是通过美国联邦储备系统的公开市场业务进行的，即美联储通过买卖国债，或向市场发放货币，或向市场收回货币。当美联储买入债券时，需要向出售者支付美元，这样就可以使市场上流通的美元数量增加。当美联储卖出债券时，情况则正好相反。公开市场委员会就是通过这样的方式来实现美联储规定的目标利率。美联储通过这种调节机制，会在市场上诱发一系列与之相关的连锁反应。例如，当改变了联邦基金利率，会使其他短期利率发生变化，最终会使长期利率也发生改变。一旦长期利率发生变化，就会对个人消费及企业投资产生影响。因此，美联储正是通过这种方式来影响和调控美国的宏观经济。同时，这种方式还会使美元的汇率发生改变，这又会直接影响美国的进出口。

三、本案启示

（一）美国联邦储备银行组织体系的特点

美国联邦储备系统与西方其他资本主义国家的中央银行相比，有着很大的区别。首先，美国联邦储备银行比较独立，不太容易受到来自政府的影响。主要原因是，美联储通过在12个不同的区域设置联邦储备银行和联邦储备委员会来共同履行职责。这样，可以在较大的自由范围内制定和执行货币政策，拥有更多的自主权。

其次，美联储拥有不同的会员银行，而不只是受联邦政府控制，它的根本性质是私有的。并且，不同的联邦储备银行的股份由该区域的会员行持有。最后，联邦储备银行虽然有很强的独立性，但还是会受到政府的影响。所以，联邦储备银行还是要将自己收入的90%交给政府，仅仅留下一小部分作为自己的利润分配给员工。可以看出联邦储备银行与其他机构有着显著的不同。

（二）美国联邦储备系统的货币政策

美国联邦储备系统的存在主要是为了使美国的经济能够健康运行，同时它还需要对国会负责。美联储的目标分为长期和短期，长期目标是提高就业水平、增加国民收入的同时维持物价水平的稳定。就短期而言，保持货币稳定是首要任务。美国联邦储备系统长期以来是根据弗里德曼的货币主义来制定和执行货币政策的，主要包括控制货币的供应量，这里的货币供应量既指狭义的货币供应量，也指广义的货币供给量。

随着经济发展和时代的变化，新技术慢慢渗透到各行各业，颠覆了许多传统行业的经营模式，也带来不同的管理理念。尤其是互联网的发展和电子通信技术运用领域的扩展，导致资金结算由现金转变为无纸化操作，美国联邦储备银行也渐渐发现原来的理论和方法已经不能适应新的环境要求。为了适应这一变化，美联储存款准备金也逐渐作出了相应的调整和改变。第一，货币供应量作为宏观调控的经济手段调整为将货币供应量作为监控和分析的指标。第二，在降低了存款准备金在宏观调控中的地位的同时提高了对利率在宏观调控中的重视程度。第三，在宏观调控中增加了公开市场业务手段的使用频率。这也是当今西方资本主义国家使用比较多、效果比较直接的手段之一。美联储通过这几个手段的相互配合，有效保持了美国经济的平稳运行，事实证明，美联储所采取的这些方法是符合美国国情的，也能与美国的经济发展相适应。

美国联邦储备系统想要制定出正确有效的货币政策，前提是不仅需要对当前的经济运行有正确的认识，而且还要能够全面考虑和预测未来的经济发展趋势。因此，在每次制定货币政策前，都需要召集联邦委员会的12名理事和其余的7名不同区域的联邦银行的行长共同分析、商讨、制定，最后提出一套较为全面和科学的政策方案。美联储为了能够更好地对当前经济运行作出分析并且对未来的经济运行作出准确预测，建立了十分专业的统计、分析和预测机构。而各个联邦银行也同样拥有强大的专业技术支撑。这体现出了美国联邦储备系统在制定和执行经济政策时科学、严谨的态度。正是如此，才使得美国联邦储备系统在货币政策的制定和执行过程中既能做到超前性，又能具有有效性和适应性。

第五节　欧洲中央银行

一、基本案情

建立于1998年6月1日的欧洲中央银行（European Central Bank）简称欧洲央行，总部设在法兰克福。它的职责是制定和执行欧元区的金融及货币政策。欧洲中央银行的建立，不仅是为了发行和管理欧元，也是欧洲经济一体化的体现。

图1-5　欧洲中央银行

欧洲中央银行的第一届行长是荷兰人维姆·德伊森贝赫，他不仅曾任荷兰银行行长，还是阿姆斯特丹大学宏观经济学的教授。2003年11月，曾任法国中央银行即法兰西银行行长的克洛德·特里谢接任第二届行长。2011年11月，意大利人马里奥·德拉吉正式担任欧洲中央银行行长，任期8年。德拉吉曾在世界银行和高盛集团担任要职。2006年初，他开始担任意大利央行行长。2008年国际金融危机爆发以来，德拉吉一直负责协调二十国集团国际金融改革事务，并任金融稳定委员会主席。

欧洲中央银行的主要任务是维护货币的稳定、管理利率、货币的储备和发行以及制定欧洲货币政策；它的任务和组织结构与原德国中央银行相似，具有较强的独立性，不受欧盟及欧盟成员国的控制。

欧洲中央银行是世界上第一个管理超国家货币的中央银行。独立性是它的一个显著特点，它不接受欧盟领导机构的指令，不受各国政府的监督。它是唯一有资格允许在欧盟内部发行欧元的机构，1999年1月1日欧元正式启动后，11个欧元国政府失去了制定货币政策的权力，而必须实行欧洲中央银行制定的货币政策。

二、案情分析

（一）欧洲中央银行的组织框架

欧元区的货币政策通过欧洲中央银行体系予以实施。欧洲中央银行体系由欧洲中央银行和欧盟所有成员国包括尚未加入欧元区的成员国中央银行组成。在欧元区内，欧洲中央银行是最高货币权力机构，其总部设在德国的法兰克福，工作人员500人。各成员国的中央银行是欧洲中央银行不可分割的组成部分，负责执行欧元区货币政策的日常工作，但欧洲中央银行体系的所有活动必须接受欧洲中央银行决策机构的监督和管理。

《马斯特里赫特条约》（以下简称《马约》）对欧洲中央银行决策机构的设置作出了明确的规定。欧洲中央银行行长理事会和执行董事会是欧洲中央银行的两个主要决策机构。行长理事会负责制定欧元区的货币政策和实施货币政策的指导纲要，其主要职责是确定欧元区的货币政策目标、主要利率水平和中央银行体系准备金数量等。目前，行长理事会由执行董事会成员和欧元区成员国的中央银行行长组成，每个成员拥有一份表决权，采用简单多数表决法决定要实施的货币政策，欧洲中央银行行长担任行长理事会主席，并且拥有在表决中赞成票刚好与反对票相等时作出最后裁决的权力。执行董事会主要负责货币政策的实施。执行董事会由欧洲中央银行行长和其他5位成员组成，任期8年，期满后不得继续连任。

由于不是所有的欧盟成员国都在1999年1月1日参加欧元区，欧洲中央银行还设立了由欧洲中央银行行长理事会和尚未参加欧元区的中央银行行长组成的第三个决策机构即总务理事会，负责协调欧盟内欧元区和非欧元区的货币政策。

欧盟东扩到27国后，现行的一国一票制将使欧洲中央银行行长理事会变得十分庞大，难以进行迅速有效的决策，为此，欧洲中央银行将采用“三速”投票模式，按照成员国的经济总量和人口分配投票权，5大国德国、法国、英国、意大利和西班牙为4票，也就是说每5年有一国没有投票权；14个中等国家如比利时、奥地利、瑞典、芬兰、波兰等共8票，即14国中每年8个国家有投票权；8个小国如塞浦路斯、爱沙尼亚、立陶宛、卢森堡等为3票，即每年3个国家有投票权。执行董事会的6名成员有永久投票权。

（二）欧洲中央银行的主要职责

保持价格稳定和维护中央银行的独立性是欧洲中央银行的两个主要原则。根据《马约》的规定，欧洲中央银行的首要目标是“保持价格稳定”，与德国规定的德国中央银行的首要任务是“捍卫货币”如出一辙。虽然欧洲中央银行有义务支持欧元区如经济增长、就业和社会保障等的其他经济政策，但前提是不影响价格稳定的总目标。

和其他国家的中央银行相比，欧洲中央银行是一个崭新的机构。为增强欧洲中央银行的信誉，《马约》从立法和财政上明确规定了欧洲中央银行是一个独立的机构，欧洲中央银行在指定或更换行长理事会成员以及制定和执行货币政策时，不得接受任何机构的指示和意见，在更换欧洲中央银行行长和理事会成员时，必须得到所有成员国政府和议会的一致同意。同样的，《马约》也规定任何政府和机构有义务尊重欧洲中央银行的独立性，不得干预欧洲中央银行货币政策的制定和实施。在财政上，欧洲中央银行对成员国的财政赤字和公共债务实行“不担保条款”。

《马约》也规定，欧洲中央银行有责任对其实行的货币政策进行说明。欧洲中央银行每周发表综合财务报告，每月发布中央银行体系活动报告。有关中央银行体系的活动和货币政策年度报告必须提交欧洲议会、欧盟理事会和欧盟委员会。欧洲中央银行执行董事会成员可要求出席欧洲议会有关委员会的听证会。欧盟理事会主席和欧盟委员会的成员可以参加欧洲中央银行行长理事会会议，但没有表决权。欧盟理事会主席可以在欧洲中央银行行长理事会上提出建议，供欧洲中央银行行长理事会审议。

（三）欧洲中央银行的货币政策机制

欧洲中央银行的货币政策操作将以统一的标准和条件在所有成员国内进行。但由于欧洲中央银行的货币政策只能通过成员国的中央银行来实施，因此，欧洲中央银行货币政策机制要反映各成员国货币政策机制的不同特点。目前，欧洲中央银行力争把各成员国的中央银行出现不同做法的可能性减到最低程度，因为其货币政策机制不是任何一个成员国货币政策框架的翻版。

欧洲中央银行体系内的公开市场业务将在指导利率、管理货币市场、向市场发出政策信号等方面发挥主要作用。欧洲中央银行将主要通过回购协议购买、出售资产、信贷业务等反向交易进行公开市场业务操作。公开市场业务有四种方式，一是主要再融资业务，成员国中央银行根据投标程序每周进行一次，两周到期，向市场发出政策信号。再融资利率也是欧洲中央银行调控经济的最主要的杠杆利率。二是长期融资业务，成员国中央银行根据投标程序每月进行 1 次，3 个月到期。三是微调操作，由成员国中央银行在特定情况下通过投标程序和双边程序进行。四是结构操作，只要欧洲中央银行想调整资金结构，就可以由成员国中央银行通过投标程序和双边程序进行。

欧洲中央银行通过管理流动资金的经常便利提供和吸纳隔夜流动资金，规定隔夜拆借利率，并通过改变隔夜拆借利率向市场传递政策信号。欧洲中央银行使用如下两种经常便利，一是边际借贷便利，银行和信贷机构按照预先商定的利率从中央银行获得隔夜流动资金，这种预先商定的利率规定了隔夜拆借市场的最高利率。二是储蓄便利，需要隔夜流动资金的银行和信贷机构按预先商定的利率交付隔夜保证金。这种预先商定的利率规定了隔夜拆借市场的最低利率。

欧元区内的银行和信贷机构必须根据欧洲中央银行体系规定的标准和条件，在所在国中央银行的账户上保持最低限度的准备金，但在欧元区外设立的分支机构不受限制。

三、本案启示

欧洲中央银行从最初的建立到发展，对欧盟的经济发展以及欧元的推行作出了卓越的贡献。尤其是欧洲中央银行的组织结构，货币政策的制定与实施，都对未来如何建立跨国区域性中央银行具有较好的借鉴意义。

（一）降低交易成本，促进经济增长

欧洲中央银行成立以来，单一货币政策降低了欧元区国家之间的交易成本，促进了欧元区的经济增长，欧元区的 GDP 增长率保持了低速稳定的增长趋势。这主要是由于欧洲央行成立后，欧元成为统一的货币，消除了原来成员国之间兑换货币的成本，也消除了汇率波动对经济的影响，方便了各国的经济合作。

在欧洲央行成立之前，使用各自货币的国家之间经济活动由于货币的不同需要进行兑换，兑换需要缴纳一部分费用给外汇银行，增加了经济交易的成本。汇率的变化给原来国家之间的经济交往带来了很大影响，使得国家不得不采用套期套利等方法保值，交易成本进一步增大。欧洲央行成立后，欧元区各国家使用单一货币欧元，扫除了货币障碍，排除了以上两种情况，各国之间经济活动不需要兑换货币，也没有汇率波动的影响，大大降低了交易成本，带动欧元区的投资与贸易，从而促进经济增长。这是欧洲中央银行自成立以来，在欧元区统一发行欧元所取得的巨大成就之一。

（二）稳定成员国的价格水平和抑制通货膨胀

欧洲中央银行以法律的形式将其货币政策的首要目标设为维持欧元区物价稳定，这在制度和政策上保证了对成员国价格水平的控制。《马约》规定了整个欧元区的 HICP 的变化量基本上每年维持在 2% 左右，欧洲中央银行在这方面做了很大努力，取得了一定的成就，这是欧洲中央银行最引人瞩目的成就。从每年的变化指数中我们也可以看出整个欧元区基本达到《马约》规定的标准，这意味着欧洲中央银行在维持物价稳定方面取得了巨大的成就，从而对欧元区经济的良好发展奠定了基础。

这不仅是由于法律规定欧洲中央银行的首要目标为稳定物价，还得益于欧洲中央银行的货币政策战略。它的独特性在于在维持物价稳定的前提下的两个支柱，这就在评估价格走势方面采取了一个双保险策略，保证货币政策制定的谨慎性，这对欧元区的物价稳定起到了关键性作用，也意味着欧洲央行发挥了自己的职能，基本上达到了条约规定的首要目标。

（三）推动欧洲一体化进程

欧洲一体化的发展呈现出多速度、多层次的发展，多速度指的是各国在向着一体化迈进的路上，速度是不一样的，这是因为各国对待一体化的态度与国家的差异造成的。多层次是指参与国家在长时间内处于不同的一体化程度，存在一体化程度较低的组织，也存在一体化程度较高的组织，较低层次的参与国在相对较长的时间内不愿意进入一体化程度高的组织中，呈现出一个多层次的一体化格局。在经济领域的一体化方面，经济货币联盟的发展加深了欧洲经济的一体化，欧洲央行可以说使经济趋同达到了一个新的高度。

欧洲中央银行的成员国从最初的 11 个扩大到现在的 18 个，在成员的数量上不断增加。另外，欧元区的经济发展成就有目共睹，通货膨胀稳定在低水平内并且 GDP 稳步增长，这些在无形中推动了欧洲一体化进程。欧元区国家不断地调整经济结构，达到《马约》规定的趋同标准，这就加深了欧洲的一体化深度，使欧洲向着经济一体化的深层次发展。欧洲中央银行成立以后，欧元单一货币的应用与货币政策的统一制定使各成员国丧失了自己原有的货币政策主权。欧洲央行这一超国家机构的运作反过来促进各国的磋商与趋同，更加深了成员国的经济一体化程度。

欧洲央行的成员国数量呈现出扩大的趋势，一些国家仍希望加入欧元区，如立陶宛等，欧洲央行并没有明确对外宣称放缓对外扩大的步伐，这就进一步扩大了欧洲一体化的进程。欧洲中央银行不仅对整个欧洲政治经济的发展产生了重大影响，同时也提高了欧洲经济运作的统一性，使欧洲在世界政治经济发展中用一个声音说话，最终提高了其话语权与国际地位。

参考文献

[1] 王燕．从私人银行到中央银行［J］．上海金融.1995（10）．

[2] 安月雷．从私人银行到中央银行［D］．华东师范大学，2009（4）．

[3] 王卫斌．中华苏维埃共和国国家银行［J］．传承，2010（12）．

[4] 石涛．中华苏维埃共和国国家银行始末［A］.2004.

[5] 王继平，李岳．德国中央银行体制分析与借鉴［J］．传承.2010（12）．

[6] 麦国平．德国统一以来中央银行体系的变化及其借鉴意义［J］．国际金融研究.1998（4）．

[7] 管慧娟．德国中央银行制度的变迁及其对我国的启示［J］．武汉金融.2001（9）．

[8] 中国人民银行分行长赴美考察团．关于联邦储备系统运作情况及关于联邦储备银行职能的考察［J］．中国金融，1994（10）．

[9] 吉余峰，雷强．欧洲中央银行货币政策策略及对我国的借鉴意义［J］．上海金融.2006（2）．

思考与讨论

1. 英格兰银行如何实现了自己职能的转变？
2. 根据苏维埃国家银行谈谈中央银行的组织结构和职责。
3. 德国中央银行的独立性具体体现在哪些方面？有哪些作用？
4. 美国联邦储备银行组织体系的特点是什么？
5. 欧洲中央银行的组织结构有哪些特点？

第二章

中央银行业务典型案例

第一节　北京“7·08”特大贩卖假币案

一、基本案情

2009年7月10日，北京市宣武公安分局通报了一起重大贩卖假币案，该案是新中国成立以来北京破获的最大一桩贩卖假币案，收缴了总面值达663万余元，10万余张假币，并一举抓获了6名涉案嫌疑人。2009年以来公安部便开始了以“09行动”为代号的打击假币犯罪行动。5月中旬，宣武公安分局的相关侦查人员在前往广东、福建一带进一步查证已破获案件的遗留线索时注意到，5月以来一犯罪团伙在京的假币贩卖活动十分猖獗。随后相关人员便立即对该团伙的犯罪活动展开侦查，并初步掌握了以张军（化名）为主犯的活动特点、贩卖渠道、窝点以及相关人员等情况。7月8日下午5时，在有关部门的积极配合下，警方在该团伙正在窝点进行假币贩卖的过程中突然出击，一举抓获包括张军等共4名团伙成员，缴获了8万余张面值不等的假币，总面值合计约530万元。刑侦队顺藤摸瓜，于9日凌晨，又在大兴区一举抓获了另外两名团伙成员，收缴了面值合计130余万元的假币。在随后的审查过程中，张军及其团伙对其贩卖假币的犯罪行为供认不讳。经查证，张军早在2008年5月就已贩卖假币200余万元，并被当地警方通缉。据刑侦支队行动队队长康涛透露，可能已经有两三百万元的假币流入下一级假币销售渠道，但就目前情况来看，这些假币还未流入市场，公安机关同时也正在尽力追查这些假币的流向，防止假币扩散到市场。同时，希望广大群众能够及时向警方提供相关的线索，共同维护我国良好的金融秩序。

图2-1　“7·08”贩卖假币案收缴的假币

目前假币贩卖的基本流通方向是由南向北，而且假币的源头大多来源于广东、福建一带。在收缴的百元假币中，多以“HD 90”和“HB 90”为冠字头，此次案件中，虽然假币的制造工艺较之前收缴的有所提高，但由于假币的纸面光滑，并且没有像真纸币那样明显的凹凸感，稍有警惕意识的市民都可以辨识纸币的真伪。此次的“7·08”贩卖假币案是新中国成立以来警方在北京破获的最大一起贩卖假币案。

二、案情分析

2010 年 2 月，我国反假货币工作联席会议第 39 次联络员会议在京召开，中国人民银行副行长、国务院反假货币工作联席会议领导成员、最高人民法院、检察院、财政部等相关部门人员参加了会议。该会议贯彻了“打防并举”的指导思想，在打击犯罪和堵截防范两条战线全面开展反假货币工作。

“7·08”特大贩卖假币案的出现对央行在反假币工作中的职责和作用提出了更高的要求，分析该案件具有重要的现实意义。对该案件的分析梳理如下：

（一）群众对假币辨识能力较低且反假意识淡薄

人们虽然知道假币的存在，但对假币的关注度并不够。假币更多的是出现在人头攒动的集市、消费群众多且杂的市场，比如说在市场中，如果生意比较火爆而且又没有验钞机或者在根本来不及验钞的情况下，那些足以以假乱真的假币被收纳和流通的可能性就会加大。加上对大多数人而言，他们辨认货币真伪的能力不高，人们一般会有一种潜意识，他们觉得大额纸币（如 100 元）存在假币的可能性比较高，而小额纸币，比如说 5 元、10 元，出现假币的可能性不高，而且数额又不大，即使是假的也损失不大，因此人们在购物中的警惕性会降低。尤其是在农村地区，他们反假意识会更加淡薄，即使收到假钞也只会自认倒霉，而不会想到去配合公安机关对假币进行调查。

（二）经济发展水平的滞后也是贩卖假币案件频发的原因之一

现阶段我国社会的主要矛盾是人民日益增长的物质文化需要同落后的社会生产之间的矛盾，该矛盾在农村或偏远地区表现得尤为明显。物资匮乏、生活水平低下、文化水平不高以及获取收入的能力和手段都极为有限，为了改变生活现状，这些地区的人有一定的动机加入到制造假币的犯罪活动当中，并在初尝甜头之后，会更加坚定地加入到这种犯罪活动中来。

（三）社会控制机制失调及相关部门的懈怠

贩卖假币案件的猖獗与否与当地相关领导者对假币的认识程度密切相关。如果领导者认为贩卖假币的活动不会严重影响到市民的正常生活及城市治安，并没有认识到反假币工作的重要性，则会助长贩卖假币者的嚣张气焰；相反，如果领导者认为必须最大程度地加大打假力度，维护和保障市民的切实利益不受损害，或者尽可能地降低市民的损失，这种认识会给造假者形成一种无形的压力，使他们有所收敛，甚至是不敢造假。从近几年假币贩卖的密集频发区及活动频率的情况来看，这些高发区的基层政权大多作为不够，对这种违法犯罪活动睁一只眼闭一只眼，甚至个别领导干部与犯罪人员互通一气，从中牟取利益，从而助长了假币犯罪活动的猖獗。

（四）假币犯罪案破案难度大且刑事处罚力度不足

这种案件的破案难点在于犯罪活动流动性比较大，很难准确掌握犯罪者的活动规律和活动范围，很难获得犯罪者的犯罪线索。而中国人民银行作为国务院反假货币工作联席会议的牵头单位，主要承担着反假币工作的管理、宣传、技术防范等工作。在反假币工作中需要联合各个相关部门进行一致行动，互相配合和支持。面对假币的贩卖案件，我国刑法对持有使用假币罪和出售、购买、运输假币罪有不同的量刑标准。对于使用假币罪而言：最高的惩罚是判十年以上的有期徒刑，并处五万元到五十万元罚金或者没收财产；而对于出售、购买、运输伪造货币罪的处罚，最高处罚是判十年以上有期徒刑或者无期徒刑，并处五万元以上五十万元以下罚金或者没收财产。但在实际判刑中，由于后者犯罪的证据很难取得，一般情况下都是以前者的处罚作为依据，其惩罚力度很低，或者根本就不具有威慑作用。

三、本案启示

我国虽然每年都在开展假币的相关宣传工作，但其最终的宣传效果却不尽如人意，主要是因为对假币的宣传广度和深度不够，执行力不强，特别是在一些偏远地区。一般情况下，我国的假币宣传工作主要集中在大城市及二线中心城市，却忽略了对偏远地区的宣传，再加上这些地区人们的思想意识和知识水平有限，消息闭塞，使制造假币的团伙有了可乘之机。警方虽然一直在打击假币的贩卖活动但却一直无法解决这类问题，究其原因主要可以归结为以下几个方面。

（一）央行应在反假币工作中追本溯源，调动全民来防伪

尽管我们加大了反假和打假力度，但贩卖假币的犯罪活动却只增不减，面对这种情况我们不能再处于被动地位，必须要追根溯源，找到这种犯罪活动日益猖獗的根本原因，调动全国人民来共同抵制这种违法犯罪行为。假币贩卖的主要市场在广大城乡地区，而最终受害者却是广大的人民群众，面对这一社会公害，我们必须要追本溯源，更加彻底有力地打击假币的犯罪活动。并且在实际行动过程中，我们不能只依靠人力有限的公安部门，而是要鼓励全国人民参与到打假活动中，不断提高人们辨别真伪的能力，要在全国范围内织起一张无形的网，有力抵制贩卖假币的违法犯罪活动。

（二）各相关部门（包括央行）要做到分工协作，相互配合

团结起来力量大。在抵制货币犯罪的行动中，有关部门必须精诚合作，相互配合和协调，尤其是那些与假币流通极其密切的部门，如公安部门、银行、质检部门及工商部门要充分发挥其作用，各机构相互合作，努力打击伪造人民币的非法制造厂，进一步加大对该犯罪活动的惩处力度，让潜在的犯罪者从思想根源上不再敢涉足该活动，保障货币市场和商品市场的正常流通。

（三）央行及相关部门要努力完善反假币工作的长效机制

各级政府以及相关部门要从长远出发，从大局考虑，努力完善多方参与的反假币工作长效机制，形成反假工作的统一领导格局，促进各单位之间的有效沟通，建立合理的反假币预警机制，制定合理的量刑标准，加大对假币犯罪活动惩罚力度，提高反假工作

的执行力度，明确党政在反假工作中的带头作用，要适当利用媒体的宣传作用，建立一个专门的反假币宣传窗口，方便群众及时了解和反馈相关信息，有针对性和有目的性地进行反假工作。

假币犯罪侵害普通公众的经济利益，影响社会经济的健康运行，甚至危及国家的金融安全，各级政府对假币犯罪予以严厉打击。在我国，反假币工作涉及政府的多个部门，公安机关作为打击处理假币工作的主力军，主要承担假币犯罪的侦查打击职能。中国人民银行主要承担反假币工作的管理、宣传、技术防范等工作。同时，中国人民银行还是国务院反假货币工作联席会议的牵头单位。

中国人民银行及其相关部门在反假币工作中应坚持“防”字不放松，不断加强相关部门的信息沟通和情况分析，及时掌握假币非法流通规律；继续保持打击假币高压态势，巩固专项整治行动成果。人民银行应积极配合公安机关开展打击假币犯罪工作，并在工作中形成信息沟通、线索移交、办案奖励等一系列工作机制。央行要注重纸币制造的各个关键环节，有效提高人民币生产印制工艺技术水平。人民银行各级分支机构应积极协调相关部门广泛开展反假货币宣传与培训工作，进一步加强农村地区，特别是边远农牧区反假货币宣传。

第二节　国开行棚改获万亿再贷款

一、基本案情

据权威人士透露，国家开发银行（以下简称国开行）于2014年4月获取了人民银行3年期1万亿元的PSL用于棚户区改造和保障房建设，保障房安居工程及“三农”和小微经济发展，利率低至4.5%，我国的第一笔PSL规模达到1万亿元，这足以表明我国政府对于加大力度支持我国棚户区改造的决心。国开行2014年第二季度工作会议于7月召开，而会议围绕的主题离不开有关棚户区改造的资金投入问题。国开行董事长胡怀邦在召开的第二季度工作会议上明确表示，下半年国开行的目标之一是进一步加快住宅金融事业部的开业运转，同时加大对棚户区改造的力度，尽可能争取在全年发放4000亿元以上的贷款，确保棚户改造（以下简称棚改）计划的稳步实施，并尽可能地将棚改的资金用到实处。另外，国开行行长郑之杰透露，国开行将于2014年6月末之前，新增承诺的棚改贷款6760亿元，这与2013年的同期贷款额相比有很大程度的提高，是2013年同期的18倍，其中，2195亿元贷款已经发放。此外，全行的总资产也有所上升，资产总额达9.9万亿元，比上季度增加了1.56万亿元，而这1.56万亿元中有1万亿元来自人民银行的再贷款，这笔贷款是支持国开行住房金融事业部业务的专用款。

国家开发银行
CHINA DEVELOPMENT BANK

图2-2　国家开发银行标志

住房金融事业部的整体框架于2014年4月初形成，并在召开的国务院常务会议上确认形成，该金融事业部可以实行单独核算，无论是在资金来源还是在资金运用上，该部门都有别于纯商业化的运作，具体的棚改工作可以由专门的机构和团队来负责，而且发行住宅金融专项债券也是采取市场化的方式，筹资对象是邮储等金融机构和其他投资者，由此来保证专业化、集约化的管理。是史上最高规格的由国开行内部成立的住房金融机构，于2014年7月29日正式开业。国开行住宅金融事业部的业务范围大概包括以下几个方面：（1）办理已纳入计划的棚改业务以及相关基础设施工程建设的贷款业务；（2）在批准额度内办理软贷款的回收再贷款业务，专项用于棚改及相关的城市基础设施建设项目；（3）经批准的其他业务。2013年8月，国开行就获得了人民银行新增的1000亿元“软贷款”额度，用来支持棚改。虽然软贷款具有期限长、利率低的特点，但由于其存在流动性风险，国开行已于2007年启动了商业化改革，并且相关监管部门也要求国开行“软贷款”存量到期将不再新增。国开行住宅金融事业部被市场人士习惯性地称为中国版的“住宅银行”，之所以被这样形容是因为这种模式类似于但又有别于美国的房利美和房地美，美国模式会涉及二级市场，而住宅金融事业部借鉴开发性金融的思路，虽然用商业银行的手段来落实棚改，但并不涉及二级市场。

二、案情分析

2014年是棚改任务最为繁重的一年，且棚改所需的资金较往年也有着显著增加，仅2014年上半年的时间里，国开行就已新增承诺棚改的贷款6760亿元，是2013年同期的18倍。一直以来国开行面临的亟待解决的问题是如何得到低成本、长期的资金来源。央行此次1万亿元再贷款已经表明了中国政府在棚改和保障房建设方面的决心，该举动也是有一定的用意。

（一）央行试图利用PSL来引导中期政策利率，提高央行的利率调控能力

央行之所以提出PSL是为了借助其利率水平来引导中期政策利率，从而实现央行对中长期利率的引导和掌控。PSL属于再贷款，但其有别于传统的信用贷款，中央银行实行贷款的条件是借贷方要有资产抵押。国开行之所以选择PSL有部分原因是由于其较低的利率水平。国开行可以借助PSL从央行获得定向的融资成本低的资金，并转而投向棚改等领域，相关分析人士认为这次央行1万亿元的再贷款意味着我国向中期政策利率迈开了第一步，并且对于央行而言，PSL还起着引导中期利率走势的作用。国开行系政策性银行并不受央行对商业银行的贷款期限不得超过1年的限制。有人认为这1万亿元的投放不排除有去美元化的意图，也有人认为这是一种降低社会融资成本的手段。央行自执行刺激政策以来，PSL是量级达到最大的一次定向信贷宽松，其主要目的是用来对冲房地产存在的下行风险对市场需求的影响。PSL与常设信贷便利共同构成了央行调控市场利率的新的两大工具。

（二）央行的万亿再贷款旨在将宏观政策倾向于依靠国内自主可决定的变量去操作

央行通过向国开行发放1万亿元PSL的实际行动表明，我国未来宏观政策将更多依靠“国内可自主决定的变量”来操作。在我国基本实现利率市场化后，央行会通过对抵

押品以及流动性定向投放的选择来突出产业导向并实现利率优惠导向。央行对国开行此次的1万亿元再贷款就体现了上述两个导向。一方面，国开行凭借其在国内银行间市场最主要的资金拆出方的地位，引导着市场资金利率走势；另一方面，国开行也引导着我国的产业导向，支持着我国的棚改、基础设施建设，甚至是航空运输以及石油领域的建设。2013年国开行在北京、吉林、甘肃等地的重大棚改新增的贷款额已经高达1628亿元；全国安居保障房工程新增贷款已超过千亿元。公开资料显示，截至2013年底，国开行在全国各地的新农村建设贷款和公共基础设施建设的余额，分别高达7258亿元和13248亿元。

（三）央行此次万亿元的再贷款体现了“去美元化”的意图

此次央行1万亿元的再贷款，已经超越了应急储备安排基金和金砖国家开发银行的资金量总和，其实施的意义绝不仅仅限于转变了货币的发行方式或者引导了中期政策利率。未来随着人民币贸易结算方式和直接投资的不断发展完善，加上此前人民币海外直接投资、货币互换以及近期金砖银行的设立等“有准备”的模式转换，我国原本依赖美元背书的国际购买力状况也将为之改变，这体现了我国人民币“去美元化”的意图。

三、本案启示

国开行作为政策性银行，发放用于棚改的贷款是其政治任务，并且其贷款利率不能等同于商业贷款；同时国开行不具有吸储的功能，不以营利为目的，发放的是政策性的优惠贷款，其主要的资金来源于国开行发行的金融债。一直以来国开行较高的发行成本是人们关注的焦点问题，此次央行1万亿元的PSL引起了我们的一些思考。

（一）中国人民银行意图通过PSL使国开行获得定向的低成本融资

2013年下半年以来，债市的焦点之一便是国开行一直居高不下的债券发行成本。目前国开行发行的债券平均收益率在5.3%左右，加上存贷比在将来放开的较高可能性以及商业银行在调整资产负债结构过程中对债券类资产的配置需求的降低，国开行债券融资成本很可能在现有基础上进一步增加。而PSL作为一种新的储备政策工具，不仅是基础货币投放的一种新渠道，而且可以引导中期利率。PSL所谓的引导中期政策利率水平，在很大程度上是降低融资成本的一种渠道，是为商业银行提供部分低成本资金的一种途径，旨在降低部分社会融资成本。

（二）国开行获取的来自央行的棚改贷款在不断加码

根据国开行召开的第二季度工作会议上公布的数据，截至2014年6月末，国开行累计新增的承诺棚改贷款高达6760亿元；已发放的2195亿元贷款，占上半年国开行新增人民币贷款的46%，同比增长了433%，国开行的资产规模也比第一季度增加了1.56万亿元。国开行董事长胡怀邦在工作会议上表示，国开行在下半年要进一步加快住宅金融事业部的运转，做好棚改的工作，争取在全年发放4000亿元以上的贷款。种种迹象表明，国开行在棚改项目的资金正在不断加码。

（三）国开行的重要工作也包括了盘活存量

2014年7月16日，国开行发行了规模达109.3317亿元的资产证券化产品，这是该行第三次发行超百亿元的证券化产品。国开行发行的信贷资产证券化产品的规模、种类居国内银行业首位，市场占有率为33%。另外，国开行还通过对棚改投融资工具的多样化创新，来尽可能支持棚改工作。5月中旬，国开行通过发行专门用于棚改的15亿元中期票据来帮助陕西煤业化工集团有限责任公司的举措，成为国开行以“贷债结合”的方式支持棚改的又一典型。

第三节　国库资金对账管理漏洞案例

一、基本案情

国库资金的会计对账工作是减少疏漏，加强监督管理的重要一环，也是使国库账目数据与财政、税务发生额之间数目一致的有力保障。但是近几年来各地国库系统出现了多起利用职务便利的犯罪案件。对这些案件深入分析有利于我们找出问题所在，通过制度和法规的设置，有效避免类似事件再次发生，保障国家和人民资金和财产的安全。随着国内经济环境的不断变化，国家对财政体制进行了改革，对国库管理的适当主体也进行了论证分析。但总是很难跟得上快速变化的国库新业务，随着网络技术的进一步发展，国库核算手段也在不断地更新变化。由此可见国库管理面临着更加复杂的操作风险和合规风险。

近年来，国库经理的业务量随着我国经济的发展而不断扩展，已经经历了翻天覆地的变化。从以前的人工记账、手工对账发展到现如今借助财务管理软件的电子化记账、自动对账，使得效率大大提升。然而发生在黑龙江通河县支库的一起国库业务员的违法事件为我们敲响了警钟，我们有必要重新评估国库资金对账管理存在的漏洞。

二、案情分析

（一）相互勾结，填制虚假凭证

黑龙江通河县国库支库就发生了一起相关的违法犯罪事件。2007 年 5 月 23 日，冯某作为国库业务记账员与该县新华书店的会计王某，利用各自的职位便利，两人相互勾结，通过不合法渠道，私自刻制该县国税部门的公章，在填制不真实存在的退库凭证之后，加盖了公章和业务经办章。为了使这份假凭证更有说服力，骗得该县支行分管副行长的签字，两人便在凭证后面加上了上已使用过的退库审核资料、缴款书复印件和相关原始资料。将该项不合法、不真实的退库业务，伪造成了“正常退库”的退库业务。为进一步逃开与财政、税务等部门的对账，冯某在国库业务会计管理系统中，将该笔伪造的退库业务的可动资金，转记到了“其他部门”项下，从而将与之对应的190139.61 元税款变为了“非税款”，转退到了新华书店的单位存款账户。

（二）提款遭拒，私开单位账户，偷盖公章

将这笔税款变为了“非税款”，转退到了新华书店的单位存款账户后，两个人打算从该存款账户中提取这笔款项。银行并没有答应他们的提款请求，原因是私人无权私自提取单位的退库资金。在这种情况下，2007 年 5 月 31 日，冯某未经单位负责人允许，私自在该县农业银行开立了以"中华人民共和国国家金库通河县支库"为户名的账户，又以将该笔退库款划回国库为名，将资金转移到了该账户内。由于新华书店规定这种退库问题必须开立相关的证明文件，为了骗过新华书店业务经办员，冯某出具了"已收到新华书店退款"的书面证明（偷盖了县支行国库业务印章）给新华书店，最终骗过了新华书店，顺利地拿到了这笔赃款。

（三）事成分赃，害怕败露，交代事实

接着，二人在协商之后分割了赃款。最终冯某分得较多部分，拿到赃款 120139.61 元，王某取得了剩余的 70000 元。到 2007 年末，通河县新华书店在向该县财监办申请 2004 年度退库时，发现了冯某与王某犯罪的线索。具体经过如下：在申请退库时，该县财监办指出退库申请已经审批，但是该县的新华书店坚定地说并未收到审批材料。这引起了上级主管部门的怀疑，于是派相关人员对该退库事件展开了追踪和调查，试图查明事件的真相。随后冯某积极主动地向其支行领导交代了犯罪事实。原因是：冯某得知上级已对此事展开了调查，由于害怕他和王某的作案事实败露，抱着主动承认可以减轻处罚的心理说出了实情。可见，国库在实务管理中存在诸多漏洞，没有有效地与预算收入退库审批部门对账务的真实性和完整性进行核对，更没有很好地尽到彼此之间的告知义务。

三、本案启示

（一）各级对国库对账管理制度各有规定，易出混乱

目前我国关于国库业务对账的管理规则与制度有如下几个：一是 1989 年 12 月 13 日由财政部、中国人民银行联合颁布，于 1999 年 1 月 1 日正式执行的《中华人民共和国国家金库条例实施细则》（以下简称《细则》）。二是 1998 年中国人民银行下发的《国库与财政、征收机关对账办法》（以下简称《办法》）。三是 2005 年中国人民银行颁布并实施的《国库会计管理规定》（以下简称《规定》）。

通过细致分析我们发现这些制度之间存在明显的不一致或者相矛盾的地方。比如首先在对账频率的规定上就有不同，《细则》指出一律按月、按年并参照预算科目对账；《办法》则指出总体上按月、年对账，特殊的地方可按旬、月、年对账；《规定》则是严格地与业务相关部门进行逐日、逐月，乃至逐年的对账。

另一个显著差别表现在发收对账单的时间、对账单份数等方面。《办法》、《规定》之间的规定差别不大，而《细则》则规定在月度对账时，需要进一步区分编制的是有关收入的账单或报表。

对中央预算收入的对账方面的规定也有不同。《办法》指出，在对中央预算进行对账时，其主要的参与主体有财政部、财政部派驻各地的财政监察专员办事机构、中央库、海关、国税和之外的其他机构。而财政部派驻各地的财政监察专员办事机构需要拿到三份抄送的对账单，这三份对账单主要包括了对支库与分库、中心支库与分库的月度

和年度对账单。而《规定》则要求不同，主要涉及的客体是三份中央预算收入年报，涉及的主体是国库分库、财政部监察专员办或其授权机构。

具体是要求分库编制一式三份的中央预算收入年报表，并进行核对盖章，之后送交给财政部监察专员办或其授权机构，并在规定的3个工作日内进行核对。核对完后，将一份报表留在分库，剩下的两份退回国库。国库收到分库退回的两份报表后，国库分库和总库各留一份。

（二）国库对账制度存在较多的问题与不足

一是没能很好地利用新技术提高工作效率。随着互联网技术的发展、数据存储方法的革新以及相关会计核算软件的更新改进，为国库账务核算对账的高效率提供了技术前提，相关部门要做的是做好硬件设备和软件的适时更新。技术水平的提高是提升效率的保证。

二是在对账的前期工作和对账过程中，没能严格执行业务流程规定，总的来说就是内控执行不力。显然对账工作是国库账务管理中的重要一环，虽然在国库业务的相关检查中，对账执行情况是一项重要检查内容，然而从发生的一些利用管理不严的空子谋求利益的事例看，各个机关和部门没能严格地坚持对账流程，对账工作漏洞百出。

三是采用余额对账的方式问题很多。不法分子可以通过很多违法方式确保月末余额相互一致。应该把对账的重心放在实时的余额对账上，强化对业务、账目数据、凭证、账户真实性和准确性的考察，防止犯罪分子拆东墙补西墙，或者利用时间差谋求利益。

（三）对优化改进国库对账工作的经验启示

通过对国库资金对账过程存在的问题的分析，我们认为设计如下对账流程比较合理（见图2-3）。

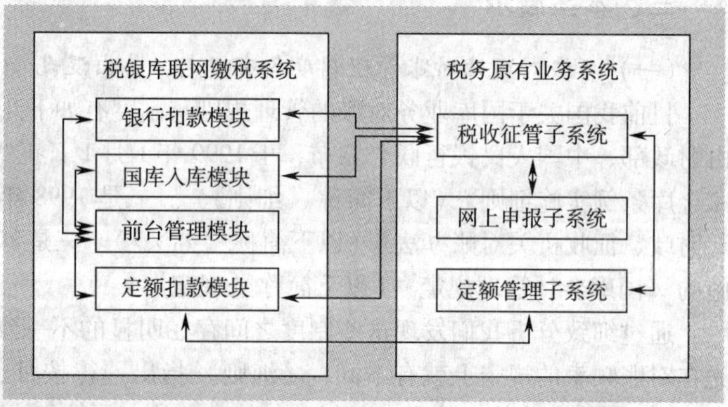

图2-3　税银库联网缴税系统、税务原有业务系统结构关系

第一，完善各部门间的相互监督，使部门间形成对彼此的制约。具体有两种做法：一是在国库资金记账、调拨、收付的日常业务管理中，加强各部门的监督协调，做到权责明确，井然有序。为了保证国库、财政、征收机关之间的预算收支数字完全吻合，国库与财税部门必须就预算内、外的收、支、退科目余额进行逐笔核对。在对一些公共支出的财务数据处理时，要做到信息的公开透明。使监督的可操作性大大提高。二是各部门之间的沟通协作，使各部门间的信息得到充分流动，这样做既有利于监督，又有利于及早地发现漏洞和问题，减少麻烦和损失。所以说，很有必要适时地组织和举行联席活动，构建信息流动的有效平台。同时还要做到与时俱进，做足功课，充分了解国库业务中出现的新情况，以便制定操作性强、覆盖面广的对账制度。

第二，升级支付结算和账目对账系统，不断提高其电子化、自动化水平。例如，近几年来，全国各地陆续使用了国库集中支付电子化管理系统。国库集中支付电子化管理，能够用一套标准化的电子凭证和安全支撑系统，实现所有核心业务系统的无障碍贯通，可以保证各业务方未经授权的用户“进不来、看不到、改不了”，经过授权的用户“丢不了、拿不错、赖不掉”，从根本上实现了数据的唯一性、完整性和防抵赖、防篡改，最大限度杜绝了资金支付的管理漏洞，是目前条件下保障财政资金安全最强有力的技术手段。另外，还必须完善国库资金电子对账系统。并严格执行其中的操作规范和流程要求，提高自动化水平，节约人力成本。

第三，建立健全信息共享平台，实现信息共享，方便对账和提升审查效率。要把平台国库对账和各部门内部监督体系相结合。具体说一是要做到征收管理系统和国库资金电子对账系统的数据共享。核对的顺序是，首先对预算收入入库数据进行审查；其次是从征收的数据记录、缴款的明细数据到入库记录的逐级核对；最后是支出管理中，核对好预算、支付指令以及实际国库支付情况。二是建立专门由地方财政非税管理部门统一监督管理的非税收入征收管理系统，定期与国库对账。

第四节　赫斯塔特事件

一、基本案情

联邦德国信贷机构监管局于1974年6月26日关闭了位于科隆的赫斯塔特银行。赫斯塔特银行的突然倒闭令德国银行业乃至世界银行业措手不及，震动了德国及世界金融市场，赫斯塔特银行是战后德国倒闭的规模最大的银行，1962年以后德国倒闭的所有银行的资产规模仅为赫斯塔特银行资产负债规模的1/2，这也是德国银行业恶性发展的顶峰。1974—1976年又有7家银行宣布倒闭，这7家银行的资产总额达到9.12亿马克之多，而在1960年至赫斯塔特银行倒闭前的十几年里，德国倒闭的银行家数只不过10多家，这10多家银行的资产总额也只有2.2亿马克。在此之后，德国诸多的银行陷入了财务危机，诸如西德意志州银行——德国公众银行巨头之一，也陷入了危机之中，为数众多的小私人银行也朝不保夕。

德意志联邦银行——作为德国的中央银行，在支付清算体系中，既要保证德国银行有足够的流动性，又要保证非现金支付与清算的往来和畅通。但是在赫斯塔特事件中，德意志联邦银行没有与德国银行监管局（隶属于财政部的德国银行监管机构）进行协调，监管商业银行从事的高风险业务。对于自身的支付清算业务，德国央行的作为也不能令人满意，即使支付清算业务方面的漏洞是一个国际性的问题。因此，对于赫斯塔特银行的倒闭，德意志联邦银行难辞其咎。

二、案情分析

资产总额达到8亿美元的赫斯塔特银行于1974年6月26日宣布倒闭，在赫斯塔特银行宣布倒闭时，其损失已经达到4.5亿美元，并且，赫斯塔特银行的倒闭引发了赫斯塔特风险，所谓的赫斯塔特风险就是赫斯塔特银行接到德国政府当局的清算命令后，却无力向对方银行支付美元而发生的风险，使对方银行蒙受损失。外汇现货交易业务的支付清算机制在赫斯塔特银行倒闭之后陷入混乱，对国际同业市场造成了严重的影响。

（一）监管混乱，盲目投机，忽视了浮动汇率下的外汇风险

二战结束后，西方主要发达国家为促进本国经济以及世界经济的复苏，于1944年7月确立了布雷顿森林体系，该体系是以美元为中心的国际货币体系。在该体系下各国实行的是可调整的钉住美元的固定汇率制度，由于固定汇率制度的存在，外汇投机行为也就没有了存在的条件。

然而，随着美元危机以及美国经济危机的频繁爆发，以及制度本身的缺陷，该体系在1973年宣布瓦解，体系的瓦解致使其成员国的汇率制度也发生了相应的转变，浮动汇率制度开始盛行，赫斯塔特银行就是在这样的背景下倒闭的。

外汇投机交易一直是赫斯塔特银行长期从事的业务，随着布雷顿森林体系的瓦解，其成员国转向浮动汇率制度，外汇交易业务开始充斥着风险，当时赫斯塔特银行的管理者忽略了浮动汇率制度下的外汇风险，对外汇交易的市场风险没有加以防范，在外汇市场上肆意妄为、盲目投机。加之赫斯塔特银行的外汇交易策略接连失误，到1974年6月，赫斯塔特银行在外汇买卖上的损失达到了4.7亿美元。

同时，20世纪六七十年代国际金融市场尚不成熟，金融监管体系也不够完善，像巴塞尔委员会这样的国际性监管组织尚不存在，同时，各国国内的监管体系也不健全，就像英格兰银行的皮特库克说的那样："监管当局在各自的金融体系框架里自行其是"，当时各国监管缺少必要的沟通以及协调铸成了许多大错。

最终，赫斯塔特银行难逃倒闭的命运，于1974年6月被联邦德国信贷机构监管局关闭。

（二）信用风险凸显，支付清算机制陷入混乱

国际支付清算业务中的信用风险在赫斯塔特事件中呈现得淋漓尽致。信用风险是指在交易中的订约方不能在法定时间内，也不能在法定时间以后的任何时间里全额清算其债务时发生的风险。在外汇交易中，当一方按时履约支付款项而另一方未能履约时跨国清算的信用风险就产生了。赫斯塔特银行在宣布倒闭之前已经接收了外汇交易对手通过德意志联邦银行支付的马克，然而，赫斯塔特银行的突然倒闭致使交易对手没能够收到赫斯塔特银行的对价，致使交易对手蒙受重大损失。

外汇现货交易业务的支付清算机制在赫斯塔特银行倒闭之后陷入混乱，国际同业市场受此影响相当严重，意大利和日本的有关银行尤甚，因为这些银行与赫斯塔特银行有

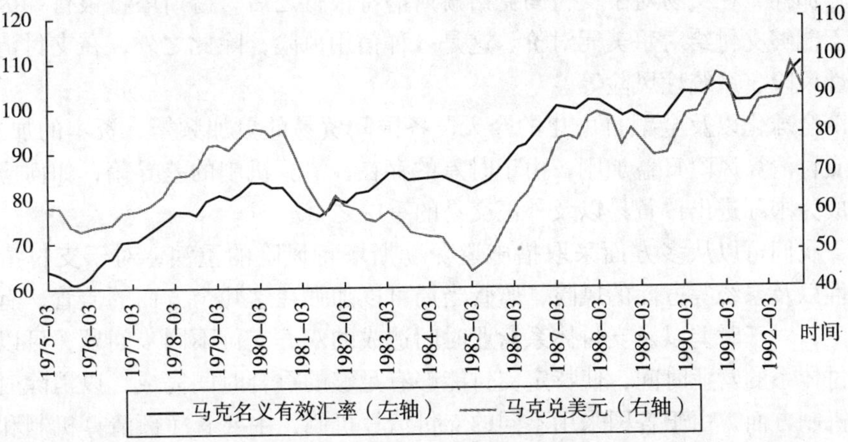

图2－4　布雷顿森林体系瓦解后马克汇率走势

着密集的外汇交易业务，赫斯塔特风险使得这些银行蒙受了巨额损失。

（三）各国央行支付清算体系不协调，引发赫斯塔特风险

首先，商业银行在对跨国支付中的风险估计不足，缺乏管理经验，中央银行又没有给予及时的监管和指导。在外汇交易中，由于交易双方必须在清算日前24小时甚至48小时履行单方面支付责任，因此，即使交易的一方在履行支付责任之前破产，交易的另一方也无法停止支付。

其次，时区的差异和支付体系营业时间的差异使双方支付不同步。假如说，伦敦的两个交易商签订美元/日元交易合同，到了清算日，在东京的日元支付比美元支付至少提前几小时，因为东京外汇市场闭市几小时后美元支付系统才开市。支付日元的交易商在交易对手支付美元之前承担着交易的全部价值风险，即本金风险。

最后，各国间的大额支付体系不一致。在其他条件都相同的条件下，如果交易的双方分别采用的是实时全额清算体系和净额清算体系进行支付，且净额清算体系不能保证当日清算，这样对方同样面临本金风险。

赫斯塔特事件的发生给各国中央银行敲响了警钟，面对支付清算体系的不协调，面对由此引发的赫斯塔特风险，如何应对这一系列的问题成为中央银行当时工作的重点之一。

三、本案启示

赫斯塔特银行的倒闭，对于当时的德国来说是爆炸性的新闻，乃至在世界范围内也可以说是相当轰动。尽管已经过去了40多年的时间，但由赫斯塔特银行的破产衍生的赫斯塔特风险仍然影响着当今国际间的支付清算业务。重新回顾赫斯塔特银行倒闭的教训，对于防范赫斯塔特风险，协调各国中央银行的支付清算业务，完善银行管理体制，具有重要的现实意义。

（一）赫斯塔特事件后，央行应加强对支付清算风险的管理

赫斯塔特银行倒闭之后，世界各国监管部门开始注意支付清算风险的存在，就像赫

斯塔特银行那样，在交易对手支付马克给赫斯塔特银行之后，赫斯塔特银行却因突如其来的倒闭不能够支付给对手美元对价，这是一种信用风险，除此之外，在支付清算时还存在流动性风险、系统性风险等。

在经济全球化以及金融自由化的今天，各国间贸易的更加频繁，资本的加速流动，国际间的支付清算风险日益加剧，由于时差的存在、清算机制的差异等，如何应对支付清算风险成为国际进出口贸易以及外汇交易的重中之重。

对此，我们可以从多方面采取措施避免赫斯塔特风险的重演，对于支付清算在信用、流动性以及系统等方面的风险，监管当局可以加强在这几个方面的监管，有效避免风险的发生；对于时差以及支付体系营业时间造成的双方支付不同步问题，可以通过延长全球支付体系的营业时间，使特定支付能够有足够的重合时间完成，以消除时差；在支付清算机制方面，由于各国采用不同的支付清算机制，主要有净额清算机制和全额清算机制两种，可以要求双方支付体系提供保证当日完成清算的机制，以避免由支付清算机制不统一造成风险。

（二）赫斯塔特事件后，监管当局加强了商业银行国际业务的监管

世界各国实行的钉住美元的固定汇率制度，在布雷顿森林体系瓦解后改为浮动汇率制度，借此机会，国际投机资本开始肆意妄为，德国外汇交易市场也在歇业多年之后重新活跃起来。有效监管的缺失以及支付清算方面的漏洞致使赫斯塔特银行因外汇交易业务的失败而走向破产，并且赫斯塔特银行不是唯一一家因外汇交易业务而破产的银行。

另外，新兴欧洲货币市场是赫斯塔特银行业务经营的另一战场，该市场主要交易的是从石油输出国流到欧洲以及美国的石油美元。在这样的一个新兴市场中，由于对风险的认识不到位、支付清算业务在该市场的不成熟以及监管的触角还未伸向该市场，致使该市场中风险滋生。对这次危机的许多评论都表明：新兴市场和交易策略在当时被普遍视为轻率的和令人怀疑的。但是在当时来讲，监管当局未对商业银行开展这些业务提供指导，也未对商业银行许多不理智的行为进行制止。在赫斯塔特银行倒闭之后，德国监管当局才有了清醒的认识，对此开始作出反应。

赫斯塔特银行的倒闭与国际环境的变化密不可分。正如事后显示的那样，由于时差导致的营业时间上存在的差异，世界各国银行总是不能够在同一时间营业，正当华尔街的银行业睁开朦胧的睡眼之时，远在大洋彼岸的中国银行业却已进入了梦乡，这就使得尚未完成的即期交易突然间变成了不可预测的未轧平头寸。因此，监管层再也不能无视银行业的国际参与了。

（三）对我国支付清算体系构建的启示

20 世纪 90 年代之后，随着我国金融体制改革的不断深入以及金融市场的不断完善，与此相配备的支付清算体系也得到了快速发展。中国人民银行建立了以《票据法》、《中国人民银行法》、《商业银行法》为基础，《票据管理实施办法》、《支付清算办法》、《人民币银行清算账户管理办法》等作为补充的，并且以现代化的电子信息技术为支撑的现代化支付清算体系。目前，我国央行已建成了由大额支付系统和小额批量支付系统组成

的中国现代化支付系统（CNAPS），该系统分为两级处理中心：即国家处理中心（NPC）和全国省市（首府）及深圳城市处理中心（CCPC）。

与发达国家情况相比，无论是在支付清算系统建设方面还是在风险管理方面，我国还处在初级阶段。因此，在风险管理方面，我们要有充分的认识，对于先进国家支付清算系统建设和风险管理的成功经验，我们要充分汲取以及借鉴。建立健全相关法律法规及管理制度，保障支付清算体系的正常运行；加强对流动性风险的控制，避免因头寸不足造成的流动性风险；加大技术研发的投入，保证支付清算系统的高效运行。

第五节　陈水扁家族海外洗钱案

一、基本案情

2008 年 8 月 14 日，一封请调信打破了陈水扁一家的宁静。这封请调信是由瑞士联邦检察院提供的，要求台湾地区政府协助其调查陈水扁的儿子陈致中和他的儿媳黄睿靓海外洗钱，从此将陈水扁家族海外洗钱案呈现在了公众的面前。根据瑞士官方出具的资料，黄睿靓通过“HuangJui—Ching”，在瑞士银行开设了两个账户。2007 年 2 月和 3 月，这两个账户分别收到从新加坡信贷私人银行汇来的两笔金额巨大的款项，一笔为 2100 万美元，另一笔为 14 万余美元。2007 年 5 月，黄睿靓通过美林银行在开曼群岛注册了名为 Bouchon Ltd. 的公司，黄睿靓拥有该公司的所有权，而代理人则是陈水扁的儿子陈致中。紧接着，黄睿靓将自己名义开立的美林银行账户中的款项再全部转入 Bouchon Ltd. 公司名下的两个账户。同年冬天，陈致中在苏格兰皇家银行开立的账户中的 1000 万美元又全部转入了 Bouchon Ltd. 公司。

当台湾当局对陈水扁家族海外洗钱案进行深入调查之后，发现该案件所涉及的银行数目非常多，不仅包括瑞士银行，五大洲十三地的银行也包含在内，涉案金额也早已不只是最初的 3000 万美元。最终，台湾地区高等法院根据调查取证，对台湾地区前领导人陈水扁和他的家人作出二审判决，改判陈水扁和他的妻子吴淑珍有期徒刑 20 年，褫夺公权 10 年。

法网恢恢，疏而不漏，陈水扁自以为高明的手法最终还是大白于天下。陈水扁作为台湾地区的最高领导人，在其任职期间与其家人知法犯法，这样的行为令人发指，这不仅给台湾地区的经济文化造成了严重的负面影响，也严重损毁了台湾地区在国际上的形象。

二、案情分析

随着陈水扁家族海外洗钱案的水落石出，其洗钱的路径也慢慢浮出了水面，呈现在了公众面前。

最初，陈水扁家族在银楼采取地下汇兑的方式来获取小额贷款，当陈水扁执政后，

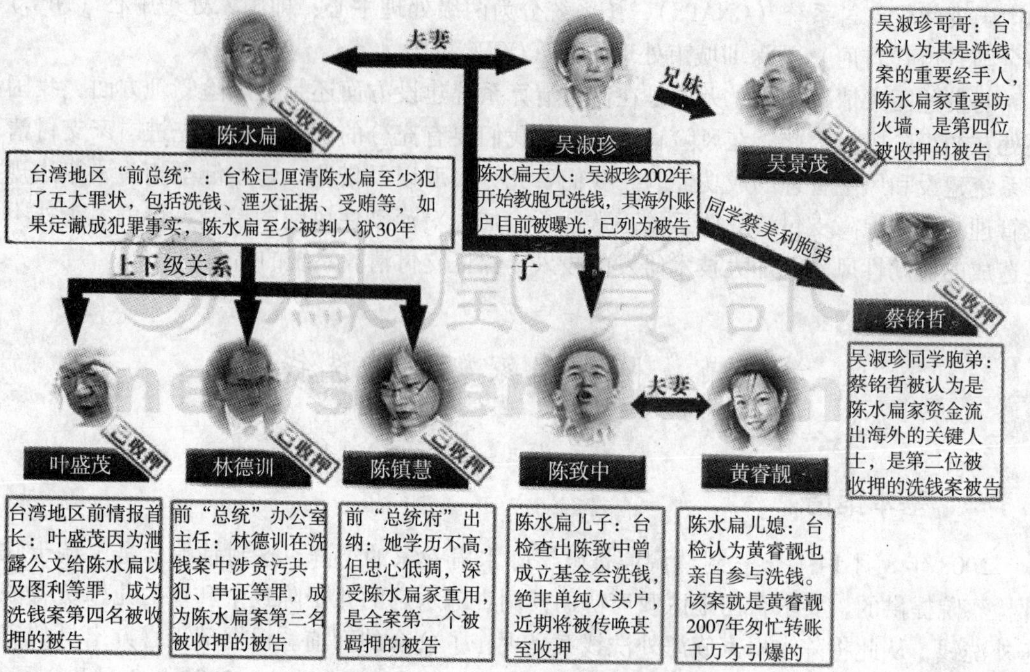

图 2-5　陈水扁洗钱案关系网

这样的方式就慢慢不能被满足了。他们不仅仅依靠在开曼群岛注册公司来洗钱，还主要在台北市民生东路的宏佳银楼和吴氏兄妹共同经营的香港盈宝公司进行跨海买卖珠宝，然后又通过贿赂企业埋单进而实现其海外洗钱的目的。对照一般的洗钱路径，可以将陈水扁海外洗钱的交易分为三个步骤。

首先是入账。入账就是通过存款、电汇和其他途径将非法所得的财产放在某个金融机构里，再将数额巨大的资金化整为零，存放在通过不同的名义注册的账户中。这些不同的账户之间不能出现相关关系，此时便可通过汇款、开立支票等方式将这笔资金转入犯罪嫌疑人的名下。因为交易时，数量金额较小，并且经常会避开跨国的交易方式，有时还会利用一些国家或者地区设立的公司作为掩护，所以要想被侦查机关发现就显得十分困难。

根据资料显示，陈水扁家族这些年很少向境外汇出数额巨大的资金。由此可知，陈水扁家族的海外账户下的资金肯定是要么受到了银行高层的包庇，要么是利用了人头户进行汇款以及通过非法管道盗运。据推测，陈水扁家族的海外账户中的很多资金也许就是直接从海外获取的。

其次是分账。分账就是经过多重层次，极为复杂的交易进行转账，这样可以让非法所得脱离其最初的来源。传统的洗钱方式是利用国与国之间的“空间差”，将赃款分批从甲国运送到乙国，这样可以把通过犯罪活动获得资金的来源地与使用地分开。因为各国法律不同，非法获得的赃款摇身一变就成为了合法所得。

陈水扁家族的大量非法所得先是从荷兰银行转到标准银行，接着将资金转入瑞士银行，最后通过新加坡、瑞士、开曼群岛来回转移大量的资金，这便是标准的洗钱手段之一。

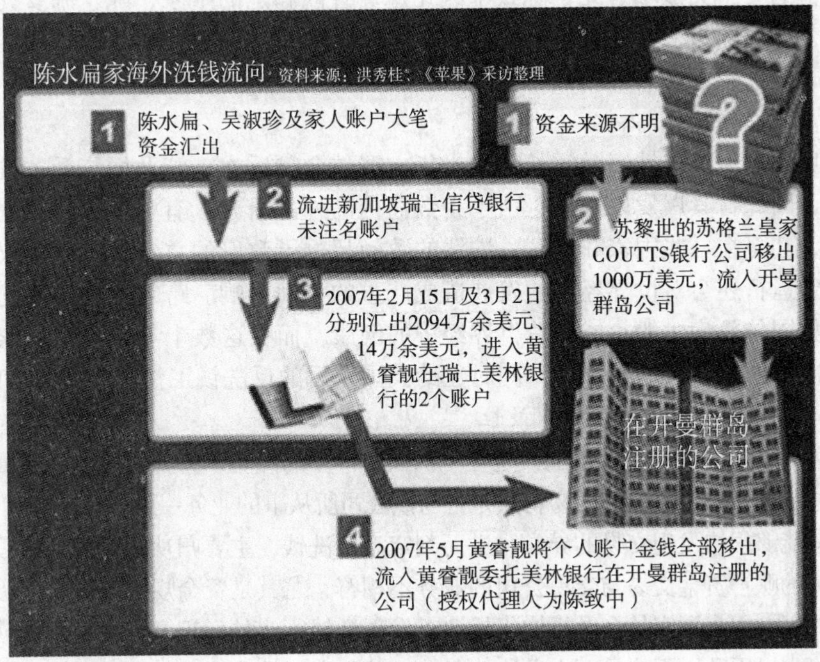

图 2－6 陈水扁海外洗钱流向

最后是融合。融合就是通过一项合法的转账交易作为掩护，来达到避免非法收入曝光的目的。通过这样的手段，就可以把将非法收入转移进合法账户中。具体步骤是首先用假名注册很多公司，然后可以通过合法的虚假交易将资金转入犯罪嫌疑人的名下。比如，可以将某个不值钱的东西以高价卖给另一家公司，这家公司再把钱转入犯罪嫌疑人的名下。从表面上看，这笔交易是合法的，但是却完成了洗钱的过程。

对照陈水扁家族海外洗钱案，其儿媳黄睿靓在瑞士开立了 2 个账户，将获得的非法所得转入位于开曼群岛的公司，最后将这笔资金又转入陈家在瑞士银行拥有的账户。这既是将非法所得进行融合的过程，也实现了将这笔资金漂白的目的。

接下来梳理陈水扁家族海外洗钱案的渠道。第一个渠道是位于台湾地区的兑换店和地下钱庄，非法所得就是通过这个渠道转移到了国外而没有被相关机构所察觉，同时也没有留下相关的痕迹。第二个渠道是买卖珠宝。据调查，陈水扁的妻子吴淑珍在2000 年就通过珠宝交易洗钱，金额巨大，达到了 18 亿元新台币。第三个渠道则是注册一个专门用来洗钱的空壳公司。这个公司没有真正的交易，也没有具体的商业背景，它就是专门用来实现洗钱的机构。

为了减少上缴的税费，在注册公司时很多离岸金融机构只象征性地收 1 美元的注册费，同时还会对该公司的实际注册人的具体资料进行保护，这就方便了那些不法分子利用空壳公司进行洗钱活动。

此外，陈水扁家族还利用“扁友会”、“挺扁组织”等作为其海外的代理人，进行洗钱活动。最后陈水扁家族还使用了人头户这种洗钱方式，使得该案涉案人员众多，包括陈水扁和他的妻子吴淑珍、儿子陈致中、儿媳黄睿靓和她的娘家，陈水扁女儿一家以及女儿的公公婆婆。

三、本案启示

陈水扁家族海外洗钱案时间长达数十年、案件金额巨大、涉及面广泛、洗钱手段也十分复杂，因此自其爆发以来就吸引了无数岛内岛外的目光。有资料显示，洗钱的资金数额巨大，甚至在一些国家和地区，洗钱的数额超过了政府的总预算，这不仅影响当地经济的稳定运行还会对世界经济的发展造成严重的负面影响。跨越多个国家的海外洗钱案，已经如同传染病一般，威胁着世界经济的健康。而在这数十年中陈水扁家族海外洗钱案，再次给所有人敲响了警钟，同时也给我国今后的反洗钱工作带来了许多的启示。

（一）要增加反洗钱监管的有效性

西方发达国家在长期的打击洗钱过程中积累了许多的经验，首先在鉴别是否属于洗钱行为上，往往能够识别出资金的交易特点是否与该公司所从事的业务一致。在陈水扁洗钱案中，瑞士银行就能够很快发现交易的异常，进而判定涉嫌洗钱，主要归功于瑞士银行发现了陈水扁家族名下的账户资金交易与交易公司的业务不相符，尤其是资金规模与公司所涉及的业务差别较大。现在很多国家的金融机构仍然缺乏发现洗钱行为的意识和能力，常常使那些不法分子有机可乘。因此，不论是西方发达的资本主义国家还是我国，都应该重视风险，认真进行风险评估，并且完善风险的监督与管理。同时，还要求金融机构能够提高对洗钱行为的鉴别能力，正确科学地制定和执行反洗钱制度，这样才能有效提高反洗钱的有效性。

（二）非金融领域也应当重视反洗钱行动

当前，我国的相关法律法规作出了明确规定，要求银行业、证券业、期货业、保险业等金融机构必须认真履行反洗钱职责。这样就统一了本外币反洗钱管理，调整了大额和可疑交易报告的标准、路径、时间等内容，然而这对于那些新型的犯罪手法来说还是远远不够的。在陈水扁家族海外洗钱案中，吴淑珍作为陈水扁的妻子，仅仅通过在海外倒卖珠宝就成功使非法所得的18亿元新台币变为合法收入。所以在反洗钱的道路上，分阶段地在金融和非金融领域进行反恐怖融资是十分重要的。

如今洗钱的手段早已扩张到了各种非金融机构，诸如房地产、珠宝、会计师事务所、律师事务所。最近，国际金融行动特别工作组开始在商讨和研制非金融行业的国际反洗钱行动的政策方针。随着时代的变化与发展，反洗钱行动也要不断完善和改进。

（三）应当进一步增加洗钱行为的界定

起初，洗钱的方法就是毒贩通过和洗衣店进行交易将自己通过贩毒获得的非法收入变为合法，因此只要涉及所有可公诉的犯罪行为都应该被认为是洗钱。同时所有的非法收入，在交易过程中留下证据的，也都属于洗钱的上游罪行。而在洗钱活动的过程中，还往往伴随着其他的犯罪活动，这又滋生了这些犯罪行为的再次发生。一方面从司法的角度出发，洗钱成为了这些违法犯罪行为的避风港，不利于维护社会公正，也容易使更多的人走上犯罪道路。另一方面是站在金融管理角度上来看待这个问题，洗钱行为涉及的金额较大，容易破坏金融行业的秩序，也不利于市场的公平竞争，进而会导致经济不能健康稳定运行，也会给市场经济的发展形成阻碍。所以，洗钱罪的上游罪行的界定应该包括所有的非法所得，所有的可公诉的犯罪行为，所有具有证据的非法交易。

（四）加强反洗钱行动的配合

虽然陈水扁及其家人在洗钱的过程中尽量避免在岛内的金融机构留下痕迹和线索，然而还是逃不过国外银行的火眼金睛。此次陈水扁家族海外洗钱案恰恰是经由国际反洗钱金融情报机构提供给台湾地区政府的。现在各国的很多贪官都躲藏于美国或欧洲等地，因此加强与世界各国的反洗钱行动的联系与合作，最终提高国际反洗钱情报组织的整体力量，有利于各个国家的反洗钱工作的顺利进行和提高效率。

此外，提高与有关反洗钱的相关部门的合作程度也十分重要。陈水扁和他的家人在最初洗钱时，就是采取台湾当地的兑换店和地下钱庄，最终把钱送往国外的，这种方法也是目前很常见的方法。只要发生洗钱行为，就会留下证据，只要各个部门能够充分配合，提高识别洗钱行为的能力，这些犯罪行为终会大白于天下。因此，在现有的反洗钱理论和政策框架下，应当继续加强和改善每个反洗钱部门的交流与配合，在反洗钱行动中发挥出自己最大的优势。同时还要提高反洗钱监测分析中心接收、分析可疑交易的能力，此外还要重视司法在反洗钱行动中的支撑作用。

（五）提高反洗钱情报体系的使用效率

在反洗钱行动中，不仅要提高反洗钱机构的规格和地位，更重要的是各个国家要提高使用自己本国所获得的关于反洗钱的金融情报。

现在，世界各国对洗钱与反洗钱尚没有形成统一的应对方法与管理模式，因此也不能很好地认识反洗钱的意义。而随着洗钱手段的不断变化和发展，各个国家应当建立属于自己的独立的侦查机构，以此来有效地获得和充分利用反洗钱情报。同时，应当在世界范围内共享该情报，以便于使洗钱犯罪无处可逃。正如陈水扁家族海外洗钱案，正是由于瑞士联邦检察院凭借着丰富的反洗钱经验和对洗钱行为的敏感才发现了其交易和转移资金中的蛛丝马迹。而最关键的是，瑞士联邦检察院将这一调查结果递交给了台湾政府，这才让陈水扁家族海外洗钱案浮出了水面。

第六节 中国首例侵犯公民信息犯罪案

一、基本案情

2010年1月4日，珠海市香洲区人民法院，以非法获取公民个人信息罪判处周建平有期徒刑1年6个月，并处罚金2000元，周建平案也被称为“全国首例侵犯个人信息安全案”。在这起案件中，珠海市香洲区人民法院认为周建平应当被判处处罚的主要原因是：周建平通过兜售“广东省政府官员”通信录，牟取非法个人利益，并且后果严重。周建平也由此成为以“侵犯个人信息安全”这一罪名被追究刑事责任的第一人。

二、案情分析

通过司法机关对于周建平案件的调查，早在2008 年11 月，周建平就在位于广州市海珠区昌岗中路，成立了名为广州市华探调查有限公司，但是这个公司的主要经营业务是非法获取他人电话清单和个人资料。同年12 月，一个电话诈骗团伙成员林桂余，通过网上搜索引擎找到周建平，要求周建平向其提供14 名“领导”的电话号码及通话清单。周建平通过林海棠和网友“皇家大卫”非法购买了电话清单，并以每份1200 元或1500 元不等的价格，先后向林桂余出售了14 份，从中获利1.6 万元。根据周建平提供的电话清单，李斌海、林桂余、黄燕万、邵国松等诈骗团伙成员于2009 年2 月2 日冒充珠海市副市长霍某，骗得其亲友马某5 万元。

从2008 年10 月至2009 年2 月19 日，邵国松、黄燕万、李斌海、林桂余等共先后作案5 起，分别冒充恩平市委书记、深圳市宝安区消防中队队长、佛山市纪委书记等人，以急需用钱为由，对其亲友进行电话诈骗，共非法敛财83 万元。日前，珠海市香洲区人民法院最终认定，周建平非法获取公民个人信息，情节严重，其行为已构成非法获取公民个人信息罪，判处有期徒刑1 年6 个月，并处罚金2000 元；邵国松等7 人的行为也已经构成诈骗罪，分别判处有期徒刑3 年到11 年不等，并处罚金多达4 万元到15 万元不等。

行骗四部曲：

第一步　非法获取个人信息。为了购买“广东省政府官员”通信录，黄燕万、黄晓万通过网上搜索引擎获取了卖家的联系电话，以2400 元购买到领导通信录及其通话清单。通过这种手段先后获得了19 份领导名单及通话清单，而周建平与上述诈骗团伙的林桂平之所以能接上头也是靠网络搜索。

第二步　通过试探筛选真伪。买来的通信录如何探明真伪，确定冒充对象这是第二步。李斌海获取通信录后指示邵国松、王剑波等利用事先购买好的多部手机和电话充值卡以电话请吃饭的方式拨通号码，核实领导的身份。

第三步　实施手机变号显示。获取号码后如何能将被害人手机的来电显示为冒充对象的号码是诈骗能否成功的关键。该诈骗集团使用的手机变号软件，是一个操作平台，只要使用平台提供的账号和密码，通过充值电话拨打平台号码，对方收线后会自动回拨，这时再输入电话号码就可使用。非常可怕的是，这种软件的获得也是通过网络搜索。

第四步　轮番冒充实施诈骗。通过安排人员根据电话清单逐一打电话行骗，一般是冒充领导的身份谎称有事急需用钱，让对方汇款至指定账户。记者发现，被害人接到显示为领导来电的通话后不好意思或没有回拨核实是上当受骗的主要原因。

三、本案启示

此案的处理结果不仅关系到周建平的个人利益，而且将会对我国公民个人信息的刑法保护产生深远的影响。2009 年，中国社会科学院公布了“法治蓝皮书”，其中指出，随着信息处理和存储技术的不断发展，我国个人信息滥用问题越来越严重，除了过度收集、擅自披露、擅自提供个人信息等情况外，非法买卖个人信息也日益成为一个“新兴行业”，个人信息资料也由此成为互联网上贩卖的“商品”。

这些信息时代存在的各种问题，让我们这些习惯穿梭于提供各种便捷的信息网络的新新人类，不得不认真思索关于个人信息安全保护的问题。

随着我国市场经济的发展，信用问题越来越受到重视。然而在保护个人隐私与央行征信系统的建设方面，我们还有很长的路要走。央行作为征信体系的主管部门，既要确保征信过程中信息采集的正确性、使用的合理性，同时也要保护好公民的信息安全，不能出现泄露事件。在我国征信体系的建设过程中，应注意以下三点：

第一，高度重视数据质量，加快征信法制建设。各金融机构应高度重视数据质量，数据质量是数据库的生命线，是征信体系建设成败的关键。数据质量的好坏体现在商业银行报送数据的准确性、完整性和及时性三个方面。个人信用信息基础数据库系统有待于进一步改进完善，还存在诸如部分数据更新不够及时、信用信息记录不够全面、系统不够科学等问题。鉴于当前征信系统运行中反映的问题，有关部门应尽快制定出台征信法，制定信用信息征集统一规范及标准，明确数据采集的范围和内容，以督促各金融机构加强数据采集的真实性与准确性；并确立央行征信管理的地位和职责，赋予其检查监督征信业的权利。对不及时报送征信信息、报送征信信息核实不力、信息报送出现重大误差、不及时更新征信信息等违反征信信息采集管理等行为由人民银行给予相应的处罚。

第二，建立信息变更及时告知机制，充分保障个人知情权。知情权是城市信用原则的体现，是社会主义商业道德观念的一种反映，它是市场经济形成的规范。信用信息直接影响每个人的切身利益，各金融机构要提高人性化服务意识，尽到提醒和告知服务，把方案制订得更完善，让个人方便获得告知而且实际收到告知，同时也方便反馈信息，建立起良好的联系沟通渠道，形成信息及时告知机制，充分保障个人知情权。因此，及时告知机制可以督促那些主观上没有违约恶意的客户按诚实信用的原则谨慎主动履行自己的义务，或者积极采取措施予以改正和弥补，从制度的社会效益来看，这样更具有积极价值。

第三，规范信贷市场，推进征信宣传教育。只有有效的执法机制，法律规章的效力才能充分发挥。央行应继续加强信贷征信市场的监管，保护当事人的合法权益，进一步规范信贷业务市场，促使各金融机构合法合规经营，严格审贷，尽到应尽的亲自家访、审核和款项用途监督等义务，营造公平竞争、有序服务的征信环境。同时，推进征信宣传教育。提高社会对征信的认知度并积极参与，培养企业和个人遵纪守法、信守承诺、尊重合同、欠债还钱的意识，并提醒大家珍惜自己的信用，比如身份证不要轻易借给别人办事情，及时查询个人信用记录等，为征信系统运行创造良好的外部环境，推动建立社会信用体系。

参考文献

[1] 庹佳．论人民币安全及其法律保护［D］．湖南：湖南大学，2003.
[2] 徐大明．开展反假币堵源工程的研究与实施［J］．中国防伪报道，2003（2）：10－11.
[3] 杨建波．外资银行监管：国际比较及启示［D］．开封：河南大学，2010.
[4] 牟彬．我国外资银行退市监管主要法律问题研究［D］．重庆：西南政法大学，2009.
[5] 谢莉．坚持对账制度保障国库资金安全［J］．新疆金融，2002（7）．
[6] 黄守成．从几起国库资金案件来看国库资金对账工作的改进［J］．海南金融，2010（8）．
[7] 张东，魏巍．前车之鉴，后事之师——从国外银行危机看中国银行业风险管理［J］．商业文化，2007（11）：233－234.
[8] 符宏宇．商业银行支付结算风险与防范探讨［J］．金融研究，2015（5）：155－156.
[9] 高培道，张婧．日本泡沫经济与金融监管［J］．现代日本经济，2009（1）：54－58.
[10] 付丽颖．次贷危机中的日本经济动向［J］．外国问题研究，2009（1）：54－58.
[11] 黄亚蕊．浅论公民个人信息的法律保护［J］．法制与社会，2011（3）．
[12] 葛峰翅．"陈水扁洗钱案"给我国反洗钱工作的启示［J］．金融与经济．2011（7）．

思考与讨论

1. 新中国成立以来，贩卖假币的违法犯罪活动屡禁不止，给人们的生活带来了极大的困扰，请结合北京"7·08"特大贩卖假币案分析我国可以从哪些方面入手来有效遏制假币案件的发生。
2. 从国开行获万亿再贷款这一事件中我们可以得到哪些启示？
3. 国库资金对账管理漏洞出现的原因有哪些？冯某和王某是如何一步步骗取退库，并套取现金的？国库资金对账管理漏洞如何填补？如何进一步改进国库资金对账管理工作？试作简要回答。
4. 结合案例，试述什么是赫斯塔特风险？各国应该如何预防赫斯塔特风险的发生？分析我国支付清算体系的优缺点？
5. 中国首例侵犯公民信息犯罪案在避免侵犯公民隐私方面有什么启示？
6. 陈水扁海外洗钱案对我国的反洗钱工作有什么启示？

第三章

金融调控典型案例

第一节　新西兰的通货膨胀目标制

一、基本案情

“主要特点是以公开宣布一个或多个时限内的官方通货膨胀的数值为目标，同时将稳定的低通货膨胀作为货币政策的首要长期目标的制度，就是所谓的通货膨胀目标制，它是一个货币政策框架”，前美联储主席伯南克如是写道。

伯南克

表 3-1　　通货膨胀目标制的设计框架

项目	具体要求
价格指数	明确衡量通货膨胀水平的 CPI 组成及剔除因素
目标设定	设定目标点或目标区间
时间跨度	考虑反馈时限和最优政策时限，一般为 1～4 年
通货膨胀的预测	以数量性指标和经济模型为主，新兴市场经济国家还要充分关注定性判断
中央银行的法律地位	工具独立性，并以货币或价格稳定作为首要目标
设计并公布目标	政府或政府与央行联合公布
责任性和透明度	公布政策变化及目标设定标准的解释；建立与公众直接交流的渠道；在条件许可时可公布通货膨胀率的预测模型
货币政策委员会	一般是由集体决策，集体决定又有投票表决和一致通过，大多数是采用投票表决的形式
中央银行工作重点	提高数据采集能力、通货膨胀预测能力、政策分析能力

1990 年，新西兰成为世界上第一个敢于“吃螃蟹”的国家——正式采用通货膨胀目标制。这一货币政策目标的变化是新西兰政府推进经济改革的一部分。新西兰当局的做

法有着相当大的创新，同时也有着一定的风险，在当时的学术界和世界各国央行范围内引发了很多的分析与讨论。

二、案情分析

新西兰是南太平洋上的一个岛国，资源匮乏，仅仅依靠畜牧业及旅游业就跻身于世界发达国家之列，堪称奇迹。新西兰是如何发展到今天的高度的呢？这与其20世纪90年代劳工党上台后采取的一系列经济改革密不可分，其中最重要的一项就是推行通货膨胀目标制。

（一）货币政策重心纷纷转移，抑制通货膨胀成为主要目标

20世纪80年代，经济全球化日益发展，世界经济活动没有了国籍的区别，各国的对外贸易、资本流动等开始逐步形成一个有机整体，世界各国再也不能像以前那样，将商品、货币、技术、信息等生产要素局限在本国之内发展，再也不能仅仅根据自己国家的状况制定各种政策，以促进经济的发展。经济全球化带来的国际资本的跨国跨地区的流动，特别是国际投机资本的跨国跨地区流动，给各国资本市场带来前所未有的冲击。一国利率及汇率的稳定受到国际资本流动的影响，国际资本的肆意流动导致了一系列金融危机，20世纪60年代的美元危机、80年代初的拉美债务危机、90年代的欧洲货币体系危机、墨西哥汇率危机以及东南亚金融危机，布雷顿森林体系的瓦解也受到国际资本流动的影响。在这样的背景之下，世界各国在保持国内经济的合理健康发展，有效制定以及实施各种政策时，面临着巨大的挑战。

货币政策在整个经济宏观调控体系中居于十分重要的地位，要想使货币政策有效调整宏观经济就必须选择正确的货币政策目标。所以自20世纪80年代起，各国货币政策的重心纷纷转移到抑制通货膨胀上来，进入90年代，通货膨胀逐渐成为了新西兰、加拿大、墨西哥等发达与发展中国家的货币政策目标，欧洲央行的首要目标也是确保欧元区物价的稳定。

表3-2　发达国家采用通货膨胀目标制情况

	实施日期	目标通货膨胀率	时限
新西兰	1990-03	0~2%	每年
加拿大	1991-02	1%~3%	18个月
英国	1992-10	2.5%	一届议会任期
瑞典	1993-01	1%~3%	持续
芬兰	1993-02	2%	持续
澳大利亚	1994-09	2%~3%	持续

（二）新执政党上台，改革迫在眉睫

1973年10月16日，第一次石油危机爆发，新西兰作为资源短缺的国家受到巨大的冲击。在第一次石油危机以后的很长时间里，新西兰的通货膨胀率达到了两位数以上，累积通货膨胀在1974年至1988年为480%，20世纪80年代其通货膨胀在短期内暂时地降到了5%以下，但这只是被扭曲的工资、价格、股息以及利率冻结的结果。在该时期，

货币政策没有一个固定而又明确的目标，并且几乎没有同降低通货膨胀相一致的目标。这一时期，通货膨胀成为新西兰当局难以解决的问题。

1984年新西兰劳工党上台执政，劳工党上台执政面临的第一个难题就是如何降低居高不下的通货膨胀率，选择什么样的货币政策目标迫在眉睫。1990年3月，《政策目标协议》签署，通货膨胀目标制成为了新西兰货币政策的目标，该协议要求"到1992年12月使通货膨胀率降至0~2%，并在之后维持价格的稳定"，但是由于前期积累的问题过多，这一要求直到一年之后才得以初步实现。

新西兰首开先河，成为世界上第一个采用通货膨胀目标制的国家，在之后的若干年里，通货膨胀目标制在加拿大、德国、英国等世界老牌发达国家相继推行，美联储主席伯南克在任期间，也在美国推行通货膨胀目标制。

（三）独立的中央银行，通货膨胀目标制的保障

通货膨胀目标制有着出色的宏观经济调控功能，但是通货膨胀目标制的推行需要一个独立性较高的中央银行作为保障。

表3-3　央行独立性与通货膨胀率的关系

国家	央行独立性程度	年平均通货膨胀率（1980—1989年）
联邦德国	0.69	3%
美国	0.48	5%
加拿大	0.45	6%
英国	0.27	7%
意大利	0.25	11%
法国	0.24	7%

中央银行与政府的关系是一种特殊的行政关系，这种关系是伴随着中央银行制度的建立，调控地位的加强，对经济金融发展的日益重要而与生俱来的。中央银行独立性是指中央银行履行自身职责时法律赋予或实际拥有的权利。它具有两个方面的含义：第一，央行可以自由决定如何实现货币政策目标；第二，央行的决策不受中央政府以及地方政府的影响和干扰。进入20世纪70年代，随着高通货膨胀率以及高失业率的蔓延，关于央行独立性与政府关系的讨论甚嚣尘上，增加央行独立性的呼声越来越高。在此之后不少学者通过实证研究证明：中央银行采用通货膨胀目标制取得的效果与中央银行的独立性成正比例关系，也就是说央行的独立性越强，央行在制定和执行通货膨胀目标制方面的效果就越好。

新西兰储备银行作为新西兰的中央银行在20世纪90年代之前其独立性较弱，但是自劳工党上台之后，迫于通货膨胀的压力，新西兰政府意识到要想扭转现在的局面，必须对储备银行作出改革，增强其独立性，1989年新西兰政府颁布新的《新西兰储备银行法》使得新西兰银行在制定与执行货币政策时有了独立性，并且要求新西兰储备银行每半年向新西兰公众发布一次《货币政策报告》，在每年3月和9月出版《经济预测》公布各种客观经济指标的预测。在新的《新西兰储备银行法》中规定：为实现"维持一般物价水平稳定的经济目标，新西兰储备银行的主要职能是制定与实施货币政策"，这之后新西兰储备银行的独立性显著增强，通货膨胀目标制的推行有了可靠的保障。

（四）万事俱备，通货膨胀目标制顺利采用

为了能够如期降低通货膨胀，政府要求财政部部长和储备银行行长在新的5年任期

之前，签订政策目标协议（PTA），主要内容包括确定物价指数的目标，选择物价指数以及目标区间。在经济环境发生变化时，货币政策目标必须得到及时的修改，签订新的PTA。“在1992年12月之前实现价格稳定，通货膨胀率降至0~2%”，这是在1990年3月签署的第一份《货币目标协议》中的规定。同时，这份PTA要求，对未来5年通货膨胀率的预期必须包括在新西兰储备银行所公布的每一份货币政策声明中。1990年4月公布的第一个货币政策声明规定：到1990年12月通货膨胀率降至3%~5%，1991年12月为1.5%~3.5%，1992年12月及以后为0~2%。

最近几年里，新西兰通货膨胀率有所上升，2010年6月到2011年6月的一年时间里，通货膨胀率一度达到5.3%，但是，这一高通货膨胀率只是暂时的，截至2014年，通货膨胀率已降至1.9%，同时，新西兰联储预计至2015年末，通货膨胀率进一步降至1.6%，处于可控水平。

三、本案启示

1990年，新西兰成为世界上第一个正式采用通货膨胀目标制的国家，自此之后荷兰、加拿大、澳大利亚、英国、墨西哥等也相继采用通货膨胀目标制，货币政策目标进入通货膨胀目标制时期，开始了多重目标向单一目标的转变。

（一）通货膨胀目标制——灵活的货币政策目标

向松祚在《伯南克的货币政策和货币哲学》一书中提到通货膨胀目标制有以下几点特征：

第一，通货膨胀目标制要求：货币政策必须致力于实现既定的长期通货膨胀目标，长期价格稳定是货币政策“压倒一切的”或“首要的”目标。重要的是通货膨胀基准目标要求：通货膨胀率既不能太高也不能太低，避免通货紧缩（或许更重要）与避免通货膨胀同等重要。

表3-4　通货膨胀目标制国家通货膨胀目标区间（2001年）

国家	通货膨胀目标区间	通货膨胀率
新西兰	0~3%	2.6%
英国	2.5%	1.8%
澳大利亚	2%~3%	4.4%
加拿大	1%~3%	2.5%
巴西	2.6%	6.9%
韩国	2.5%	4.1%
南非	3%~4%	4.8%
墨西哥	6.5%	6.4%
瑞典	1%~3%	2.4%

第二，在致力于实现长期通货膨胀目标的约束下，短期内中央银行有一定程度的灵活性，以追求其他的目标，包括产出的稳定。这就是前美联储主席伯南克所推崇的“灵活的通货膨胀基准目标”。

第三，通货膨胀目标制要求：货币政策决策者必须保证政策充分开放和透明。比如，定期发表通货膨胀形势报告，公开讨论政策方案和计划。

新西兰在采用通货膨胀目标制伊始，将通货膨胀目标制的灵活性表现得淋漓尽致，1996

年11月，鉴于经济发展的状况不佳，新西兰储备银行将目标区间由0~2%调整为0~3%。同样，英格兰银行也在采用通货膨胀目标制时，将衡量通货膨胀率的目标由零售物价指数改为消费物价统一指数，两者最大的区别在于后者将房屋价格对通货膨胀率的影响剔除。

（二）通货膨胀目标制加强了央行与公众间的沟通

通货膨胀目标制加强了央行与公众间的沟通，中央银行在目标和决策上与公众沟通，增强货币政策的透明度，能有效稳定公众以及市场预期，降低通货膨胀率的不确定性。这样一来能够增加公众对通货膨胀目标制的理解和接受程度，提高政策的透明度，增强中央银行对公众的责任，从而降低政策的时间不一致性，避免货币当局为了扩大就业、增加产出而一味地采取扩张的货币政策。

通货膨胀目标制不仅加强了央行与公众间的沟通，同时也使得央行与中央政府之间的沟通更加频繁，中央银行定期向政府汇报货币政策的实施情况，政府官员列席中央银行定期召开的关于货币政策执行状况的会议。

（三）通货膨胀目标制的缺陷

得益于通货膨胀目标制的采用，新西兰的宏观经济形势发生了彻底的扭转，通货膨胀率急剧下降，如表3－5所示。

表3－5　各国通货膨胀目标制实施情况

	实施日期	实施前通货膨胀率（实施前4年，%）	实施后平均通货膨胀率（2003年，%）	决策依据
新西兰	1990－03	10.71	1.68	通货膨胀预测
加拿大	1991－02	4.54	2.12	通货膨胀预测
英国	1992－10	7.01	2.92	通货膨胀预测
澳大利亚	1993－04	3.22	2.69	通货膨胀预测
韩国	2001－01	3.73	2.77	通货膨胀预测

但是，事物具有两面性，通货膨胀目标制不能够将通货膨胀率与失业率这一对相反的指标同时保持在合理的水平，这两者总是处于相反的水平，这是因为在通货膨胀目标制下，货币政策目标采用单一变量。中央银行采取紧缩性的货币政策来抑制通货膨胀率的上升，这种紧缩性的货币政策对需求过度引起的通货膨胀是有效的；但是，当供给条件恶化造成通货膨胀率的上升时，一味地通

表3－6　通货膨胀率与失业率的变动

年份	通货膨胀率（%）	失业率（%）
20世纪80年代	11.6	5.0
90年代	1.73	7.96
1990	3.9	7.8
1991	1.0	10.3
1992	1.7	10.3
1993	2.6	9.5
1994	1.5	8.1
1995	2.8	6.3
1996	1.9	6.2
1997	0.2	6.7
1998	1.3	7.5
1999	0.4	6.9

过紧缩性的货币政策降低通货膨胀率就将进一步减少产出，增加失业。表 3 - 6 反映了新西兰采用通货膨胀目标制后，通货膨胀率与失业率的变动情况。

（四）我国推行通货膨胀目标制可行性分析

《中国人民银行法》规定，我国货币政策的目标是保持货币币值稳定，并以此促进经济增长，由此看出我国目前的货币政策采取的是双重目标，在保持币值稳定的同时，又要促进经济的增长。

在现阶段，我国推行通货膨胀目标制还存在诸多的问题。首先，相机抉择的货币政策导致了时间上的不一致性，货币政策的实施不能够及时调整宏观经济，同时公众不能及时了解中央银行的政策意图，容易使公众对央行失去信心。其次，我国较为特殊的基本国情决定了我国央行独立性较弱，还有众多的其他因素需要考虑，中央银行不能一味地去满足货币政策目标；最后，由于我国公众对于宏观经济形势以及货币政策的关注度不够，使得我国央行在货币政策透明度方面做得不够完善。

诸多国家在采用通货膨胀目标制后有效地控制了通货膨胀率，促进了经济的持续健康发展，国际货币基金组织也推崇在新兴国家推行通货膨胀目标制。现阶段，我国所实行的具有中国特色的、稳健的货币政策与稳定币值的目标相联系，既能够防止通货紧缩，又能够很好地控制通货膨胀，契合我国宏观经济发展状况，因此，目前我国的货币政策目标尚不需要向通货膨胀目标制过渡。

第二节 亚洲金融危机后中国的公开市场操作

一、基本案情

20 世纪 90 年代，在以索罗斯为首的一众金融投机家的持续炒作之下，1997 年 7 月 2 日，亚洲历史上爆发了最为严重的金融危机，这次金融危机严重地损害了亚洲经济的发展。

20 世纪 90 年代泰国政府为谋求快速的发展，采取了一系列措施，但是这一系列措施似乎不适应当时泰国的情况，由此催生了泡沫经济，再加之监管机制的不健全以及不合时宜的开放金融市场，这就给国际投机商以可乘之机。自 1997 年 2 月开始，以索罗斯为首的一众国际投机商对泰铢进行持续反复的炒作，由于泰国的外汇储备过少，在经过与国际投机商几轮的较量之后，泰国政府最终败下阵来，于 1997 年 7 月 2 日被迫放弃实行长达 14 年之久的固定汇率制度，改用浮动汇率制度，泰铢当天贬值 16%。之后，索罗斯等一众国际投机商又对东南亚其他国家的金融市场进行了炒作，致使包括新加坡在内的东南亚国家陷入了金融危机，随着危机不断

索罗斯

蔓延，韩国、日本以及俄罗斯等国家也爆发了金融危机。至1999年，这场金融危机才结束。

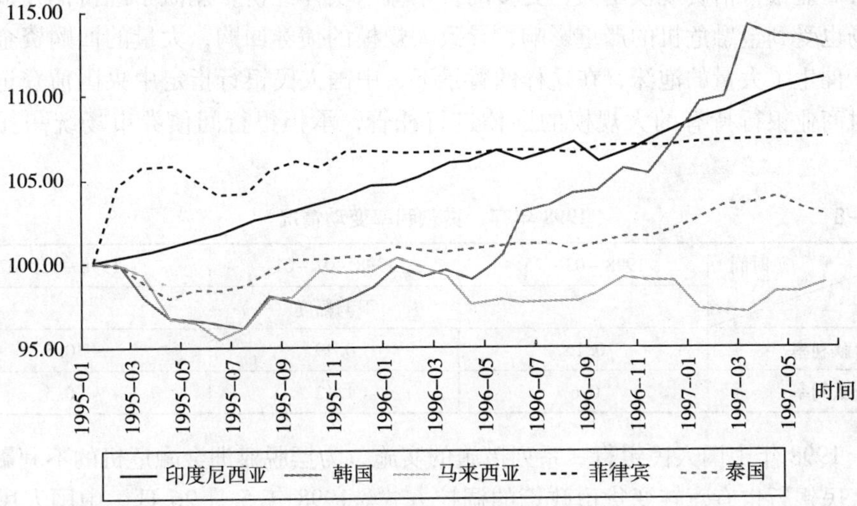

图3－1　亚洲金融危机期间东南亚国家汇率趋势

自1999年开始，受亚洲金融危机的冲击和国内有效需求不足的影响，我国经济发展一直处于低谷。因此，为刺激国内需求，拉动经济的发展，中国人民银行加大了公开市场业务的力度。

表3－7　1995—2000年国内有效需求情况

年份	居民消费价格指数	商品零售价格指数
1995	117.1	114.8
1996	108.3	106.1
1997	102.8	100.8
1998	99.2	97.4
1999	98.6	97.0
2000	100.4	98.5

二、案情分析

为了消除经济危机对我国的不利影响，促使经济发展走向正轨，加快经济的发展，中国人民银行降低法定存款准备金率，加大公开市场操作力度。

（一）恢复公开市场操作业务，灵活有效地管理基础货币

1998年1月1日，针对一系列贷款规定给我国商业银行造成的限制，中国人民银行决定对商业银行的贷款业务作出改革，以满足更大力度的公开市场操作的需要。在这一过程中，中国人民银行决定取消束缚商业银行发放贷款限额的规定，采用指导性计划以取代早已不适合商业银行发展的指令性计划，在资产负债比例管理与风险管理的基础上，推行“计划指导，自求平衡，比例管理，间接调控”的新的管理体制。

在利率方面，中国人民银行也作出了大幅度的调整，仅在受亚洲金融危机影响严重的1998年，中国人民银行三次下调了存、贷款利率，3月25日，中国人民银行决定下调存款利率0.16个百分点，贷款利率平均下调0.6个百分点，3个月后的7月1日，中国

人民银行再次对利率进行了下调，存、贷款利率分别下调0.49个和1.12个百分点；12月7日，金融机构存、贷款利率均下调0.5个百分点（见表3－8）。存、贷款利率的下降，使得商业银行信贷规模增大，更多的资本流入实体经济，刺激了经济的发展。国内债券市场也受到金融危机的严重影响，导致大规模的债券回购，大量的回购资金流入股票市场，催生了大量的泡沫，在这样的背景下，中国人民银行指定中央国债登记结算有限公司对商业银行持有的大规模的国债进行托管，承担银行间债券市场统一托管结算职能。

表3－8　　　　1998年存、贷款利率变动情况

项目＼时间	1998－03－25	1998－07－01	1998－12－07
	下调幅度（%）		
存款利率	0.16	0.49	0.5
贷款利率	0.6	1.12	0.5

基于1998年中国人民银行一系列措施的实施，为摆脱亚洲金融危机的不利影响，同时中国人民银行也有意转变货币政策的调控方式。1998年5月26日，中国人民银行恢复了公开市场业务，并且中国人民银行加强了操作的力度。

（二）放宽对商业银行的管制，降低法定存款准备金率

金融危机过程中，得益于商业银行贷款限额的取消，大量的信贷资金流向市场，为公开市场操作的开展提供了有利的条件。而在危机之后，面对商业银行开展业务的另一限制——过高的存款准备金率，中国人民银行对存款准备金制度进行了大刀阔斧的改革。在法定存款准备金制度方面，降低法定存款准备金率，下调5个百分点至8%，各金融机构可以自行确定超额准备金账户余额；通过按法人考核以及按旬考核的方式对法定存款准备金账户进行统一的考核；对于法定存款准备金余额，人民银行规定：各金融机构的法定存款准备金余额不得低于上旬末存款的8%，否则中国人民银行对其不足部分按照每日万分之六的利率收取罚息；金融机构在人民银行准备金存款账户出现透支，人民银行按有关规定予以处罚。

贷款限额的取消以及法定存款准备金率的下调，使得商业银行的信贷规模扩大。同时，商业银行可以拥有更多资金购买政府债券，这样一来就更加有利于中国人民银行展开公开市场操作。

（三）一级交易商制度

一级交易商在公开市场操作中起着至关重要的作用，人民银行要想顺利地开展公开市场操作，就必须拥有一批实力雄厚的一级交易商，1998年，中国人民银行将一级交易商制度的建立提上了日程，最初的一级交易商仅仅是一批大型商业银行（第一批一级交易商仅有14家商业银行），这些商业银行能够在有价债券市场上进行大额的债券交易。随着公开市场业务的不断走向成熟，一级交易商制度也逐渐趋于完善，一级交易商增加至52家，并且证券公司、保险公司等非银行金融机构也开始在一级交易商制度中扮演着越来越重要的角色。

在这一过程中，一级交易商的数量以及范围得到了扩大，公开市场操作对于宏观经济的调控力度增强，自此之后公开市场操作成为中国人民银行主要的货币政策工具。同时，公开市场操作对于一级交易商也有着诸多的利好，一级交易商在公开市场操作过程中，可以更加了解中国人民银行的政策意图，对其自有资金的管理及其利用具有引导作用。仅仅在1998年这一年里，中国人民银行就开展了36次公开市场操作，平均每10天就有一次操作展开，这36次操作共融出1761.3亿元资金，向市场投放的基础货币净量达到了701.5亿元，公开市场操作成为1998年中国人民银行制定与执行货币政策的主要工具。

表3-9　**2015年一级交易商一览**

中国银行股份有限公司	中国工商银行股份有限公司
中国建设银行股份有限公司	中国农业银行股份有限公司
交通银行股份有限公司	国家开发银行股份有限公司
兴业银行股份有限公司	中国民生银行股份有限公司
招商银行股份有限公司	中国光大银行股份有限公司
中国邮政储蓄银行股份有限公司	上海浦东发展银行股份有限公司
中信银行股份有限公司	平安银行股份有限公司
广发银行股份有限公司	上海银行股份有限公司
宁波银行股份有限公司	南京银行股份有限公司
福建海峡银行股份有限公司	杭州银行股份有限公司
洛阳银行股份有限公司	徽商银行股份有限公司
北京银行股份有限公司	恒丰银行股份有限公司
河北银行股份有限公司	大连银行股份有限公司
广州银行股份有限公司	西安银行股份有限公司
富滇银行股份有限公司	天津银行股份有限公司
江苏银行股份有限公司	厦门银行股份有限公司
齐商银行股份有限公司	贵阳银行股份有限公司
哈尔滨银行股份有限公司	郑州银行股份有限公司
广州农村商业银行股份有限公司	上海农村商业银行股份有限公司
北京农村商业银行股份有限公司	汇丰银行（中国）有限公司
花旗银行（中国）有限公司	渣打银行（中国）有限公司
中信证券股份有限公司	国泰君安证券股份有限公司
第一创业证券股份有限公司	中国国际金融有限公司

（四）公开市场操作的具体实施

1994年3月，中央启动了外汇公开市场操作，1998年5月28日人民币公开市场操作也得以恢复。

为摆脱亚洲金融危机对我国经济的持续影响，引导我国经济走向持续健康发展的轨道，自1999年开始，中国人民银行加大了公开市场业务的力度。1999年9月以后，中国人民银行在开展公开市场业务操作时，加大了对国债和政策性金融债券的现券买入力度。1998 年和 1999 年这两年时间，中国人民银行通过公开市场操作发行了 2600 亿元的基础货币，而在这两年的时间里中国人民银行总共发行基础货币 3100 亿元，公开市场操作占货币总发行量的 85%。在接下来的 2000 年里，中国人民银行又通过公开市场操作发行基础货币 1804 亿元。2001 年下半年我国经济发展开始走上正常轨道，为防止经济发展出现过热现象，2000 年末中国人民银行通过公开市场操作回笼近 300 亿元的基础货币。

表 3－10　　公开市场操作重启后 5 年我国经济发展状况

指标	1998 年	1999 年	2000 年	2001 年	2002 年
GDP（亿元）	84883.69	90187.74	99776.25	110270.36	121002.04
GDP 增长率（%）	7.85	7.62	8.43	8.30	9.08
人均 GDP（元/人）	6834.79	7199.27	7902.16	8670.08	9450.33
人均 GDP 增长率（%）	6.82	6.69	7.58	7.52	8.36

这一时期公开市场操作的主要任务就是引导我国经济发展走向正常轨道，通过公开市场操作向市场释放了大量的流动性，我国经济发展逐渐走出了低迷。

三、本案启示

1997 年发生的亚洲金融危机至今已过去近 20 年，但是，危机留下的影响至今隐约可见，像泰国等东南亚国家经济发展的速度依然没有达到危机前的水平。

从 1998 年宏观经济发展状况来看，得益于公开市场操作以及其他货币政策工具的运用，我国受亚洲金融危机的影响甚微，并且帮助我国香港地区打败索罗斯等一众国际投机家对香港资本市场的攻击。亚洲金融危机之后，中国人民银行对宏观经济的调控逐渐的由直接调控转向了间接调控。

（一）公开市场操作的优越性

在一般性货币政策工具中，公开市场操作可以间接地对基础货币总量进行调控，公开市场操作实施过程中，中国人民银行拥有公开市场操作完全主动权，可以在短时期内连续使用，并且可逆性极强。公开市场操作具有相当大的弹性，中国人民银行通过公开市场操作既可以对货币供给量进行细微的调整，也可以对货币供给量进行大规模的调整；公开市场操作在操作方向上的可逆性，可以令中国人民银行在开展公开市场操作力度过大时进行反方向的操作，以消除用力过猛给经济发展带来的损害。

尽管公开市场操作对宏观经济的调控有着诸多的优点，但是，限于我国当时金融市场的发展水平，公开市场操作没有完全发挥出效果。例如，完善健全的国债市场是公开市场操作最大程度发挥的前提，当时我国国债市场的发展不能够满足公开市场操作的需要，国债规模偏小，制约着公开市场操作最大程度上调控宏观经济；一级交易商对象的单一，使得中国人民银行在开展公开市场操作时，只能通过商业银行来投放与回笼基础货币，市场交易的活跃程度不够。此外，在公开市场操作目标选择上，短期利率是最为理想的操作目标，但是，基于当时我国对利率的管制，通过短期利率来反映公开市场操作的效果不够明显，使得中国人民银行开展公开市场业务操作缺乏清晰的、科学的操作目标，也在一定程度上影响了公开市场操作对我国宏观经济调控的效果。尽管如此，基于公开市场操作的优越性，亚洲金融危机期间中央银行大力度的使用公开市场操作，对调节流通中的基础货币以及引导货币市场利率走势发挥了积极的作用。

（二）公开市场操作简便易行

1996 年中国人民银行刚刚启动公开市场操作时，可以供中国人民银行选择的操作对象仅限于财政部发行的短期国债，并且，当时由于操作技术上的局限性，也使得中央银行只能实现正回购，逆回购还不能够实现；操作期限上也只存在 7 天、14 天以及 21 天三个短期品种。

随着金融市场的不断发展，到 1998 年中国人民银行恢复公开市场操作时，各个方面相对完善的条件为中国人民银行开展公开市场操作提供了诸多便利，这时的操作对象不再仅限于财政部发行的短期国债，中央银行融资券以及政策性金融债券的出现拓宽了中国人民银行的选择范围，同时也满足了商业银行对中期、短期资金的需求以及利用；操作期限上，在原有的三种操作期限的基础之上，又出现了 28 天、91 天、182 天以及 365 天四个期限品种，使得中国人民银行在选择期限品种上有了更多的自由，后公开市场操作取消了 21 天期限品种，其他的期限品种一直延续使用至今；在操作规模上，在刚刚启动公开市场操作时，中国人民银行每次投放或是回笼的货币量相当小，每次的规模一般在一两亿元，随着以后的发展，公开市场操作的规模逐渐增加，至 1998 年重新恢复公开市场操作时，其规模已经达到了 20 亿元，并且还在逐年提高，现如今中国人民银行公开市场操作每期的规模都能达到上百亿元；在一级交易商的选择上，中国人民银行也不再仅仅将商业银行作为一级交易商，在一级交易商数量增加的同时，诸多的非银行金融机构也出现在交易商的名单之中。

表 3-11　　2015 年第一季度中国人民银行逆回购情况

时间	期限（天）	逆回购额（亿元）	中标利率（%）
2015-01-22	7	500	3.85
2015-01-27	7	300	3.85
	28	300	4.80
2015-01-29	28	450	4.80
2015-02-03	7	350	3.85
	28	550	4.80
2015-02-05	28	300	4.80
2015-02-10	14	250	4.10
	21	550	4.40
2015-02-12	14	800	4.10
	21	800	4.40
2015-02-26	14	380	4.10

续表

时间	期限（天）	逆回购额（亿元）	中标利率（%）
2015-03-03	7	350	3.75
2015-03-05	7	400	3.75
2015-03-10	7	350	3.75
2015-03-12	7	250	3.75
2015-03-17	7	200	3.65
2015-03-19	7	150	3.65
2015-03-24	7	200	3.55

（三）公开市场操作利于对利率的调控

诸多的国家将回购利率选作市场基准利率，回购利率对商业银行的经营活动起到了引导的作用。商业银行可以透过中国人民银行开展公开市场操作时的回购利率，了解中国人民银行的政策意图，避免与中国人民银行反方向操作的发生。

1998 年中国人民银行恢复公开市场操作时，中国人民银行参照再贴现利率以及存款准备金利率，将公开市场操作的回购利率定在两者之间，三种利率中再贴现利率最高。1998 年，中国人民银行开展公开市场操作的最高以及最低回购利率分别为 6.38% 和 4.23%。

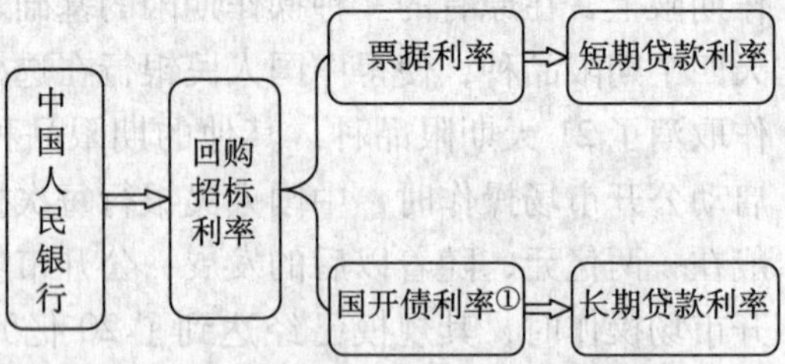

图 3-2 回购利率正式成为基准利率

在将回购利率选为市场的基准利率之后，中国人民银行要慎重地确定回购利率，这样才能够使得诸多的金融机构明确中国人民银行的意图，配合货币政策的执行，更好地调控宏观经济。

（四）公开市场操作的局限性

中国人民银行的公开市场操作于 1996 年 4 月正式启动，为我国应对亚洲金融危机提供了有效的货币政策工具。然而，公开市场操作的有效实施需要一个成熟的金融市场，我国的金融市场在危机时期存在诸多的缺陷。

公开市场操作是在中国人民银行与政府债券一级交易商之间进行的，需要以较为发达的有价债券市场为前提，中国人民银行刚刚启动公开市场操作时，作为一级交易商的交易对象仅有 14 家，1997 年增加到 25 家，鉴于当时我国一级交易商的规模以及数量的限制，我国的公开市场操作在起初的效果不是很明显，随着债券市场的发展，以及一级交易商规模和数量的增加，我国的公开市场操作逐渐显示出威力，至 2004 年一级交易商已增加至 52 家。

回购交易、现券交易以及发行中央银行票据是中国人民银行开展公开市场操作的三种主要方式。在 1996 年中国人民银行刚刚启动公开市场操作时，可以供中国人民银行选

① 国开债，国家开发银行发行的金融债，以此利率作为长期贷款利率的回购利率。

择的操作对象仅限于财政部发行的短期国债，并且只有正回购一种操作，每次的规模也相当地小。随着我国证券品种的不断增多，以及证券市场的不断发展成熟，我国的公开市场操作在亚洲金融危机时期成为最有力的货币政策调控工具。

此外，公开市场操作效果较为细微，技术性较强，政策意图的告示作用较弱，在危机时期，我国开展公开市场操作存在挑战。

第三节　美国“量化宽松”的货币政策

一、基本案情

2007年2月13日，美国新世纪金融公司（美国第二大次级抵押贷款公司）发出2006年第四季度盈利预警，美国次级抵押贷款风险开始浮出水面。随后，次贷危机不断蔓延，2007年受次贷危机影响，全球主要股市出现大幅下跌，全球信贷出现紧缩。为防止次贷危机在全球范围内蔓延，多国中央银行向市场注入巨额流动性，但是无济于事。

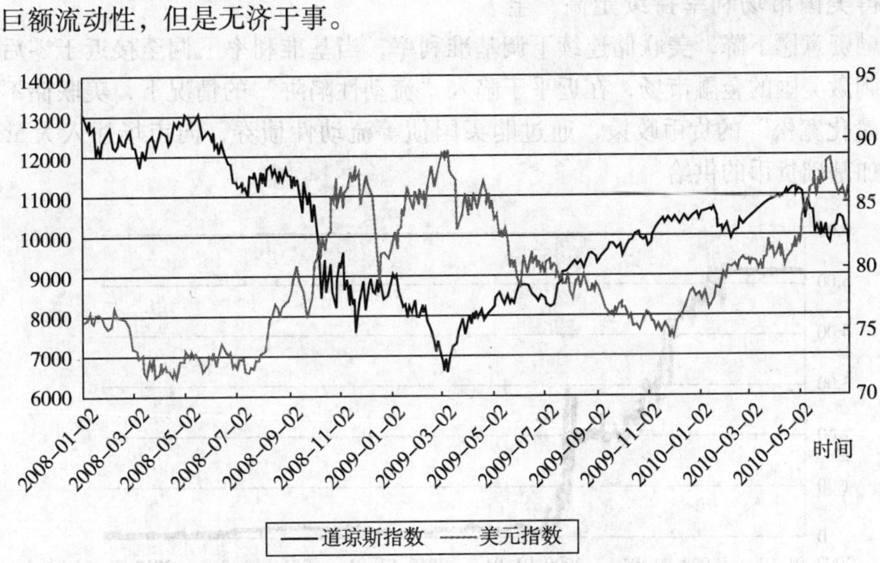

图3-3　2008年初至2010年5月道琼斯指数及美元指数趋势

房利美和房地美（美国的两家房贷巨头）发行了大量的次级抵押债券，在高额的收益面前，美国诸多的金融机构持有这些次级债。2008年9月，在巨额违约面前，“两房”股价暴跌，受此影响，持有“两房”债券的金融机构也受到了大规模的影响。为此，美国财政部和美联储不得不接管“两房”，其他的金融机构，如美国第三大投资银行——美林公司被美国

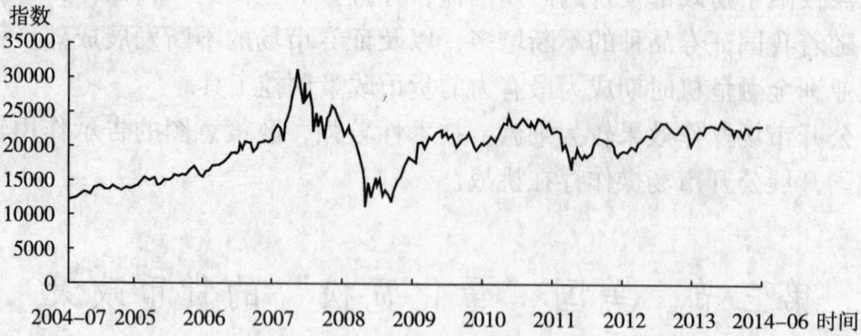

图 3 – 4 恒生指数在金融危机期间的表现

银行收购，作为美国第四大投资银行的雷曼兄弟银行直接宣布破产，美国国际集团（AIG）作为唯一的“幸运儿”，得到了美联储 850 亿美元的紧急贷款，越来越多的金融机构被迫倒闭或是被政府接管。至此，美国次贷危机逐渐演化为席卷全球的金融危机。

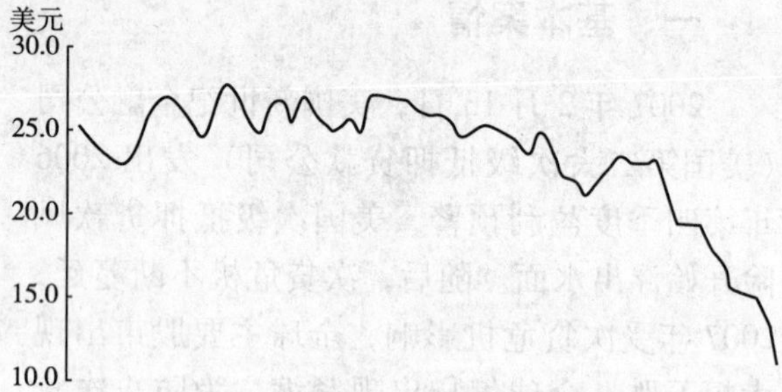

图 3 – 5 2008 年 4—7 月房地美股价趋势

金融危机在全球范围内的全面爆发，使得美国市场利率持续走高，金融机构融资意愿下降，美联储连续下调基准利率，当基准利率下调至接近于零后，依然不足以刺激美国的金融市场，在近乎于陷入“流动性陷阱”的情况下，美联储不得已采取了“量化宽松”的货币政策，通过购买国债等流动性债券，向市场注入大量的流动性，增加基础货币的供给。

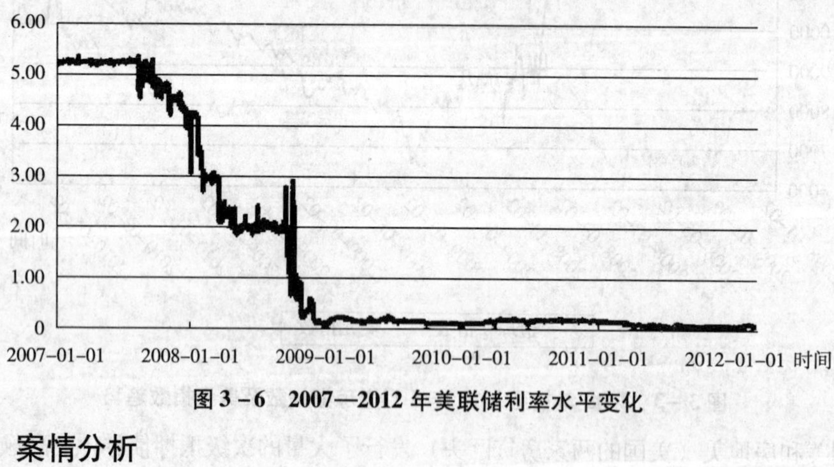

图 3 – 6 2007—2012 年美联储利率水平变化

二、案情分析

（一）第一轮“量化宽松”（QE1）

2008 年 11 月 25 日开始结束于 2010 年 4 月 28 日的第一轮“量化宽松”，是以美联储宣布购买政府支持企业（GSE）房利美、房地美、联邦住房贷款银行与房地产有关的直接债务，以及购买由“两房”、联邦政府国民抵押贷款协会所担保的抵押贷款支持证券（MBS）为标志开始的。

在2008年11月25日至2010年4月28日第一轮“量化宽松”期间，美联储总共向市场投放1.725万亿美元的流动性。2008年11月25日美联储宣布购买政府GSM债以及MBS；2009年3月18日，美联储将原计划在2009年采购的机构抵押贷款支持证券的最高限额提高至1025万亿美元。不仅如此，至2009年9月18日，中长期国债的最高购买额不得超过3000亿美元；2009年11月4日，美联储决定机构抵押贷款支持证券以及机构债的购买额分别为1.25万亿美元和1750亿美元。

在第一轮“量化宽松”中美联储着重购进金融机构的次级债券，将不良贷款以及次级债务从金融机构的账面上剥离，重建金融机构的信用，向市场注入流动性，以稳定动荡不安的金融市场，在这一轮的“量化宽松”中，美联储只是稳定金融市场，刺激经济发展的意图没有在本轮中体现。至本轮结束，美元在全球范围内的供应总量与商品的供应量保持着动态的平衡。

（二）第二轮“量化宽松”（QE2）

随着第一轮“量化宽松”的结束，美国的金融市场基本趋于稳定。但是，在金融危机之前就已显疲态的美国经济，在第一轮“量化宽松”结束之后，虽然表现出复苏的势头，但是情况不容乐观，加之经济发展的不平衡，美元的国际货币地位开始受到挑战，美国的经济增长模式也开始受到威胁。早已呼之欲出的第二轮“量化宽松”逐渐走进了美联储的日程表。迫于压力，2010年11月4日美联储宣布启动第二轮“量化宽松”计划，并且至2011年6月结束，在此轮中，美联储计划购买6000亿美元的中长期国债。

在第二轮“量化宽松”中，美联储通过购买财政部发行的长期国债向市场投放了约6000亿美元的流动性，平均每月向市场投放约750亿美元的流动性。在这一时期，美联储通过购买大量的长期国债，使长期利率处于一个较低的水平，降低融资成本，有利于加快经济的发展，避免出现通货紧缩。同时美国财政部所面临的财政危机也在美联储发行货币购买长期国债的过程中得到解决。QE2的目的不同于QE1，只是单纯的提供流动性，维持金融市场的稳定，也不仅仅是刺激经济的增长，QE2的目的是多方面的。

至2011年6月第二轮“量化宽松”结束，美国宏观经济表现出一定的复苏，但是成效有限。然而，在弥补金融危机造成的损失以及债务偿还方面，QE2却取得了不错的成效，在这一过程中，美国将金融危机造成的损失以及债务偿还转移给了其他的国家，并且美国经济发展失衡的现象得到了一定的解决。

（三）第三轮“量化宽松”（QE3）及第四轮“量化宽松”（QE4）

美联储实施了两轮“量化宽松”政策后，其金融市场趋向稳定，但是其经济发展状况仍然承受着金融危机的余毒。自2010年6月以来，美国经济发展各项数据已经触及谷底，为拯救接近崩溃的经济发展，新一轮的“量化宽松”计划势在必行。美联储于2012年9月13日启动第三轮“量化宽松”，紧随其后，在宣布启动第三轮“量化宽松”3个月后的12月12日美联储宣布启动第四轮“量化宽松”。

QE3 和 QE4 的启动在时间上有很大的重合，几乎是在同一时间启动的。在这两轮"量化宽松"过程中，美联储每月分别购买 400 亿美元的机构抵押贷款担保债券以及购买 450 亿美元的美国国债，并视情况决定额外购买度。两轮"量化宽松"同时启动，美联储每月向市场投放约 850 亿美元的流动性。

经过这两轮的"量化宽松"，美联储向市场投放了大量的流动性，这不仅使得美国长期处于低息环境中，在全球范围内，利息也将长期处在了一个较低的水平，给新兴的经济体带来了通货膨胀的压力。然而，美国的经济发展状况却没有出现明显的好转，经济发展依然处在一个较低的水平，失业率却居高不下。

（四）"量化宽松"落幕

2014 年 10 月 29 日，新任美联储主席耶伦宣布美联储将正式退出为期 6 年的"量化宽松"计划，同时明确下一步政策重点将转向加息，这意味着金融危机以来史无前例的宽松的货币政策"盛宴"落幕。

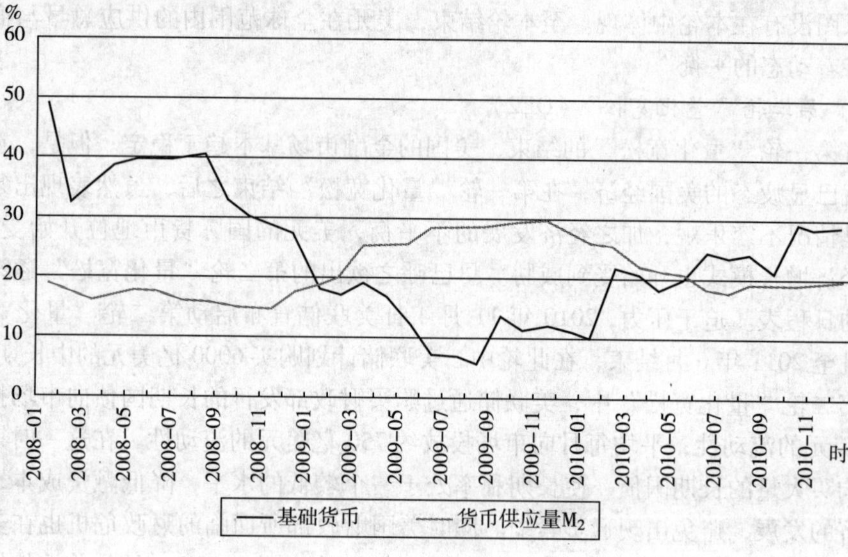

图 3－7 "量化宽松"期间，美国基础货币和 M_2 同比增速

四轮的"量化宽松"起到了提振美国经济发展的作用，美联储宣称，量化宽松政策达到了预期目的，美国经济回暖，美元将强势回归。但是，四轮过后，美国的失业率虽然有所下降，但还是居于 6% 这样一个较高的水平，同时短期利率还将长期处在零利率水平，何时加息也没有一个明确的时间表。

三、本案启示

由美国次贷危机引发的全球性金融危机是进入新世纪以来的第一次金融危机，为摆脱金融危机的影响，美联储先后启动了四轮"量化宽松"计划，此举对于美国的金融市场以及经济发展也许是一种正确的选择，但是对于全球经济的复苏未必是最佳的选择。

（一）“量化宽松”对美国的影响

仅就美国来讲，“量化宽松”似乎是卓有成效的。对于财政支出起到了有力的支持，提升了美国进出口贸易的竞争力，扩大就业、创造财富以及巩固了经济复苏的基础。

表3-12　四轮“量化宽松”的具体操作

政策	时间	购买对象	时间（月）	平均月规模（亿美元）	总规模（万亿美元）
QE1	2008.11—2010.04	1750亿美元机构债券	16	109	1.725
	2008.11—2010.04	1.25万亿美元抵押贷款支持证券	16	780	
	2008.11—2009.11	3000亿美元中长期国债	12	250	
QE2	2010.11—2011.06	6000亿美元中长期国债	15	400	0.6
QE3/QE4	2012.09—2014.10	10000亿美元的机构债券	25	400	1
	2012.12—2014.10	450亿美元的长期国债	22	450	1

首先，“量化宽松”需要财政部发行的中长期国债作为支撑，在四轮的“量化宽松”中，其中有三轮美联储采购了大量的长期国债，这种做法，使得在次贷危机开始时本已失去作用的财政政策又得以恢复，这样就使得美国政府可以通过温和的财政政策刺激经济的发展。要知道，在次贷危机爆发后，面对巨额财政赤字，美国政府当局已无力通过赤字财政这种温和的手段抑制危机的蔓延。

其次，“量化宽松”通过投放大量的流动性，使得美元大幅贬值，导致美国外债大幅缩水，美元是世界主要货币之一，作为世界各个国家及地区的主要外汇储备，随着美元的贬值，美国应承担的债务在减少，其他国家的美元外汇储备相应的在“蒸发”。

美元作为世界货币，在其发行过程中征收了大量的铸币税，这一点弥补了金融危机给美国造成的损失。铸币税指货币发行方，在发行货币并吸纳等值黄金等财富后，货币贬值，使持币方财富减少，发行方财富增加的经济现象。“量化宽松”的启动，美国总共向市场投放19553亿美元的流动性，基础货币余额从2008年第三季度的8430亿美元增加至2013年第一季度的27983亿美元，基础货币的投放额是2008年第三季度基础货币余额的两倍之多，也就是说，美国向全世界征收了约19553亿美元的铸币税，这足以弥补金融危机给美国造成的损失。

（二）“量化宽松”退出对国际经济的影响

美联储通过启动“量化宽松”拯救命悬一线的美国经济，在世界范围内引起了一片哗然。然而，当“量化宽松”退出之际，又引起了对于“量化宽松”退出之后美国经济何去何从的担忧。

其实，“量化宽松”并非完全损害世界其他国家的经济发展。美国启动“量化宽松”向市场注入大量的流动性，加剧了全球货币的竞争性贬值，全球通货膨胀压力剧升，给世界其他国家特别是新兴市场的美元外汇储备以及以美元计价的其他资产带来贬值缩水的压力，给全球经济的复苏蒙上了一层阴影。当“量化宽松”退出之后，前述问题可以得到解决，但是，刚刚得以恢复元气的美国经济仍然十分脆弱，退出之后美国经济面临着重新走向衰退的风险，进而影响全球经济的整体复苏。要知道，在美国启动“量化宽松”期间，美联储投放大量的基础货币，由于美国国内市场利率接近于零，利差的存在使得大量的资本流入了新兴市场，正是依赖这一部分资本，新兴市场才能够更快地恢复其经济发展。

对于欧洲发达市场，由美国次贷危机引发的欧洲主权债务危机还远没有结束，欧元区国家还在欧债危机的沼泽中挣扎。美联储退出“量化宽松”在一定程度上表明美国经济有所好转，尽管美国经济发展的势头依然不是很强劲。但是，对于美国经济的预期还是乐观的，随着美联储加息的期望越来越高，大量的欧洲资本会流向美国，在赚取利差的同时，也能够起到避险的作用。这样一来，无疑是在火上浇油，使欧债危机这团火焰燃烧得更加旺盛。

（三）“量化宽松”对我国的影响

“量化宽松”在多方面对我国的经济发展造成了不利的影响：

首先，我国拥有高额的美元外汇储备，在此背景下，我国货币政策的制定与执行要受到“量化宽松”的牵制。克鲁格曼的“三元悖论”认为，在开放经济条件下，要想同时完成货币政策的独立、汇率的稳定和资本的自由流动这三个目标是一件不可能的事情，受“量化宽松”的影响，人民币相对于美元会升值，这就会使得国际流动资本流入我国，以赚取利差，实现巨额的套利。为此，我国中央银行不得不实行宽松的货币政策，通过向市场提供流动性，使利率维持在一个较低的水平，以消除利差，避免国际资本流入我国，给我国尚未成熟的资本市场造成冲击。但是，这样一来，基础货币的增加又会使得我国面临通货膨胀的压力，有悖于我国目前所推行的稳健的货币政策。

图 3-8 “量化宽松”期间人民币汇率走势

其次，截至2006年末，我国成为全球外汇储备最大的国家，我国外汇储备规模达到近4万亿美元，这其中以美元计价的资产占据了相当大的比例，达到了外汇储备总规模的70%。“量化宽松”的启动，美元相对于人民币贬值，这样一来以美元计价的外汇资产将会发生严重的缩水，外汇购买力下降。同时，“量化宽松”通过购买中长期国债以及机构债等使得长期利率走低，使得我国外汇储备收益率下降。

最后，由于我国特殊的进出口贸易结构，“量化宽松”会对我国的进出口贸易造成冲击。我国作为世界上进出口贸易第一大国，但不是进出口贸易强国，出口产品主要集中在劳动密集型、附加值低以及市场竞争力小的行业，这些行业主要是通过低廉的价格在出口贸易中获得价格上的优势，人民币相对于美元的升值，会削弱我国出口产品的价格优势，压缩利润空间，不利于我国出口贸易的持续健康增长。

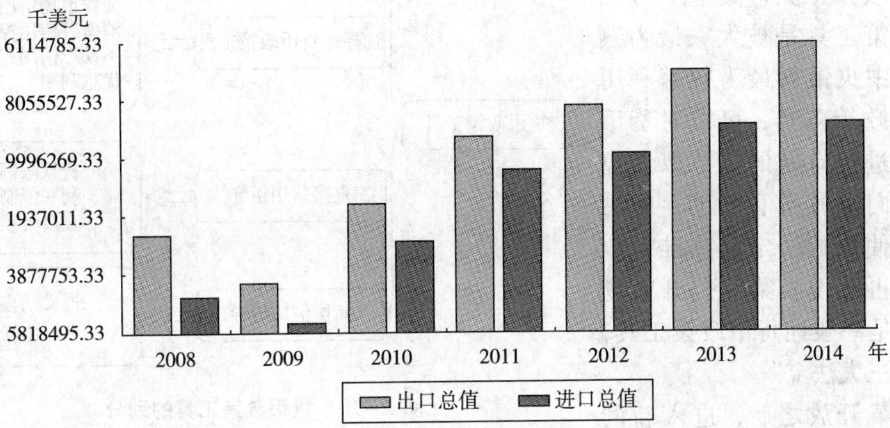

图 3－9　“量化宽松”期间我国的进出口趋势

（四）面对“量化宽松”，我国应采取的措施

面对“量化宽松”带来的诸多不利影响，我国应在国际资本流入、进出口贸易结构以及外汇储备方面采取必要的措施。为此，我国央行以及外汇管理局应该对流入我国资本市场的国际资本的规模、流向以及动态进行严格的管控。对于受国际资本影响严重的行业，进行有效的保护，对 QFII 投资操作进行全面规范；在进出口贸易方面，我国的出口主要集中在劳动密集型的低端产业方面，并且美国作为我国的主要出口国，“量化宽松”的启动，美元贬值，进一步压缩了我国的出口利润，对此，我国企业应加快实现产业转型升级，通过研发与创新突破技术性难题，增加高端、高附加价值产品的生产与出口，强化产品在国际市场上的竞争力；在外汇管理方面，亚洲基础设施投资银行的成立，可以有效消化我国巨额的美元外汇储备，在全球经济不景气的机会下，收购海外高精尖企业，提高我国企业在海外的竞争力。同时，在此过程中要注重维持外汇存量的平衡，以防止国际投机家对人民币进行做空，造成人民币的进一步贬值。

第四节　中国货币政策工具的组合使用

一、基本案情

货币政策工具就是为实现货币政策目标，中央银行所采取的一系列手段，中央银行利用货币政策工具对流通中的基础货币进行调控。中央银行可以通过对货币政策工具的直接控制，实现对诸多宏观经济指标——诸如货币供应量、利率水平、银行储备以及基础货币存量等进行调控，从而引导宏观经济持续健康运行。

对货币政策工具通常有三种划分，即一般性货币政策工具、选择性货币政策工具和其他货币政策工具，其中一般性货币政策工具是被大家最为熟知的、中央银行最为频繁利用的货币政策工具，可以对货币供应量进行有效的调节以及控制，我们平时所看到的、中央银行所使用的法定存款准备金政策、再贴现政策和公开市场业务就是一般性货币政策工具，俗称“三大法宝”。

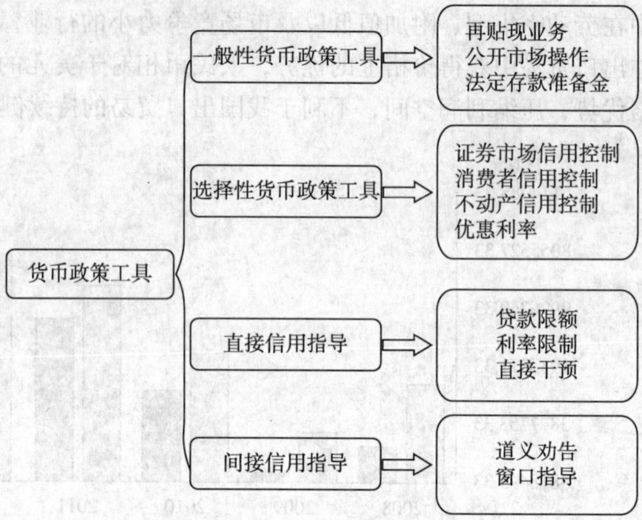

图 3－10　货币政策工具的划分

改革开放之后，进入新的发展时期，随着经济体制由计划经济转向市场经济，我国的经济发展实现了质的飞跃，金融市场不断走向完善。出于对宏观经济调控的需要，我国中央银行在 20 世纪八九十年代相继启动与改革了再贴现、公开市场操作以及再贷款业务，为我国宏观经济的持续健康发展提供了有力的调控作用。

二、案情分析

1978 年，中国共产党十一届三中全会顺利召开，拉开了改革开放的大幕，经济体制开始由计划经济向市场经济转变，为适应经济发展的需要，金融市场也拉开改革的帷幕。此后，中国人民银行、中国建设银行、中国农业银行等银行相继建立，中国人民银行作为中央银行，是整个金融体系的核心，对各类金融机构具有领导和管理职能，中国建设银行、中国农业银行以及其他银行，作为专业性银行服务于经济发展的各行各业，这样就建成了以中国人民银行为核心，

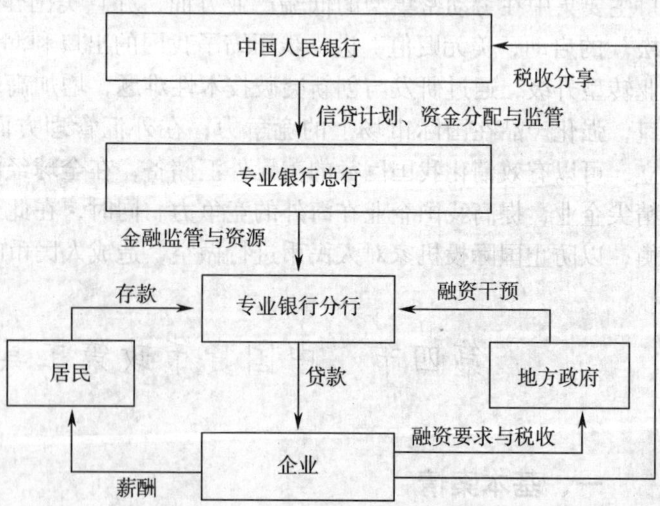

图 3－11　我国金融市场体系

以专业银行为主体，多种金融机构并存的金融组织体系。

随着金融体系的不断完善，同业拆借市场于1985年开始发展，1981年以国库券的发行为标志，有价证券一级市场开始发展，经过5年的发展，二级市场于1986年开始起步。1990年12月19日上海证券交易所成立以及1991年7月4日深圳证券交易所挂牌营业，股权以及债权场内交易市场走向完善，我国的金融市场取得了突破性的发展。

随着外部条件的不断成熟，中国人民银行在运用货币政策工具时更加得心应手，在随后的时间里中国人民银行运用货币政策工具为宏观经济的发展保驾护航。

（一）再贴现业务

再贴现是中国人民银行对金融机构持有的已贴现但尚未到期的商业汇票予以贴现的行为。中国人民银行对再贴现的总量以及利率进行有效的调控，对市场流通中的基础货币进行有效的投放与回笼，将流通中的基础货币控制在合理的水平。

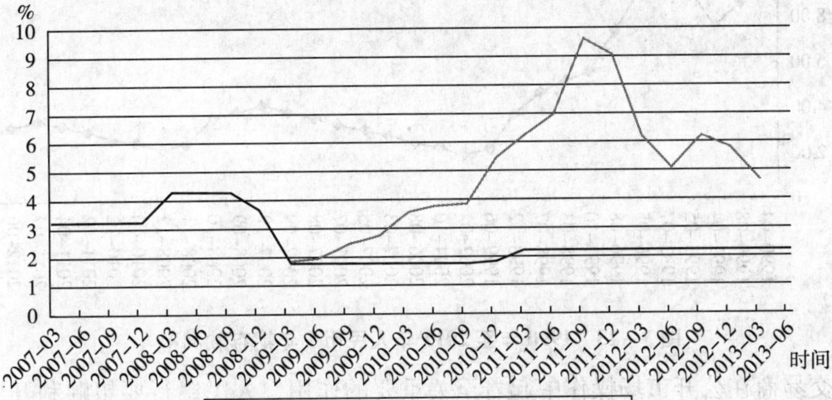

图3－12 2007年以来我国再贴现率的变化

我国的再贴现业务开始于1986年，当时的目的还不是将其作为一般性的货币政策工具调控宏观经济，仅仅是为了解决企业间贷款不能够按时归还的问题。再贴现业务先后经历了试点、推广以及规范三个阶段，1986年中央银行颁发了《中国人民银行再贴现试行办法》，并且选择北京、上海等10个城市的专业银行作为再贴现业务的试点银行。再贴现业务顺利开展的前提是商业汇票能够大规模的流通，为此1994年下半年，中国人民银行对“五行业、四品种”领域专门安排100亿元再贴现规模，其目的就是为了引导商业汇票在这些领域的使用。在历经了近10年的前期准备工作后，至1995年末，再贴现业务才正式纳入人民银行的货币政策工具范畴，经过不断地发展，再贴现操作逐渐发展成较为系统的货币政策工具。为适应经济发展的需要，不断深化金融市场改革，1998年之后中国人民银行开始对金融市场的调控作出调整，以直接调控为主的货币政策开始转向了间接调控，更加频繁地通过再贴现业务调控货币供应量，在此过程中，票据市场得到了快速发展，再贴现业务的效果不断彰显。

2008年以后，为了能够迅速摆脱金融危机对经济发展的影响，对货币政策的执行提出了更高层次的要求。对此，人民银行进一步完善了再贴现业务，如再贴现业务不再局限于单一的方式，中国人民银行可以通过回购以及买断两种方式展开再贴现业务，提高了业务效率。

（二）公开市场操作

我国的公开市场操作有两种，分别为对外汇的公开市场操作以及对人民币的公开市场操作。1994 年 3 月，中国人民银行率先启动了外汇市场的公开市场操作，紧接着又于 1998 年 5 月 26 日恢复了人民币公开市场操作。进入 21 世纪之后，基于公开市场操作的优越性，人民银行更大力度地使用公开市场操作，对调节流通中的基础货币以及引导货币市场利率发挥了积极的作用。图 3 - 13 显示出对 1 年期存款利率的影响：

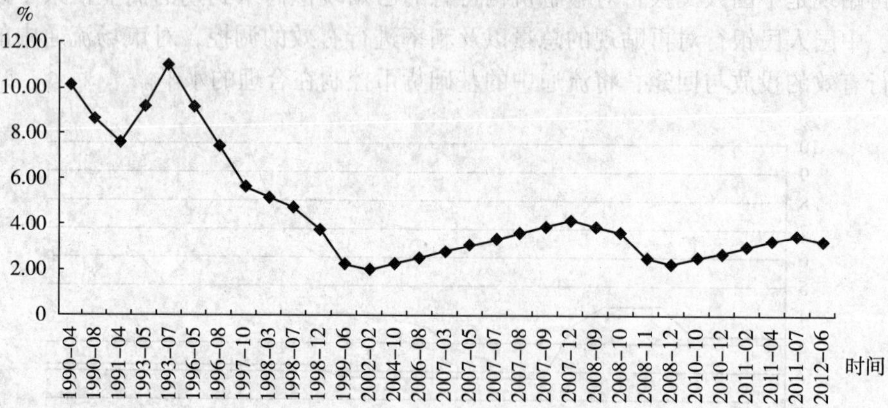

图 3 - 13　1990 年至 2012 年人民币 1 年期存款利率

一级交易商在公开市场操作中起着至关重要的作用，人民银行要想顺利开展公开市场操作就必须拥有一批实力雄厚的一级交易商，1998 年，中国人民银行开始建立公开市场操作的一级交易商制度，最初的一级交易商仅仅是一批大型商业银行，这些商业银行能够在有价债券市场上进行大额的债券交易。随着公开市场业务不断走向成熟，一级交易商制度也逐渐趋于完善，证券公司、保险公司等非银行金融机构也开始在一级交易商制度中扮演越来越重要的角色。

回购交易、现券交易以及发行中央银行票据是中国人民银行开展公开市场操作的三种主要方式。在回购交易中，又分为正回购和逆回购两种相反的操作，正回购是指中国人民银行向一级交易商卖出有价证券，并且在到期日回购有价证券的行为，通过正回购，中国人民银行从市场收回流动性，正回购到期则为中国人民银行向市场投放流动性的操作；逆回购是与正回购相反的操作。现券交易也是中国人民银行开展公开市场操作的重要方式，现券交易主要是在债券交易二级市场上的操作，现券买断是人民银行在债券二级交易市场上买入债券，从而向市场投放流动性，中国人民银行也可以通过现券卖断的方式出售持有的有价证券，收回流动性。中国人民银行票据是中央银行发行的一种短期债券，人民银行可以通过中央银行票据的发行与回购实现对基础货币的投放与回笼。

为满足货币调控的需求，公开市场操作不断创新，如中国人民银行在 2013 年 1 月创设了“短期流动性调节工具”（SLO）。

（三）存款准备金政策

与再贴现业务有着相同的情况，存款准备金政策起初的目的也不是作为一般性货币政策工具使用，金融机构最初持有存款准备金仅仅是为了满足客户随时提取存款和支付交易的需要，随着后来的发展，存款准备金逐渐成为调控货币供给量的重要工具，成为货币政策的主要工具之一。图 3 - 14 为 2002 年至 2009 年我国法定存款准备金变动趋势。

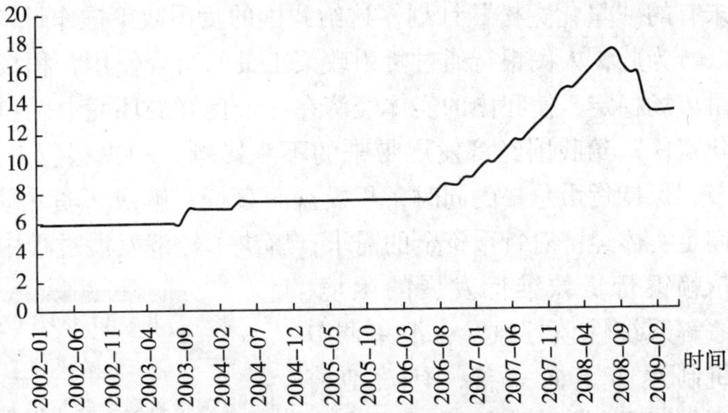

图 3 - 14　我国法定存款准备金变动趋势

自 1998 年 3 月 21 日起，中国人民银行对存款准备金政策进行了改革，主要体现在以下几个方面：

第一，各金融机构不再分别设立“准备金存款”账户和“备付金存款”账户，而是统一开设“准备金存款”账户。

第二，降低法定存款准备金率，下调 5 个百分点至 8%，各金融机构可以自行确定超额准备金账户余额。

第三，通过按法人考核以及按旬考核的方式对法定存款准备金进行统一的考核。

从 1998 年 10 月起，各商业银行、股份制银行等金融机构以及信托投资公司、财务公司、金融租赁公司等非银行金融机构统一实行按旬考核。

第四，对于法定存款准备金余额，人民银行规定：各金融机构的法定存款准备金余额不得低于上旬末存款余额的 8%（也就是法定存款准备金率为 8%），否则中国人民银行对其不足部分按照每日万分之六的利率收取罚息。金融机构各分支机构在人民银行准备金存款账户不得出现透支，否则中国人民银行可以适度合理地对其进行处罚。上述处罚可以并处。

第五，人民银行对准备金付息的利率为 5.22%。

第六，对金融机构的一般性存款进行调整。金融机构的一般性存款包括：金融机构代理人民银行财政性存款中的机关团体存款、财政预算外存款。金融机构可以将此部分存款按规定的比例抽取充当法定存款准备金。

三、本案启示

在经济快速发展的今天，在这个充满机遇与挑战的时代，从 20 世纪的亚洲金融危机到 21 世纪美国次贷危机引发的全球金融危机，从国际竞争压力到国内问题丛生，我国乃至全球经济发展遇到了种种问题。对此，人民银行通过货币政策的实施调节我国宏观经济的发展，有效地促进了我国宏观经济的持续健康发展。但是，在此过程中，外部环境无时无刻不在发生着变化，货币政策效果大打折扣。

（一）金融危机，我国的货币政策工具面临着巨大的考验

美国为应对金融危机，拯救处在崩溃边缘的宏观经济，美联储不惜代价启动了前所未有的“量化宽松”计划，这给我国的货币政策操作带来了挑战。

为此，人民银行通过货币政策工具的组合使用，积极应对各种不利的影响，维护金融市场稳定，使我国的实体经济在一个良好的环境中得到了持续健康的发展。针对“量化宽松”给我国经济发展带来的不利影响，中央银行对基础货币的供给进行有效的调节，保持货币总量的同时，积极盘活存量，解决了货币资金在金融体系中空转的问题，满足实体经济对货币资金的需求；解决了经济发展过程中的高杠杆问题，引导企业走出依赖银行贷款维持发展的困境，缓解系统性债务风险；汇率调节机制逐步走向完善，有效地将“量化宽松”给人民币汇率带来的波动降到最小程度，努力将人民币推行国际化。

图3－15　2007年人民银行上调存款准备金率

但是在这一过程中，货币政策工具作用不甚明显，2008年上半年我国为防止经济从偏快变为过热的势头，逐渐实施紧缩的货币政策，上调了人民币存、贷款利率水平，以保持经济的持续健康发展。但是，由于诸多不利条件的存在，我国的货币政策效果表现出了一定程度的非对称性；2008年，我国的经济发展受金融危机影响严重，诸多的外向型企业因经营困难而破产，经济发展缓慢。在这样的情况下，我国开始采取适当宽松的货币政策，增加货币供应量，但由于金融危机带来的全球经济不景气，宽松的货币政策没有达到预期的效果。

（二）我国货币政策工具存在的问题

自20世纪90年代以来，人民银行运用一般性货币政策工具执行货币政策已过去了20多年，但我国的货币政策工具尚不完善。不过，随着我国货币政策工具的不断发展和完善，这种差距正在一步步缩小。

首先在再贴现业务方面，我国的再贴现业务起步较晚，再贴现业务在宏观调控经济方面没有得到有效发挥，再贴现业务的发挥需要成熟的票据市场以及完善的社会信用体系，目前我国的商业票据市场发展不规范，还不能够完全满足再贴现业务的需要，另外，我国的征信体系建设才刚刚起步，商业票据的支付清算作用还没有完全显现，因此，我国的再贴现业务受到制约；其次在公开市场操作方面，完善健全的国债市场是公开市场操作最大程度发挥作用的前提，目前我国国债市场的发展不能够满足公开市场操作的需要，国债规模偏小，制约

着公开市场操作最大程度上调控宏观经济，另外，我国利率上限没有完全放开，利率市场化没有实现，也限制了公开市场操作；最后在存款准备金政策方面，我国存款准备金政策与西方国家的存款准备金政策有着较大的区别，西方发达国家对存款准备金不支付利息，而我国中央银行对存款准备金支付利息，相比于发放贷款形成的成本，以及存在的风险性，商业银行更倾向于在中央银行存放数额巨大的超额准备金，这样一来就减弱了存款准备金政策的调控力度；另外，2011 年初，人民银行引入了差别准备金动态调整机制，并且在此之后又对差别准备金动态调整机制的有关参数做了调整，更好地满足我国存款准备金制度的发展，这对于我国存款准备金政策的实施是一大利好。

货币政策工具设计与具体操作上的不成熟，限制了中央银行对货币政策工具的使用，为此，如何解除这方面的问题成为中央银行面临的一个任务。

（三）完善货币政策工具，发挥更好的效力

一般性货币政策工具各有优缺点，中央银行对存款准备金政策具有完全自主权，力度大、速度快、效果明显，是最容易实施的工具，但是对经济的震动过大；再贴现政策既可以调节货币总量以及信贷结构，又可以引导市场利率，效果比较温和，但是其效果容易受市场利率波动的影响，在实施过程中，中央银行处于被动地位；公开市场操作，中央银行拥有完全主动权，可以在短时期内连续使用，并且可逆性极强，但是发达的有价证券市场是其发挥作用的前提，对于操作技术的要求较高，其作用也较为细微。为此货币政策工具的组合使用，可以有效克服各种工具的不足，组合使用公开市场操作、存款准备金、再贴现等政策，使它们共同发挥作用，实现货币政策最终目标，有效调控宏观经济。

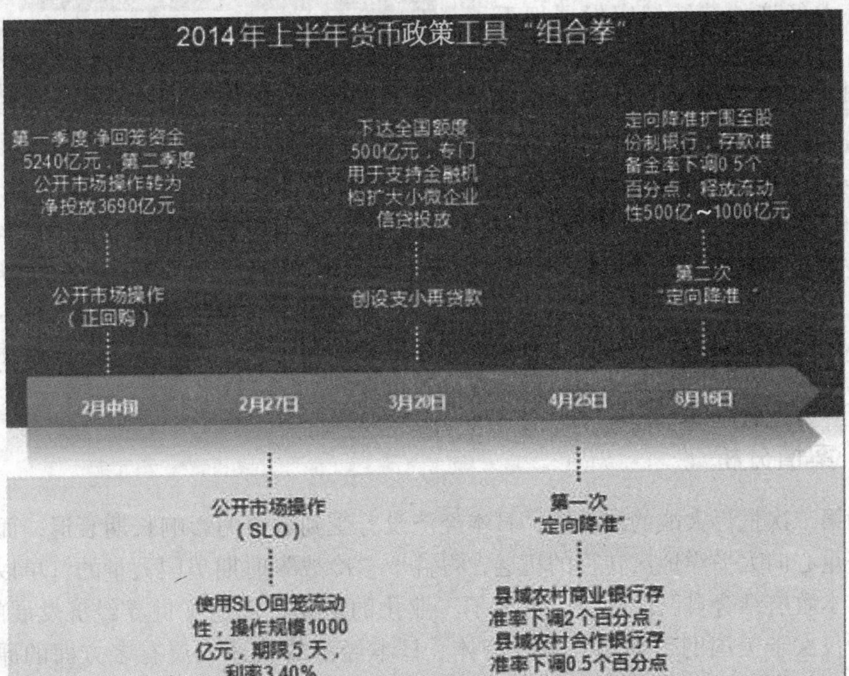

图 3－16　2014 年上半年货币政策工具的组合使用

同时，发展和完善有价债券市场，加大债券市场的规模和流动性，丰富债券品种，为公开市场操作提供有利的条件；改革存款准备金制度，逐渐取消对存款准备金的利息支付，更好地发挥存款准备金动态调节机制的效用；建立健全社会征信体系，完善票据市场，保障和促进再贴现政策效应的发挥；在不同的经济背景下，选择不同的货币政策工具作为重点操作工具，更好地实现货币政策最终目标，保证宏观经济的持续健康发展。

第五节　日本货币政策效应的非对称性

一、基本案情

1953—1973 年，日本经济驶入快车道，一举迈入发达国家的行列。日本经济增长的一个重要特征就是日本政府强有力的经济管理与干预，以及银行与企业间的特殊关系。然而，这些措施的实施使得日本经济如沐春风，如雨后春笋般迅速增长，但这些过于猛烈的措施也为日后日本经济的持续健康发展埋下了隐患。

图 3－17　日本“新干线”

20 世纪 80 年代末期，受日本金融市场以及房地产市场泡沫破灭的影响，日本泡沫经济随之产生，然而泡沫经济一触即破，伴随着 1991 年日本金融市场泡沫的破灭，日本的经济也陷入了衰退的深渊，出现了明显的通货紧缩，截至 1995 年，通货膨胀率已由先前的 2%～3% 降至 0。为了挽救衰退，日本中央银行实施扩张性的货币政策，尽管货币市场利率已降到 1% 以下，日本经济还是不能走出衰退，由于通货紧缩的存在加之债券市场的零利率，日本政府不能够继续通过降低短期真实利率，以提振经济的发展。

二、案情分析

作为第二次世界大战的战败国，日本经济没有受到战争的影响长期衰退，而是抓住世界经济重心向太平洋地区转移的机遇，得益于“冷战”时期美国大量的订单以及技术支持，日本政府结合自己的国情，走上了工业化的道路，创造了世界经济发展的奇迹，迅速成为仅次于美国的世界第二大经济体。日本经济的快速发展有多方面的原因，然而，过快的经济发展也为日后日本泡沫经济埋下了隐患。

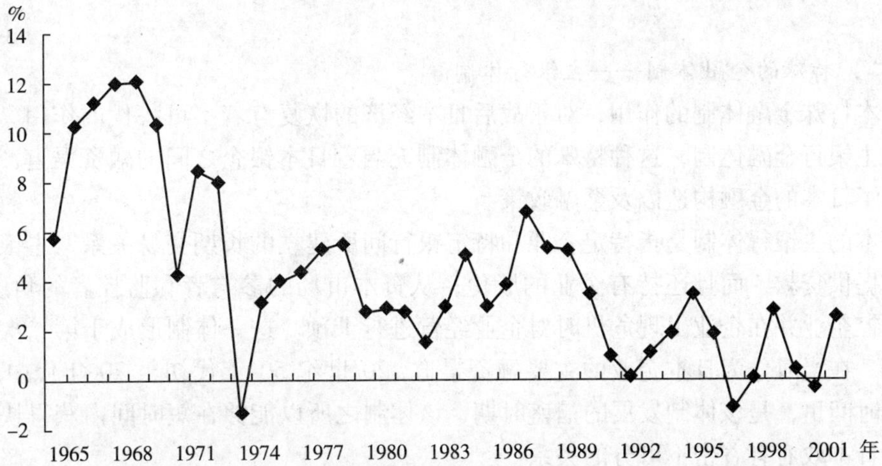

图 3－18　“日本奇迹”及“失去的十年”期间，日本 GDP 增长率

（一）日本政府对经济的过多干预

政府干预型的资本主义发展模式在日本表现得尤为突出，因而在经济运行过程中，政府干预（这只“看不见的手”）日本传统的自由市场经济，在此背景下，20 世纪 80 年代以前的日本经济表现出相当大的活力以及竞争力。

日本经济在政府的干预下形成了诸多至今为止依然对其经济发展起着巨大作用的企业。一是形成了以大银行为核心的垄断企业联合形态，如三井、三菱、住友等在当今世界金融业有着举足轻重作用的金融控股集团都是在那时发展起来的，这些企业集团交叉持股，主导着战后日本经济的发展；二是出现了有中小企业参与在内的“系列承包体系”，这一“体系”有一批大企业主导，这些大企业的决策权更多地掌握在企业的最高经营者手里，而非所有者。同时，这些大企业又受命于政府，政府干预经济的一系列方针政策是由政府和上述提到的两种大企业共同制定的，制定的方针政策充分反映了大企业的愿望和国家的战略需求。这种奇特的形态为日后日本经济发展带来便利的同时，也为日后日本经济的发展埋下了隐患。

表 3－13　　日本金融机构与企业相互持股比例　　单位：%

年份	1953	1956	1959	1964	1974
三菱	9.8	11.1	14.1	20.2	26.5
住友	9.5	14.0	17.1	26.5	24.7
三井	4.0	5.2	6.7	13.3	17.4

除了上述提到的日本政府通过扶持大企业来干预经济的途径之外，还有一条途径是不得不提的——产业政策，并且这条途径是最具特色、最见成效的途径。日本政府对诸多大企业决策的干预与引导，就是通过产业政策的制定与实施实现的。日本政府在财政、金融、贸易以及法律等多方面制定了一系列的宽松措施，这些宽松措施在推动经济

快速发展的同时，也催生了泡沫经济。得益于此，战后日本扩张性的货币政策呼之欲出。

（二）特殊的金融体制——主银行体制

日本特殊金融体制的作用，对于战后日本经济的恢复有着不可替代的作用。战后日本流行主银行金融体制，这种特殊的金融体制充当着日本银企之间的融资渠道，同时也折射出了日本的金融构造以及金融政策。

日本的主银行体制是指特定企业和特定银行间所建立的长期交易关系，主银行不仅对企业提供贷款，而且还持有企业的股份；从资本市场的参与者和监控者的角度来看，它还监控企业并在企业出现危机时对企业经营进行干预。这一体制形成于第二次世界大战初期，在当时作为日本企业的主要融资渠道，20 世纪 50 年代初至 70 年代中期的 20 多年的时间里，是该体制发展的鼎盛时期，该体制之所以能够在短时间内获得快速的发展，与日本政府有着密不可分的关系。

表 3 - 14　　20 世纪 80 年代世界排名前 10 大银行分布

地点＼年份	1983	1984	1985	1986	1987	1988	1989	1990
日本	5	5	6	7	9	10	8	7
美国	2	2	1	1	0	0	0	0
欧洲	3	3	3	2	1	0	2	3

日本政府指示监管当局为主银行体制营造了一个良好的环境，给主银行体制保驾护航，主银行体制在这样的“温床”中迅速达到了鼎盛。同时，当时的日本政府对利率加以操纵，把利率水平特别是贷款利率水平控制在低于金融市场所决定的实际利率水平，既可以使商业银行以较低的贴现率从日本银行获得贷款进行产业融资，赚取利差收入，也可以使企业按较低的利率贷到资金，进行投资。这种无异于饮鸩止渴的做法给当时的经济发展注入了活力，但也为日后日本陷入“流动性陷阱”，货币政策出现非对称效应埋下了隐患。

日本的金融市场在 20 世纪 70 年代之后逐渐走向自由化以及国际化，这就使得服务于主银行体制的大环境发生变化，该体制由兴盛转为衰落。在此之后，日本政府没有意识到主银行制度已经不再适合当前的形势，依然沉浸在主银行制度的繁荣鼎盛之中，该体制的种种弊端为 20 世纪末期严重的泡沫经济提供了温床。

表 3 - 15　　20 世纪 90 年代世界前 10 大银行分布

地点＼年份	1991	1992	1993	1994	1995	1996	1997	1998	1999
美国	1	0	1	1	1	3	3	4	3
欧洲	1	3	2	3	4	5	4	3	4
日本	8	7	6	6	5	2	3	2	2
其他	0	0	1	0	0	0	0	1	1

（三）房地产市场及其金融市场泡沫严重

借助于战后政府对经济的过度干预以及宽松的政策，日本的房地产及其金融市场迅速发展，其速度之快令人瞠目结舌。

日本房地产持续大幅上涨得益于两个方面的刺激：一方面是战后日本政府为刺激经济的发展，实施低利率；另一方面是日本政府为应对“广场协议”导致的美元对日元持续大幅贬值，日本央行大量买进美元卖出日元，使得市场上日元的供给过多。在这样的背景下，日本国内房地产市场持续发酵，价格大幅上涨。在1985—1990年的房地产泡沫期间，日本房地产市场的规模是1990年日本国民生产总值的3.3倍，其土地资产累计收益高达14250万亿日元。

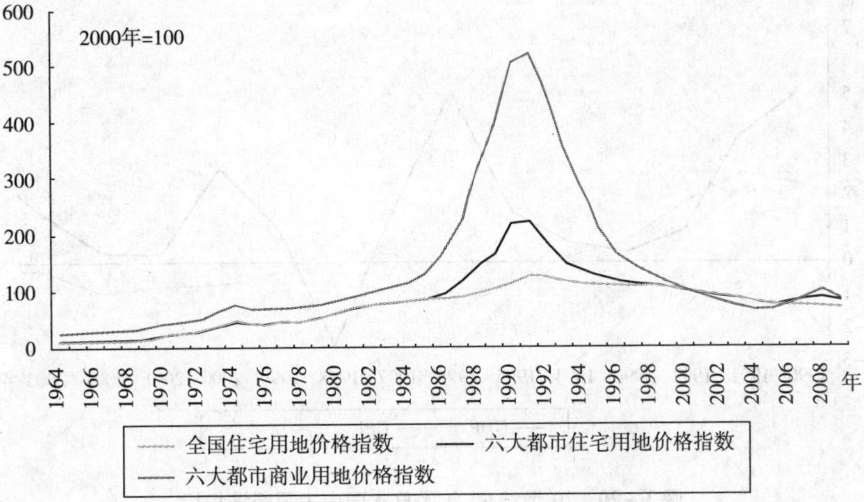

图3-19 20世纪80—90年代日本土地神话

得益于日本所实行的主银行制度，至80年代日本成为世界上最大的资本输出国和债权国，在全球银行排名中，前十席的位置几乎全被日本银行所占有。同时日本的股票以及债券市场也一路飙涨，1983—1989年，日经225指数从8800日元一路飙升至38957日元，短短6年的时间上升了近4倍；债券市场在此时期也发展成为仅次于美国的第二大债券市场。外汇市场也不甘落寞，自“广场协议”之后，日元升值了近3倍，一举成为国际储备货币之一。

过快的繁荣，泡沫也必然丛生，至20世纪90年代初，随着泡沫经济的破裂，金融市场也轰然倒塌，日本的金融市场从此陷入了长期的衰退之中。借助于金融市场发挥宏观调控作用的货币政策也相应失效。

（四）日本经济陷入“流动性陷阱”，货币政策呈现非对称效应

世事弄人，经过此前二三十年的快速发展，日本经济没有像很多专家学者预想的那样，在不久的将来成为世界第一大国，并且当西方发达国家将日本开始作为“假想敌”时，日本经济的高速增长戛然而止。其实，对于日本的崛起也不必担心，过快的繁荣，泡沫也必然丛生，再绚烂的泡沫也有破裂的时刻。

20世纪90年代之后的日本经济发展状况令人大跌眼镜，在1990年至1997年短短的7年时间里，GDP增长率更是从8%一路狂跌至1%，当日本当局意识到泡沫的存在，并试图通过提高利率的方式挤出泡沫中的空气时，他们发现短时间内这种做法是有效的，但随着时间的推移，利率政策对于泡沫经济已经无济于事。当格林斯潘面对20世纪80、90年代美国的两次经济衰退时，采用了扩张性的货币政策，美国经济发展迅速的走上了快车道。但是，扩张性的货币政策对于此时的日本已经无济于事，克鲁格曼先生曾在《萧条经济学的回归》一书中通过保姆公司的案例，简单介绍了扩张性货币政策实效性。同时，解决衰退问题的最佳答案是降低利率，然而此时的日本已将利率降至为零，仍然不能够刺激经济的复苏，克鲁格曼先生认为日本陷入了“流动性陷阱”。

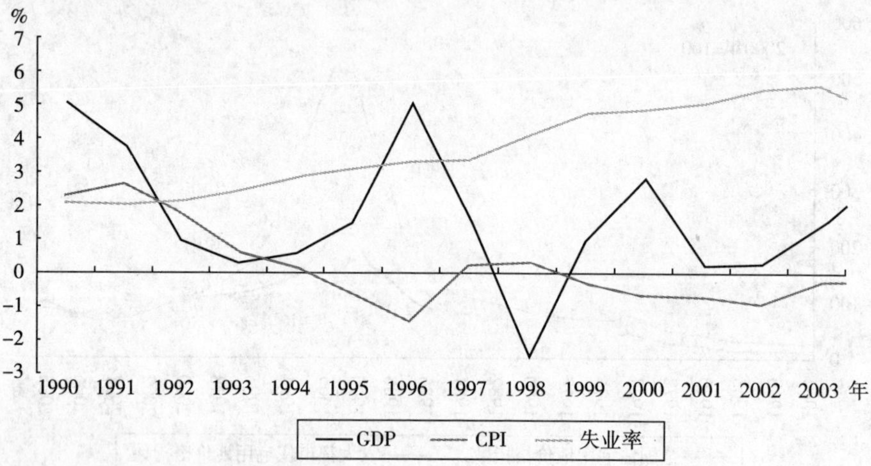

图3－20　20世纪90年代日本国内主要经济指标

此时的日本，货币政策失去效应，扩张性的货币政策呈现出了非对称性。日本政府又借助赤字财政抑制经济的衰退，但是由于前期日本经济发展积累的问题太多，赤字财政也没有发挥多大作用，日本经济陷入了长达10年的衰退，这就是日本“失去的十年”。

三、本案启示

货币政策的非对称性效应指受经济周期以及区域因素的影响，相同幅度的货币政策操作对真实产出的影响程度是不同的。20世纪90年代，日本出现严重的泡沫经济时，利用扩张性的货币政策不足以挤出泡沫经济中的空气，表现出了明显的扩张性货币政策的非对称效应。

（一）日本政府操之过急，前期无限放大货币政策效应

战后日本经济发展状况惨不忍睹，面对一片狼藉的经济形势，日本政府站在饱受炮火摧残的废墟之上绞尽脑汁，一筹莫展。为刺激经济走出低谷，拉动经济的发展，日本政府采取了一系列适合当时经济状况的政策，包括继续推行主银行制度，加强政府对经济的干预，这些政策是有效的，从战后“日本奇迹”足以看出日本政府当时采取的一系

列的政策措施有多么地成功。然而，当我们细细品味日本记忆中不可磨灭的“失去的十年”时，我们不禁想到战后日本的刺激性政策，是导致日本经济在20世纪90年代再次走向衰退的元凶，日本政府采取的扩张性货币政策表现出的非对称效应事出有因。

货币政策操作在经济周期不同阶段表现出的非对称性在20世纪90年代的日本呈现的尤为突出，同样，在货币政策操作方向上的非对称性也有所体现。同样是处于衰退时期，然而，战后扩张性的货币政策远远超出了刺激经济发展所需要的力度，造成诸多的经济指标处于一个相当低的水平。例如，接近于零的利率水平，在若干年后，这些指标没有恢复到适当的水平。因此，当再次利用同样的货币政策拉动经济走出衰退时，货币政策失去了原有的效应，表现出了扩展性货币政策的非对称效应。

（二）日本政府忽略经济周期的存在，一味刺激经济增长

经济周期指经济活动沿着经济发展的总体趋势所经历的有规律的扩张和收缩，是国民收入或总体经济活动扩张与紧缩的交替或周期性波动变化。在经济发展的过程中不可避免的经过繁荣、衰退、萧条以及复苏这四个阶段，日本政府在刺激战后经济发展时就忽略了经济周期的存在。

1953—1973年，日本经济持续繁荣，使得日本一举迈入发达国家的行列，当经济持续繁荣时，日本政府完全被当时的繁荣蒙蔽了双眼，一味地刺激经济的持续繁荣。然而，事物具有两面性，当扩张性的货币政策带来经济繁荣的同时，也会滋生很多问题，如在繁荣时期，过度的投资会造成产能的过剩，从而致使经济走向衰退。

因此，忽略经济周期的存在也是致使后来日本出现扩展性货币政策非对称效应的一大诱因。

（三）货币政策非对称性形成的机理

在分析货币政策非对称效应的形成机理时，诸多学者通常从主观预期、价格粘性以及货币政策传导渠道这三个方面着手分析。

在主观预期方面，大多数学者将货币政策的非对称性归结为主观预期的不对称，凯恩斯认为资产边际报酬渠道的不同会影响主观预期的不对称性，曼昆认为经济环境是影响主观预期的主要因素，无论是通过什么渠道形成的主观预期不对称，最终导致在货币政策实施时，货币政策的非对称效应借此形成；在价格粘性方面，由于价格粘性的存在使得价格在经济扩张时期与经济收缩时期表现出的变动的灵活性不同，在扩张时期向上变动的灵活性要大于收缩时期向下变动的灵活性；在货币政策传导渠道方面，银行信贷渠道与资产负债表渠道这两条货币政策传导渠道本身就存在差异，因此，在货币政策实施过程中，货币政策也就表现出了非对称效应。

长期扩张性货币政策的实施，使得日本民众对扩张性的货币政策能够继续刺激经济的增长产生了质疑，同时日本当时特殊的主银行制度，致使银行信贷传导渠道不能够发挥应有的作用，再加之价格粘性的存在使得日本扩张性的货币政策呈现非对称效应。

（四）我国货币政策非对称效应现状

经济周期的不同阶段以及地理区域上的差异都呈现出了货币政策的非对称效应，借助于改革开放的春风，我国的经济快速发展，在经济发展的不同时期采取相应的货币政策，保障经济的持续健康发展，因此在这一方面我国的货币政策未表现出非对称效应。

然而，我国经济发展存在区域上的差异，区域经济发展不平衡，这就为货币政策的执行带来了挑战，国内学者研究指出，我国东部、中部、东北、西部的货币政策产出效应依次减小。

为此，面对货币政策在区域上的非对称效应，我国在执行货币政策时，加强与财政政策的协调，利用财政政策的优势补充货币政策在区域上的不对称性；同时，根据区域经济的发展状况制定有差异的货币政策，以此避免货币政策的非对称性。

第六节　泰国固定汇率制度退出的失败

一、基本案情

随着经济全球化以及金融自由化的发展，世界各国间的贸易往来更加频繁，国际资本穿梭于各国金融体系之间更加游刃有余，国际收支——外部均衡受到破坏，进而以稳定币值、经济增长以及充分就业为目标的内部均衡受到的影响，各国央行仅仅通过利率、信贷等货币政策传导途径不足以维持内部的均衡，还需要新的传导途径调节外部的均衡，因此，汇率途径在货币政策传导途径中越发重要。

1984 年，泰国政府宣布实行“钉住一篮子货币”的固定汇率制度，在这“一篮子货币”中美元在其中的权重达 90%。20 世纪 80 年代中期至 90 年代中期的 10 年时间里，美国经济持续繁荣，美元在长时间内保持着强势地位，借助于美元的强势，泰铢也从中获益匪浅。泰铢对其他货币贬值，这有利于泰国出口的持续走强，出口的快速增长有力地推动了泰国经济发展。在这样的背景下，泰国的经济在长时间内保了 8% 以上的增长速度，进入了“亚洲四小虎”的行列。在这一时期，泰国的制造业以每年 30% 的速度增长，到 1994 年，制造业占到了出口业务的 80%，在短短的 10 年时间里增长了近 45 个百分点，制造业对于 GDP 的增长贡献了 7 个百分点达到了 29%。

物极必反，流星划过夜空留下的只是瞬间的璀璨，终归化作一块石头而已。随着固定汇率制度的实施，来自国内以及国际的问题不断显现，最终引发了亚洲金融危机。

二、案情分析

进入 20 世纪 90 年代之后，泰国经济的发展世界瞩目，一举成为“亚洲四小虎”之一，90 年代泰国经济发展之迅速可以与战后的“日本奇迹”以及 80 年代的“亚洲四小龙”相媲美。这在很大程度上与泰国所实行的汇率制度有着必然的联系，1984 年泰国实行“钉住一篮子货币”的汇率制度，借助于廉价的劳动力，在进出口贸易上有很大的

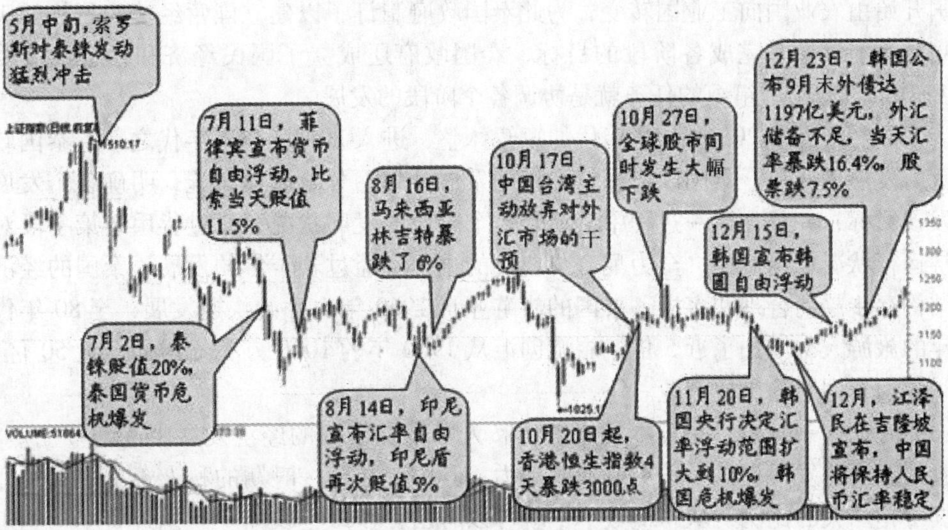

图 3-21　1997 年亚洲金融危机蔓延过程

优势。

然而，好景不长，钉住美元的固定汇率制度使得泰铢明显出现高估，在一众国际投机家的运作之下，随着亚洲金融危机的爆发，泰国的高速经济发展神话在一夜之间破灭。

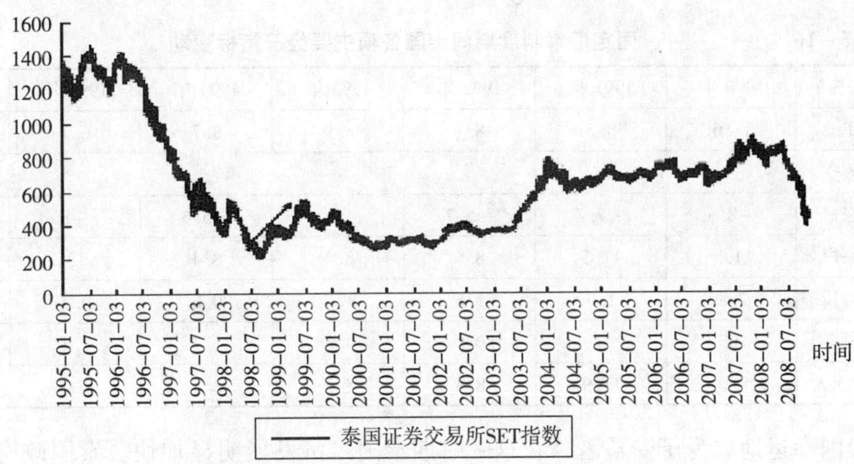

图 3-22　亚洲金融危机对泰国股指的影响

（一）20 世纪 80 年代前泰国经济发展状况

在第二次世界大战中，与其他国家遭受到的重创不同，泰国在战争中几乎没有受到破坏，这是因为泰国一开始作为战争中立国，后来又扑向了法西斯同盟的“怀抱”，泰国的本土经济没有受到战争的破坏。但是，泰国作为日本在东南亚战场的补给中心，泰国的经济发展要满足日本在战争中的需求，经济发展的本质被严重扭曲。二战结束后，泰国开始由农业国向工业国转变，为此泰国政府制订了以建立国营经济为目标的工业化计划。为能够按时完成各阶段的目标，泰国政府还成立了国民经济和社会发展委员会（NESDB），这两个组织的任务就是协调各个阶段的发展。

泰国经济经过20世纪50年代的短暂休整，进入20世纪60年代之后，泰国政府更加大力发展工业化，泰国政府制订详细的发展计划，分阶段地实施，明确各个发展阶段的发展目标，并且在这一过程中，结合各个阶段的发展状况，通过货币政策手段对宏观经济运行状况作出调整，全力配合工业化的进程。经过若干年的发展，泰国的经济和产业结构逐步趋向合理和多样。泰国的旅游业自1960年也开始快速发展，至80年代中期每年的旅游人次增加了近5倍，旅游创汇从1960年的1000万美元增加至近50亿美元，一举成为泰国新的支柱产业。

同时在这一时期，受日本的影响，私人资本在泰国的经济发展中逐渐登上了舞台，为泰国经济的发展提供了不可或缺的动力。其中，在这一时期的私人资本中，国外资本占据了相当大的比例，从一组数字中就可以看出，1960—1974年，国外资本达到130亿泰铢，而本国的私人资本仅为百亿泰铢。

（二）适应经济发展，汇率制度改革势在必行

进入20世纪80年代以后，在经济全球化以及金融自由化的浪潮下，国际游资更加倾向于新兴经济体，特别是亚洲新兴经济体，在国际资本的推动下，先后成就了80年代的“亚洲四小龙”以及90年代的“亚洲四小虎”，亚洲新兴经济体取得了举世瞩目的成就。

表3－16　　固定汇率制度期间泰国各项主要经济指标变动

项目（%）	1990年	1991年	1992年	1993年	1994年	1995年	1996年
GDP	11.6	8.5	8.1	8.9	8.7	6.7	
国际收支							
经常账户	-8.5	-7.7	-5.7	-5.1	-5.6	-8	-7.9
资本账户	11.3	11.5	8.5	8.4	8.4	13	10.5
外国直接投资	2.8	1.9	1.8	1.3	0.6	0.7	0.8
证券投资	0	0	0.8	4.3	1.7	2.4	1.9
资本净流入	13	11.9	8.4	8.2	8.5	12.3	9.1

泰国幸运地成为了受益者，在这一时期泰国经济发展明显加快。泰国政府充分利用外资，积极调整产业结构，以谋求经济更大程度上的发展，泰国从一个落后的农业经济国家全力向新兴工业国迈进。同时，泰国经济的开放程度以及包容程度迅速提升，对于外资的引进给予相当优惠，投资环境得以改善，国际资本更加倾向投资于泰国国内市场，在1978—1985年，泰国总共引进了340亿泰铢的国际资本，而在1986年至1989年这短短的3年时间里，泰国引进国际资本较之前几年增长了近1倍，达到了640亿泰铢，在出口导向战略的推动下，泰国经济得到了飞速发展。

为适应出口导向型经济，促进旅游业以及经济的更加快速发展，同时能够在进出口

贸易中取得价格上的优势，1984 年泰国实行“钉住一篮子货币”的汇率制度，其中美元的权重达到 90%。

（三）固定汇率制度缺乏弹性，政府调控难以展开

泰国自 1984 年开始，实行“钉住一篮子货币”的固定汇率制度，并且将汇率的波动局限在一个很小的范围内，汇率缺乏弹性。我们不能够完全否定这种钉住美元的固定汇率制度，在一定时期内，这种汇率制度还是有它的贡献的，它将泰国的经济发展带上了快车道，一举成为“亚洲四小虎”之一。固定汇率制度有效避免了因汇率波动而造成的汇率风险，在泰国实行固定汇率制度的起初几年时间里，固定汇率制度为泰国的进出口贸易以及宏观经济的发展营造了一个稳定的环境，泰国的国民经济取得了快速的发展。

固定汇率制度在有效刺激泰国经济发展，给泰国经济带来持续繁荣的同时，也为泰国经济发展埋下了隐患。从 1997 年 2 月开始，国际投机商持续反复地对泰铢进行炒作，由于泰国的外汇储备过少，钉住美元的固定汇率制度使泰国中央银行难以用汇率工具调整经济，在经过几轮的与国际投机商的较量之后，泰国政府败下阵来，于 1997 年 7 月 2 日被迫放弃实行长达 14 年之久的固定汇率制度，改用浮动汇率制度，泰铢当天贬值近 20%。

（四）固定汇率制度隐患凸显，金融危机全面爆发

20 世纪 80 年代之后，泰国政府对金融市场进行了大刀阔斧的改革，1984 年，泰国政府宣布实行“钉住一篮子货币”的固定汇率制度，紧接着又在 90 年代初期，放开了对资本项目的管制；曼谷期权交易中心于 1993 年 3 月挂牌营业，这对泰国无疑是一场冒险；1989—1994 年，流入泰国的外国私人资本由 1000 亿泰铢增长到 15000 亿泰铢，短短的几年时间增长了 15 倍，同时期内，流出泰国的私人资本的数额也是相当巨大，并且，在流入泰国的国际资本中，多是短期资本，并且是以投机为目的。

一个国家的股票市场以及房地产市场是国际游资最为喜爱的市场，泰国的股票以及房地产市场面临国际游资的持续炒作，迅速催生出大量的泡沫。在 1995 年之后，美元开始升值，由于泰国所实行的汇率制度，泰铢也被迫升值，这样就使得泰国的出口货物失去价格上的优势，在 1996 年一年时间里，泰国的出口增长率降低了 21 个百分点，由上一年的 24% 降为 3%。同时，以索罗斯为首的国际投机家，早已对泰国垂涎已久，从 1997 年 2 月开始，索罗斯等人对泰铢开始持续反复的炒作，至 1997 年 7 月，泰国政府被迫放弃“钉住一篮子货币”的固定汇率制度，国际投机家大胜而归，将炒作的目光投向了东南亚其他国家，亚洲金融危机爆发。

表 3－17　　金融危机对泰国 GDP 以及物价的影响

年份	1997	1998	1999	2000	2001
GDP 增长率（%）	－1.4	－10.5	4.4	4.6	2.2
物价上涨率（%）	5.6	8.1	0.3	1.6	1.6

三、本案启示

泰国经济发展华丽地登上了世界舞台，历经一场精彩纷呈的演出，却以一个惨不忍

睹的结局谢幕。当泰国经济的高速列车疾驰在快车道上，在感受惊心动魄的飞速发展时，却将发展过程中凸显出的问题远远抛向了窗外。随着问题的不断积累，高速的列车也有被拖毁的时候，最终不能平稳的驶向终点站。

（一）固定汇率制度的优缺点

所谓的固定汇率制度就是一国的货币当局规定本国货币兑换成其他国家的货币时，其汇率在一定的范围内波动。固定汇率制度在金本位时期以及布雷顿森林体系时期被诸多的国家采用，并且新兴的一些经济体也倾向于采用固定汇率制度，如20世纪90年代中期以前的泰国，我国在1994年之前实行的也是固定汇率制度。固定汇率制度在发展的过程表现出了其优缺点：

固定汇率制度下，可以有效降低汇率波动带来的风险，可以有效抑制国际游资的投机行为，有利于国际金融市场的稳定，有利于国际进出口业务的结算以及国际债务的清偿。但是，在发展过程中固定汇率制度表现出的缺陷要远胜于其优点。固定汇率制度下，发展的一切目标都要围绕在固定汇率的左右，汇率保持稳定的前提是国际收支的平衡，这就需要以牺牲物价稳定、充分就业为代价；固定汇率制度下不利于一国自主的执行货币政策，就像当时的泰国一样，实行钉住美元的固定汇率制度，当美元持续走强时，泰铢相对于其他国家的货币也相应地升值，这就使得泰国的进出口失去了价格上的优势，最终导致泰国经济的崩溃。

表3－18　世界新兴经济体固定汇率制度转型情况

<table>
<tr><th>汇率制度转型类型</th><th>自愿转型</th><th>危机转型</th></tr>
<tr><td rowspan="5">钉住汇率制度转为中间汇率制度</td><td>捷克斯洛伐克 1996 年</td><td>阿根廷 2001 年</td></tr>
<tr><td>埃及 1999 年</td><td>菲律宾 1997 年</td></tr>
<tr><td>匈牙利 1994 年</td><td>泰国 1997 年</td></tr>
<tr><td>印度 1995 年</td><td>委内瑞拉 1996 年</td></tr>
<tr><td>巴基斯坦 2000 年</td><td></td></tr>
<tr><td rowspan="6">中间汇率制度转型为自由浮动汇率制度</td><td>智利 1999 年</td><td>巴西 1999 年</td></tr>
<tr><td>秘鲁 1999 年</td><td>哥伦比亚 1999 年</td></tr>
<tr><td>菲律宾 2000 年</td><td>印度 1997 年</td></tr>
<tr><td>波兰 2000 年</td><td>韩国 1997 年</td></tr>
<tr><td>南非 1997 年</td><td>墨西哥 1994 年</td></tr>
<tr><td>土耳其 2001 年</td><td></td></tr>
</table>

（二）泰国政府操之过急

20世纪80年代经济全球化以及金融自由化“蔓延”开来，世界各国都想抓住机遇，迅速提升本国的经济发展，泰国也不例外。早在20世纪50年代，泰国政府就制定了各种刺激经济发展的措施，在之后的几十年时间里泰国经济的发展有目共睹，一举成为“亚洲四小虎”之一，面对经济全球化以及金融自由化的到来，泰国政府更是实行了大刀阔斧的改革。

泰国政府在汇率以及资本管制方面的改革效果尤为突出，有效地促进了经济的发展。但是，泰国政府的改革显得操之过急，特别是在放开对资本市场的管制方面，泰国政府在条件未成熟的情况下盲目地放开了对资本市场的管制。放开资本管制是一个循序渐进的过程，完善的金融体系以及健全的风险防范机制，是放开资本管制的重要条件，监管当局要建立一套完善的风险防范机制，对国内资本市场进行有效监管，防范风险的发生。

表 3－19　　1996 年资本市场放开后对泰国的影响　　单位：%

年份	1993	1994	1995	1996	1997	1998	1999
GDP 增长率	4.65	5.53	9.52	13.29	12.19	11.17	8.29
证券化率	5	5	8	12	24	29	30

泰国政府急于求成的做法给泰国经济的发展带来了严重的危害，并且导致危机的发生，泰国政府在放开资本管制前应该完善金融体系，建立风险防范机制，之后再逐步放开资本市场，这样可以有效地避免索罗斯等一众投机家对泰国金融市场的恶意炒作。

（三）我国汇率制度的变迁

我国现行的是以市场供求为基础、参考一篮子货币进行调节、有管理的浮动汇率制度。

进入 20 世纪 90 年代之后，我国汇率制度的发展经过了两个阶段。第一个阶段是 1994—2005 年，1994 年中央银行决定对汇率制度进行改革，实行有管理的浮动汇率制度，这种汇率制度本质上是钉住美元的固定汇率制度。这一时期的汇率制度存在诸多缺陷，如结售汇制度的实行，使得中央银行在调控汇率时缺少自主性，并且结售汇制度的实行使得外汇储备剧增，如表 3－20 所示。

表 3－20　　1994—2005 年我国外汇储备增长水平

年份	1994	1995	1996	1997	1998	1999	2000	2001	2002	2003	2004	2005
当期外汇储备（亿美元）	516	735	1050	1398	1449	1546	1665	2121	2864	4032	6099	8188
增长率（%）	143	42	143	133	103	106	107	128	135	141	151	134

2005 年 7 月 21 日开始，中央银行决定实行以市场供求为基础、参考一篮子货币进行调节、有管理的浮动汇率制度。这次汇率改革之后，人民币汇率的形成机制具有了更高的自主性以及灵活性，来自国际上的人民币升值压力也得到了解决。

（四）泰国的失败对我国的启示

进入 21 世纪之后，我国的经济飞速发展。2008 年金融危机之前我国的 GDP 增长率达到了 14%，金融危机之后，飞速发展的经济面临软着陆的考验，GDP 增长率有所放缓，如图 3－23 所示。

在人民币国际化以及经济发展软着陆的过程中，实行什么样的汇率制度尤为重要，我国已在 2005 年成功地退出了固定汇率制度，接下来面临的就是资本项目的开放，诸多的专家学者认为，我国目前还不具备完全放开资本项目的条件，我国金融业的发展有目

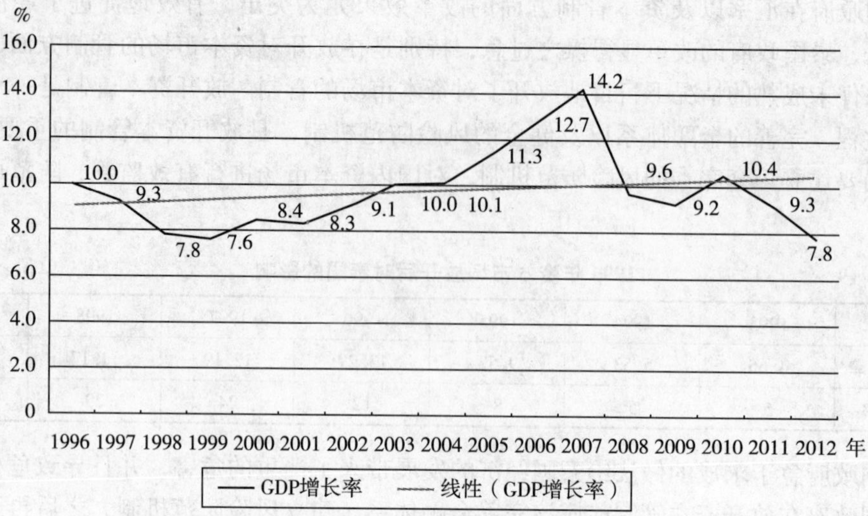

图3-23　1996—2012年我国GDP增长水平

共睹，但是我国的金融体系还不完善，风险防范机制也不健全，在人民币国际化以及经济发展软着陆的背景下，我国不能够盲目的放开资本项目，以免发生像泰国一样的悲剧。

参考文献

[1] 王树同，刘明学，栾雪剑．美联储“量化宽松”货币政策的原因、影响与启示［J］．国际金融研究，2009（11）：39-44.

[2] 熊爱宗．全球量化宽松政策的现状与影响［J］．当代世界，2013（4）．

[3] 周宇．金融危机与汇率制度的选择［J］．世界经济研究，2002（5）：73-78.

[4] 刘思跃．泰国金融危机与汇率制度改革［J］．经济评论，1999（1）：90-92.

[5] 周正元．我国汇率制度对货币政策的影响效应分析［D］．大连：东北财经大学，2010.

[6] 谭小劲．我国货币政策工具的演进、不足及改革方向［J］．理论研究，2010（9）：24-27.

[7] 贺思文．金融危机背景下我国货币政策工具的运用与效用分析［D］．海南：海南大学，2014.

[8] 韩梅．我国主要货币政策工具的效应研究［D］．南昌：江西财经大学，2009.

[9] 刘丹．日本主银行制度的兴衰［D］．长春：东北师范大学，2008.

[10] 陈韶华．战后日本产业政策研究［D］．武汉：武汉大学，2011.

[11] 柳永明．通货膨胀目标制的理论与实践：十年回顾［J］．世界经济，2012（1）：23-30.

[12] 王宇，吴先红．金融危机与汇率制度的选择［J］．财贸经济，2006（1）：

17－22.
[13] 牛筱颖．通货膨胀目标制研究与实践述评［J］．经济评论，2006（2）：113－119.
[14] 黄明皓．中央银行学［M］．北京：清华大学出版社，2012.
[15] 曹华．通货膨胀目标制研究［M］．北京：中国金融出版社，2006.

思考与讨论

1. 结合案例，试述通货膨胀目标制有何特点？新西兰等国采用通货膨胀目标制后，给国内宏观经济带来了怎样的影响？就目前的国情，我国采用通货膨胀目标制是否合适？
2. 结合案例，谈谈亚洲金融危机后我国是如何开展公开市场操作的？公开市场操作，给危机后我国的宏观经济带来了怎样的影响？2008 年金融危机后，我国又是如何开展公开市场操作的？
3. 结合案例，试述“量化宽松”期间我国中央银行货币政策的制定与执行。这些货币政策的制定与执行怎样影响我国宏观经济的运行？
4. 结合案例，试述一般性货币政策工具在我国的发展。比较分析三种一般性货币政策工具的优缺点。就目前来讲，我国应如何运用一般性货币政策工具调控宏观经济的发展？
5. 结合案例，试述货币政策的非对称效应在日本的表现。我国货币政策效应如何？请作具体分析。
6. 结合案例，谈谈固定汇率制度对泰国的影响。试述我国汇率制度的变迁。要想实现人民币国际化，在汇率制度方面，我国还需做哪些努力？

第四章

金融监管典型案例

第一节　麦道夫庞氏骗局案

一、基本案情

2009 年 6 月 29 日，美国华尔街传奇人物、拥有近半个世纪“白璧无瑕”从业记录的“明星经纪人”，被视为“大慈善家、社会的支柱、代表华尔街品质”的纳斯达克前董事会主席伯纳德·麦道夫，因受指控通过“庞氏骗局”操纵对冲基金使投资者损失约 500 亿美元，涉嫌欺诈被纽约联邦法院判处入狱 150 年监禁。这位长期与巴菲特齐名的“超五星级”金融人物既创造了金融神话，也制造了美国历史上数额最大的诈骗案。

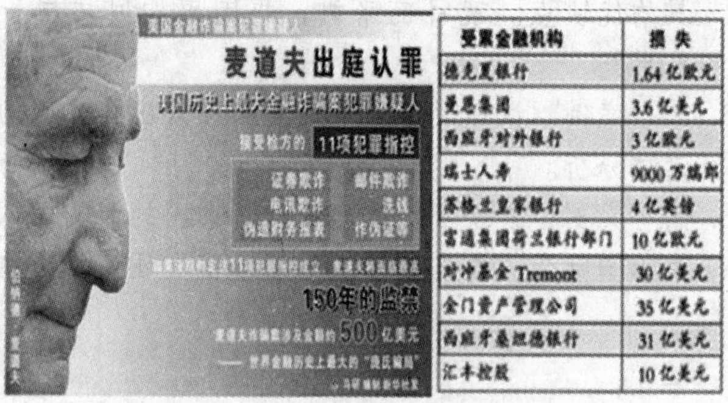

受累金融机构	损失
德克夏银行	1.64 亿欧元
曼恩集团	3.6 亿美元
西班牙对外银行	3 亿欧元
瑞士人寿	9000 万瑞郎
苏格兰皇家银行	4 亿英镑
富通集团荷兰银行部门	10 亿欧元
对冲基金 Tremont	30 亿美元
金门资产管理公司	35 亿美元
西班牙桑坦德银行	31 亿美元
汇丰控股	10 亿美元

图 4－1　麦道夫庞氏骗局案浮出水面

伯纳德·麦道夫，犹太人，美国著名金融界经纪人，前纳斯达克主席，美国历史上最大的诈骗案制造者。1938 年，麦道夫出生于纽约皇后区一个犹太人家庭。1960 年，从法学院毕业后的他拿着自己在海滩上做救生员赚来的 5000 美元创立了伯纳德·麦道夫投资证券公司，从此白手起家，一路拼搏，坐上纳斯达克交易所主席的交椅，成为一个头顶光环、受人尊敬的金融投

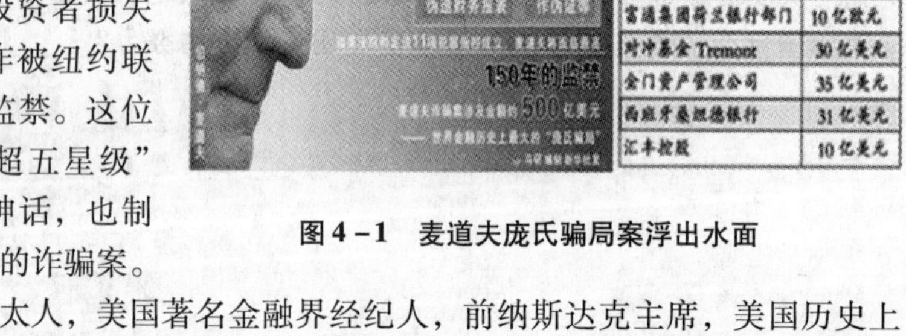

图 4－2　麦道夫庞氏行骗术

机家，这也是上当受骗者对麦道夫深信不疑的理由。

1990年功成名就的麦道夫人生轨迹发生巨大转变，他精心设计了一个巨大的“庞氏骗局”，以稳固的高投资回报率使自己再次成为华尔街的传奇人物。直至2008年10月，他还被列为纳斯达克第23大投资经销商，负责为客户提供证券买卖的最佳报偿，每天经手5000万股，经管的资产总额达171亿元之巨。但2008年12月初当有客户提出要赎回70亿美元现金时，“庞氏骗局”露馅儿，游戏结束。

在案发前，人们信任麦道夫，麦道夫也没有让他们失望；他们交给麦道夫的资金，都能取得每月1%的固定回报，这是非常令人难以置信的回报率。但事实上，麦道夫并没有创造财富，而是创造了别人对他拥有财富的印象。顾客们并不知道，他们可观的回报是来自自己和其他顾客的本金——只要没有人要求拿回本金，秘密就不会被拆穿。截至2008年11月30日，麦道夫的公司账户内共有4800个投资者账户，这些受骗的投资者包括对冲基金、犹太人慈善组织以及世界各地的投资者。

2008年12月初，麦道夫向儿子透露，客户要求赎回70亿美元投资，令他出现资金周转问题。12月9日，麦道夫突然表示提早发放红利。12月10日，麦道夫向儿子坦白称，其实自己“一无所有”，而是炮制了一个巨型金字塔层压式“庞氏骗局”，该骗局因其“发明者”——20世纪初从意大利移民美国的投机商人查尔斯·庞兹得名，即用高额回报引诱投资者，同时用后来投资者的资金偿付前期投资者，前后共诈骗客户500亿美元。

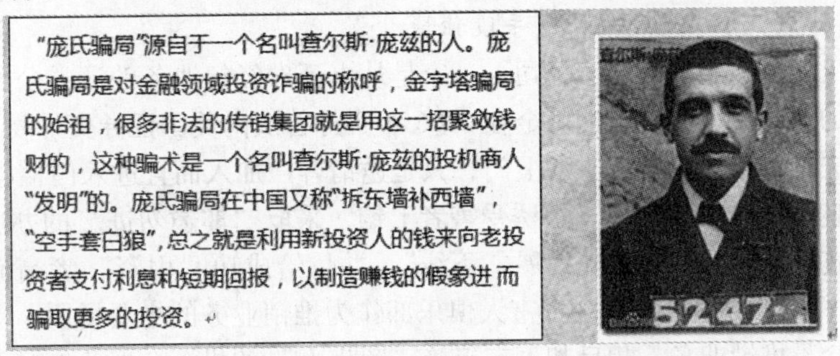

图4-3　庞氏骗局的由来

10日晚，麦道夫被儿子告发，引爆史上最大欺诈案。12月11日，麦道夫被捕。随着案件更多细节浮出水面，这场时间跨度之长、金额之巨、影响范围之广堪称史无前例的金融欺诈案震惊世界。2009年6月29日，纽约联邦法院判处麦道夫150年有期徒刑，法院同时判决没收麦道夫约1700亿美元财产。

二、案情分析

（一）金融监管部门失职

美国金融监管部门由三级监管体系构成：政府部门、行业协会和交易所。美国实行联邦制，各州有自己的议会和立法权。从形式上看，美国整个金融监管体制是一种双层多头监管体制。双层是指联邦政府和州政府都对金融系统拥有监管权力；多头是指除了美国联邦储备委员会作为总监管者外，金融服务业内部的各行业分别由不同的监管部门进行监管。多头监管既存在监管重叠，又存在监管真空。在麦道夫欺诈案中，案发不是来源于监管执法部门的常规稽查，而是麦道夫儿子的“大义灭亲”。麦道夫公司经营业务长期未经证管会惯例检查，麦道夫公司除了股票经纪和投资顾问业务之外，还运营着一个资金管理部门，该部门的客户就包括欺诈案中涉及的对冲基金等，而这项业务从来没有按规定在证管会注册。更为过分的是，自2006年9月麦道夫注册投资顾问业务以来，证管会从来没有按惯例检查过他的账目。在过去10多年间，不少业内人士、媒体记者对麦道夫的投资奇迹曾提出过质疑，甚至向证管会举报过，都未能促成对其调查。

（二）信息披露制度存在缺陷

联邦调查局的起诉书显示，麦道夫公司的资产管理部门和交易部门分别在不同楼层办公。麦道夫对公司财务状况一直秘而不宣。而投资顾问业务的所有账目、文件都被麦道夫"锁在保险箱里"。根据证券法律法规，完全、真实、明白无误的信息披露，是证券法律的基本原则，获得充分的信息也是投资者的基本权利。2008年1月上报的数据显示，麦道夫所营运的咨询业务的规模高达171亿美元，如此庞大的投资额都是被麦道夫的月增长1%~2%、10多年直线上升的高盈利吸引而来。在经济不景气时期，他却能做到逆市扩张，原因被其解释为"内部消息"。证券市场是信息的博弈市场，投资者希望凭借信息优势获得商业先机。麦道夫却利用人们的投机心理，营造神秘氛围，欺骗了众多欧美机构投资者，甚至包括很多对冲基金管理者、专业投资人士。

（三）"庞氏骗局"手段独特

麦道夫拥有两家公司，一家是从事证券经纪业务的证券公司，另一家则是投资咨询的对冲基金，其对冲基金在2006年9月首次向美国证券交易委员会（SEC）注册。麦道夫从不接受投资者主动上门，只是邀请客户加入而且进入门槛很高。他善于以"神秘的魅力和排他的方式"引诱受害者上钩，采取"非邀勿进"的办法吸收投资客户，利用朋友、家人和生意伙伴发展"下线"，并付给成功"引资"者高额的佣金，激励发展更多"下线"。尽管麦道夫把富人俱乐部作为推销业务的主要场所，但他本人几乎从不主动向会员推销业务，相反却再三拒接"陌生人"的投资。据此他轻而易举忽悠了大批期待财富不断增值和提高自己身份的金融权贵和其他社会名流心甘情愿地送来新资金。麦道夫高明的"庞氏骗局"多采用晦涩难懂的投资技术，使生财之道看上去似是而非，又仿佛切实可行，辅之以稳定的超额回报，能够有效地欺骗一般投资者甚至专业投资者，其骗术的欺骗性和隐蔽性造成监管追查的困难。

（四）内部治理机制缺失

美国公司实施的是单层式公司治理模式，通过董事会和经理层的相互制衡来确保股东利益最大化的实现。其中，独立董事制度和各种专门委员会确保了公司决策的科学性和公正性。麦道夫所掌控的对冲基金属于契约型基金，公司内部不存在董事会和各种委员会，表明内部治理机制总体处于缺失状态。麦道夫自己管理，自己汇报，麦道夫投资证券公司的所有交易均为麦道夫一人专断，管理资产并同时汇报资产的情况，公司的资产管理和托管并未分开。集资产管理与托管业务于一身，本身已违背交易和汇报分离的基本原则。同时，麦道夫公司常年使用与其规模不匹配的会计师事务所，从不向客户披露基本的投资信息。

三、本案启示

（一）构筑完善的金融监管体系

1933 年受金融危机影响，美国建立了防火墙制度。但随着 1988 年金融自由化浪潮的发展，金融市场与商业银行间的防火墙被拆除，美国开始实行混业经营，多头金融监管体系复杂导致监管真空地带出现，风险交叉传递。麦道夫骗局暴露了美国证券市场监管漏洞，同时也为我国证券市场的监管敲响了警钟。因此，我国应加强各金融监管部门的沟通和协调，以便提高监管效率，避免出现监管漏洞；更应加强对投资理财产品，尤其是金融创新产品的市场评价与监管，以便投资者能够核实投资策略获利渠道或交易方式；此外，还需加强专业审计机构对投资理财产品运作情况的审计管理，确保向监管机构和投资者提供公正的审计报告。

（二）强制完善信息披露制度

麦道夫“庞氏骗术”的得逞，证明信息披露制度虽然日趋完善，却未得到投资者和监管层的充分重视。信息披露制度的理论基础是强制性，信息披露能在相当程度上解决证券市场中的逆向选择问题，从而纠正证券偏差，最终促进资本的有效配置。真实、充分、及时地披露相关信息是投资者进行理性投资决策的先决条件，麦道夫欺诈案启示坚持信息披露制度，并非仅仅是立法者的职责，更应深入投资者之心，并应建立相应的制度，使之得到律师事务所、会计师事务所、证券评级机构等中间力量的配合与支持，从而在相当程度上解决证券市场中的逆向选择问题，为最终促进资本的有效配置提供有力保障。

（三）强化内部治理机制建设

内部治理机制是否完善对于金融机构而言十分关键，以基金公司为例，内部治理机制总体处于缺失状态，便无法确保基金决策的科学性和公正性，无法保障投资者的利益，这就要求建立独立董事制度和各种专门委员会；在投资管理方面要遵循交易和汇报分离的基本原则，充分保证审计部门的独立性，同时要选择与自身规模相匹配的审计部门进行审计；另外，要完善证券机构的内部控制管理，加强证券机构自身的监管能力与风险控制能力，从根源上杜绝欺诈事件发生。

（四）政府应确保金融市场安全

麦道夫欺诈案发原因不是来源于监管执法部门的常规稽查，而是麦道夫儿子的“大义灭亲”之举。由此可见，在金融市场中，市场行为与政府行为并不存在先验的真理性比例标准。麦道夫欺诈案虽然显示了政府监管的缺陷与漏洞，但并不意味着可以废除或取消监管，而是需要改变监管的行为与方式，以完善的制度来提高监管的有效性。政府应确保金融市场安全：正视监管部门人力不足问题，为稽查部门配备充裕的人员；加强专业知识的培训，提高监管部门人员的素质；加强内部权力的制衡与监督，避免权力与资本的寻租交易。

（五）加强对投资者的风险教育

其一，投资者应学习和培养对投资的规律性认识。“庞氏骗局”存在大量反投资规律的漏洞：低风险、高回报、几乎不受投资周期影响等。投资者经过细致甄别，是可以发现这些反常特征的。其二，投资者应建立风险防范和管理意识。投资者应尽可能选择在监管机构监管下的合格理财机构进行投资。在投资之前，投资者对投资所面临的风险因素，须加以有效识别、评估，并对风险加以分类，施以有效的风险管理手段。在风险爆发时，应及时保全证据材料和资金财产，避免招致更大的损失，或为今后的维权做好准备。

第二节　吴英非法集资案

一、基本案情

被称为浙江“亿万富姐”的吴英，曾因2006年登上当年福布斯女富豪榜第六位而名噪一时。却因涉嫌非法吸收公众存款罪而被捕，媒体称作我国“民间借贷第一案”。其量刑判决的一波三折、扑朔迷离，不但引发社会广泛关注，而且也在拷问金融法制、金融宣传、金融监管与金融改革等方面的变革。

图4－4　吴英法庭受审

吴英，女，浙江东阳人，1981年5月20日出生，曾任浙江本色控股集团有限公司法人代表。18岁中专学习期间辍学经商，先后从事过女子美容、千足堂、服装等行业经营，期间积累资金千余万元，2006年初产生扩大规模经营打造本色集团并上市的想法，之后开始融资。2006年11月吴英先后从林卫平等11人处高息借款人民币七亿余元，2006年8—10月吴英连续注册了浙江本色集团及下属的概念酒店、投资公司、担保公司、建材城、汽车租赁、婚庆公司等八个公司，并以本色集团的名义购买大量的商铺、房产、汽车、建材、珠宝、酒店用品、床上用品及广告位，同时进行了数千万元的股权投资，至案发时概念酒店、投资公司、建材城、汽车美容、洗衣店、担保公司等已进入试营业状态，2007年1月东阳市政府以公告方式查封本色集团旗下全部财产并遣散了全部工作人员。

2007年2月吴英在北京机场被浙江金华警方抓捕，2009年12月18日被金华市中级人民法院以集资诈骗罪判处死刑。吴英上诉后，2012年1月18日下午，浙江省高级人民法院驳回上诉，维持原判，并上报最高人民法院核准。但最高人民法院未核准吴英的死刑，案件被发回重审。2012年5月，浙江省高级人民法院重审后，以集资诈骗罪判处吴英死刑，缓期两年执行，剥夺政治权利终身，并处没收其个人全部财产。2014年7月，浙江省高级人民法院裁定将吴英的死缓刑减为无期徒刑，剥夺政治权利终身。

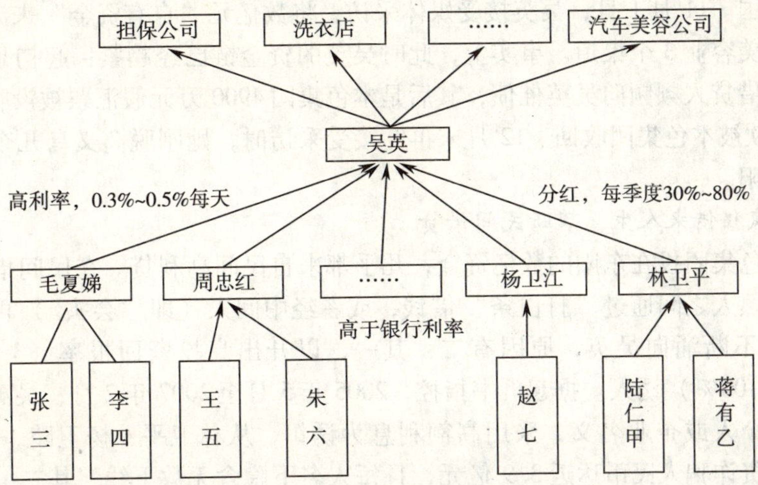

图4-5　吴英集资链条

二、案情分析

（一）起步美容业，初涉民间借贷

吴英是长女，出生不久后被父（长期在甘肃当包工头）母带到甘肃。7岁时，被送回东阳就读于塘下村小学，成绩优秀。升入中学后，成绩下滑，14岁初中毕业后自动辍学随姑姑学美容。15岁到宁波慈溪与人合伙开了家美容店，半年后返回东阳就读于两年制的东阳市技校，1年半后萌生经商念头，辍学离校，重返姑姑处学美容。2001年，吴英与东阳人周红波订婚，两人在东阳市区开了"一生美美容美体沙龙"店（以周红波为主要出资人，吴英出任老板）。2002年6月，两人登记结婚。2003年8月，吴英盘掉原来的美容店，新开"贵族美容美体沙龙"。在美容店，吴英积累了众多人脉，也掘到了人生的第一桶金。2005年3月，吴英接手喜来登俱乐部，出任其新老板。1个月后，又在东阳开出千足堂理发休闲屋，后在义乌开出千足堂分店。2006年2月，吴英在母亲老家湖北荆门开设了信义投资担保有限公司，注册资金1000万元。次月，又在浙江诸暨注册成立另一家信义投资担保有限公司，开始介入民间借贷、铜期货等交易。

（二）打造本色神话，奠基民间借贷

2006年4月开始，本色集团横空出世：本色商贸、本色洗业、本色广告、本色酒店、本色电脑网络、本色装饰材料、本色婚庆服务、本色物流公司等接连注册，10月10日本色控股集团成立（注册资金1亿元）。本色集团引起当地人注意的，最先是免费洗车（要在车牌处贴本色集团的logo）和免费洗衣服务（每天限100件，每人限2件），其次是3次捐款：东阳西宅小学80万元，磐安贫困学生50万元，东阳光彩事业500万元。吴英最大的手笔则是房产投资，仅数月即投入近1.6亿元，其中包括：东阳博大房产2200万元，通江花园近3000万元，望宁公寓5000多万元，湖北荆门1400万元，浙江诸暨近300万元等。10月末，因为杭州、上海几家媒体的连续报道，吴英及本色集团开始闻名全国。11 月 1 日，吴英接受媒体采访，将数亿元“自有资金”来源，归结为期货、炒房、美容业 3 个渠道。事实上，此时吴英的资金链已经趋紧：起初是东阳、义乌等很多民间借贷人频频向吴英催债，其后是本色集团 4900 万元假汇票被没收、光彩事业 500 万元捐款被本色集团收回。12 月末再度接受采访时，她刚脱离义乌几个债权人的软禁，回到东阳。

（三）疯狂借来人生，梦断民间借贷

吴英本色集团投在东阳的数亿资金，几乎都来自民间高利贷。在民间借贷盛行的浙江，大部分熟人之间通过“打白条”借钱，或者经中间人（即“会头”）再去放贷。巨额资金源源不断涌向吴英，原因有二：其一，以开出高投资回报率（3 月期 50% ~ 80%，甚至 100%）诱人。据起诉书指控，2005 年 5 月至 2007 年 2 月，吴英以非法占有为目的，用个人或企业名义，采用高额利息为诱饵，从林卫平、杨卫陵、杨卫江等 11 人处非法集资诈骗人民币达近 3.9 亿元，且每人名下隐含无数下线。其二，其“信守承诺”。吴英与杨卫陵合作投资铜期货期间，在投资亏损 4740 万元的情况下，仍然归还杨卫陵等人 3300 万元投资，并“支付利润”1400 万元，借贷双方十分默契。然而，借来的人生风险难测。至 2006 年 10 月末，本色集团资金链接近断裂。12 月末，吴英遭到义乌市杨志昂、杨卫陵的杨氏家族成员软禁，吴英及其家属称之为“绑架”案的发生令情况更加雪上加霜。

（四）量刑一波三折，拷问民间借贷

2009 年 4 月 16 日在吴英案一审开庭前，东阳市人民检察院和金华市人民检察院先后于 2008 年 2 月和 10 月各起草了一份起诉书。第一份起诉吴英的罪名是合同诈骗和非法吸收公众存款两项，且两罪名主体都是本色集团，吴英作为本色集团法定代表人被列为被告。第二份起诉罪名为集资诈骗，吴英作为个人被列为被告。非法吸收公众存款和集资诈骗在刑法上区别很大，最高量刑前者 10 年，后者死刑。一审开庭时，辩护律师杨照东、张雁峰替吴英做无罪辩护，控辩双方围绕吴英主观上是否具有非法占有他人财物的故意、该案属于单位犯罪还是自然人犯罪、吴英的罪名是否构成集资诈骗罪 3 个焦点，展开激烈交锋。一审宣判时，辩护律师上述 3 个方面的辩护未被法院采纳，吴英一审被判死刑。自 2007 年以来，吴英案经金华中院一审、浙江省高院二审、最高院发回重审、省高院再审，最后判决死刑缓期执行。对于吴英量刑的一波三折，在法学界和金融界引起对民间借贷之殇的深刻反思。

三、本案启示

（一）加快民间借贷立法进程

1995 年以来颁布实施的金融“四法一决定”，为惩治金融领域犯罪提供了法律依据，但法律条文缺乏系统性、完整性和科学性，致使投机倒把罪、非法集资罪、金融诈骗罪三罪在内容上混同，也使司法部门在量刑定罪上陷入尴尬局面。特别是近 20 年来，民间金融急剧扩张，而法律对民间借贷行为及其管理缺乏法律依据，民间借贷市场监管缺位。从而使民间借贷处于法律灰色地带，也造成了金融监管上的盲区。吴英案悲剧再度催促政府应加快金融法律法规的制定、修改和完善，从制度层面对社会金融活动进行有效管制，打破民间借贷司法僵局，实现民间借贷监管法制化，铲除民间金融犯罪的土壤。

（二）加强金融风险防范宣传力度

长期以来，各级政府在金融法律法规和金融风险防范方面的宣传力度软弱，特别是对非法集资、高利贷在舆论媒体上形成短板，使民众金融风险防范意识处在蒙昧和自发状态，以致广大民众在高利诱惑面前丧失理智，缺乏对金融风险的判断力和抵制力，使非法集资及高利借贷活动愈演愈烈。近年来，非法集资和高利借贷悲剧一再重演，吴英案再次催促各级政府必须充分利用新闻媒体和公共场所，高度重视金融风险防范宣传，提高民众对非法集资和高利贷风险的识辨能力，并在高利诱惑面前保持头脑清醒，在心中构筑一道牢固的“防火墙”，使吴英们无隙可乘。

（三）加大金融监管创新力度

近年来发生的非法集资大案，潜伏时间长、涉案人员多、发案金额大，政府部门在整个事件中始终充当“马后炮”角色，缺乏事前预警能力。同时，在民间金融机构如小额贷款公司、担保公司、典当行等市场准入审批上，分属政府不同职能部门，造成监管源头混乱，为一些披着合法外衣干着非法集资和高利放贷勾当的金融机构提供了“护身符”。吴英案再次催促要加大金融监管创新力度：其一，统一监管主体，整合监管资源，严把民间金融市场准入关；其二，构建高度灵敏的金融监管机制，严防非法集资和高利贷活动，使违法金融活动无路可遁。

（四）加快金融改革步伐

金融垄断经营和民众投机冒险心理，在客观上催化了金融违法犯罪行为。吴英案催促政府必须毫不动摇地深化金融体制改革：一是加快金融体制创新，构筑新型金融组织体系，消除民营资本进入金融业的种种壁垒，制定《私营银行法》，降低私营银行准入门槛；大力发展村镇银行、小额贷款公司、担保公司等中小金融机构，增加金融有效供给。二是改变存款负利率政策，重启存款保值补贴政策，对居民储蓄进行利息补贴。三是打破利率改革僵局，推进利率市场化。四是进一步拓宽民间投资渠道，引导民间富余资金向风险小、见效长的基础产业流动，减少民众金融投资风险。

第三节　美国国际集团（AIG）危机案

一、基本案情

2008 年 9 月 16 日，伴随着美联储对外宣布“以美国国际集团 AIG 全部资产为抵押向其提供 850 亿美元紧急贷款，美国政府将控制 AIG 79.9% 的股份，并有权否决普通股和优先股股东的派息收益”这一消息的不胫而走，全球保险业巨头——美国国际集团 AIG 因陷于破产边缘，仅以 850 亿美元的身价被美国政府接管，该案也成为美国历史上由政府收购私人公司的最大宗交易。AIG 危机使得有着长达 80 多年经营历史、总资产规模超过 1 万亿美元、曾经位列世界 500 强第 19 位、财富 500 强前 10 位的美国国际集团陷入舆论旋涡，其背后显现的金融风险问题，更值得世人深思。

图 4－6　AIG 的救赎

美国国际集团（AIG）成立于 1919 年，总部设在纽约市美国国际大厦，是美国最大的商业保险提供商与寿险公司之一，也曾是全球首屈一指的国际性金融保险服务机构。AIG 拥有超过 1.2 万亿美元的总资产，拥有 10.6 万名员工，从纽约到北京再到伦敦，遍布全球 135 个国家和地区的子公司和分公司经营着各个险种：从针对人寿、退休到地震与洪水，乃至石油钻塔和卫星承保。在 2008 年之前不到 40 年的时间内，AIG 的市值从 3 亿美元飙升至最高近 2000 亿美元，股票回报率上升 190 倍，每股收益率平均每年上涨 17%，长期位于美国利润最丰厚的十大公司之列。直到次贷危机之前，AIG 都是全球最受人景仰的大公司之一，信贷评级为 AAA 级，是全美“AAA 俱乐部”8 位成员公司中唯一的金融类公司。然而，甚嚣尘上的 AIG 却在美国次贷危机中遭受重创。最终拖垮 AIG 的不是其主营业务，而是一家名为“美国国际集团金融产品公司”（以下简称 AIG-FP）的公司。

AIGFP 于 1987 年在伦敦成立，是美国最早投资金融衍生产品的公司之一。最初从事的大多是利率互换之类的金融衍生产品，20 世纪 90 年代后期开始大量介入为债务权证（CDO）提供担保的 CDS 业务。次贷危机之前，其母公司 AIG 信用评级是 AAA 水准的保险巨头，不必提供任何抵押，便可以担保。自 1998 年以来，AIG 为高达 4650 亿美元的债券提供了信用违约掉期，其中约有 640 亿美元与次级抵押贷款（CDO）有关。这些 CDS 交易对 AIGFP 部门来讲极为盈利，每年净收年保费。此后 AIGFP 便开始大量与华尔街多家投资银行、商业银行进行 CDS 交易，自身的角色多数是担保人一方，专门接收交易对手的保费，承担了巨大的风险。AIGFP 在 1999 年的营业额是 7.37 亿美元，到 2005 年达到 32.6 亿美元。营业收入在 AIG 所占比率由 4.2% 升至 17.5%。卡萨纳及其手下的薪酬也水涨船高，自 2001 年以后，每年的工资加年终奖金开销为 4 亿～6 亿美元，意味着平均每人年收入超过 100 万美元。事实上，营业额的大部分用于发放薪酬，小年时为 33%，丰年时为 46%。过去 7 年中的薪酬总数为 35.6 亿美元。

到 2005 年，AIGFP 账上的 CDS 交易面额达到 5000 亿美元，成为其主要业务。次贷危机爆发后，AIG 开展的 CDS 业务损失惨重。2008 年 2 月 29 日，AIG 公布其 2007 年第四季度及全年业绩，数据显示 2007 年第四季度净亏损达 52.9 亿美元。AIG 业绩公布后，惠誉、穆迪、标准普尔三大评级机构相应下调其评级级别。有关资料显示，2008 年 AIG 前三个季度共损失 185 亿美元，股价自 2008 年以来跌去了 96%，仅 9 月 12 日一天便跌去了31%。9月15日，AIG股价再跌61%，收报3.75美元；次日开盘之后AIG的股价又遭遇一轮暴跌，曾经下跌至1.25美元。巨额亏损、股价暴跌、信用评级下调、交易对手追索抵押品，这些危机环环相扣，导致AIG陷入绝境，最终不得已接受美联储注资，实质上被政府接管。

二、案情分析

AIG这只“保险巨擘”在受到金融风险的波及后顷刻之间濒临倒塌，是内因与外因共同作用的结果，内因是AIG自身管理，外因是企业外部环境因素。

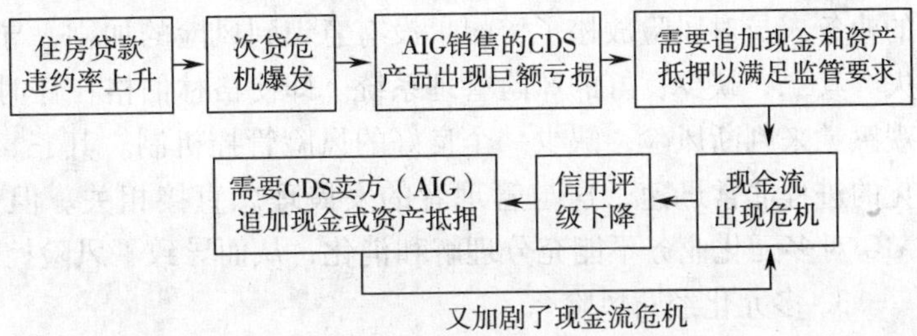

图4－7　AIG陷入财务危机的因果链

（一）宏观环境

1. 衍生品交易风险的连锁引爆

在以工商企业贷款、房贷、消费贷款等为基础，以债务权证（CDO）等为衍生品层层构建而成的倒金字塔金融衍生产品的大厦中，因AIG下属AIGFP公司巨资开展的CDS业务陷入流动性危机而岌岌可危。随着底层垮台，上面庞大的衍生金融产品大厦也随之倒塌。受抵押贷款投资不当相关衍生品资产减记拖累，AIG在信用违约掉期上遭受的损失不断加重。危机通过资金链条传导给各国的基金公司、资产管理公司等机构投资者，造成了整个信用市场危机和投资者恐慌，致使AIG股票价格持续承压下挫，财务状况恶化，最终演变成为金融风暴。

2. 信用评级下调的推波助澜

2008年9月12日，AIG股价暴跌31%。紧接着三大信用评级机构于9月15日分别将AIG的信用级别下调至少两个等级。信用评级下调在助推融资成本升高的同时，迫使AIG向其交易对手再提供至少100亿美元的抵押品，从而使得抵押品总额达到200亿至250亿美元，导致AIG财务状况急剧恶化。也正是因为信用评级的下调，致使AIG在试图利用信贷循环额度做最后一搏时，遭到了银行的拒绝。

3. 金融监管不严的隐忧外患

尽管美国有多层次的监管体系，但对次级债市场的监管却存在空白地带。如信贷违约掉期市场就没有受到政府管制，也没有公开的记录显示如果债券违约，卖方是否拥有资产进行支付。早在2005年5月，新闻媒体就开始报道新增房贷风险，经济学家也对此发出警告。但直到2005年12月监管层才开始推出监管指引，时隔9个月后，这份姗姗来迟的指引才最终定稿。监管的缺失，使市场的不规范行为没有得到及时纠正，风险积累最终引发危机。

（二）企业自身

1. 资产管理不慎

AIG的风险不是由保险主业产生，而是源于衍生金融产品。由于AIG从事的传统保险业务一直都是中等的成长型业务，公司为追求成长性，为大量的金融产品提供保险，包括风险极高的 CDO 和次级债产品。正是受抵押贷款投资不当相关衍生品资产减记拖累，AIG 在信用违约掉期上遭受的损失不断加重。其旗下一家出售信用违约掉期（CDS）的子公司，仅三个季度累计亏损 180 亿美元，迫使 AIG 追加价值数十亿美元的抵押品，导致公司财务吃紧，最终陷入困境。

2. 内控机制不足

其一，管理层风险意识不强。正是因为一直以来的市场繁荣，使得从管理层到基层的业务人员对风险放松了警惕，没有意识到风险的加剧，导致危机来临之时遭受巨大损失。其二，缺少良好的风险管理系统。即使格林伯格在任时，也基本是靠他一个人的主观感觉来判断风险，缺少一个良好的风险管控机制。其三，盲目追求高利润。AIG 多元化的进程非常迅速，这与管理者的发展理念直接相关。但过于快速的多元化进程使得 AIG 对多元化业务不能充分理解和消化，从而导致了风险控制出现问题。

3. 多元化经营风险

20 世纪 90 年代末，在金融业交叉销售和协同经营的背景下，AIG 也进行了多元化扩张，从传统的保险业务进入了证券、商业银行、投资管理、融资租赁等多个领域。在 AIG 家族中，除传统保险业务外，还包括金融服务公司 AIGFP、金融担保公司 UGC、融资租赁公司 ILFC、消费金融公司 AGF、资产管理公司、私人银行和地产投资公司。到 2008 年中期，除 AIGFP 亏损 237.9 亿美元外，AGF 因发放抵押贷款的违约亏损 8500 万美元，资产管理公司的利差投资业务部因投资于抵押贷款产品亏损 16 亿美元。多元化业务的拓展，导致 AIG 风险蔓延。

三、本案启示

（一）金融监管应全面覆盖前台业务

美国的金融监管，后台比较严格（如保险偿付能力比率要求在 200% 以上），而前台崇尚自由竞争，鼓励金融创新，存在较多监管空白，尤其是衍生产品方面。而衍生品风险高、波动大，对公司偿付能力存在巨大影响，势必削弱金融监管效力，促使金融机构利用信息不对称欺诈和误导客户，最终造成金融危机。因此，金融监管应该保持对前台业务的全面覆盖，不留空白，以便将危机消灭在萌芽中。

（二）培育有效负责的信用评级机构

信用评级机构的失职是次贷危机爆发的重要原因。由于次贷衍生品的复杂设计，投资者只能依靠评级机构来衡量相关风险。令人失望的是，评级机构的后知后觉及迟缓而猛烈的评级调整反而加剧了危机。实际上，评级机构的收入来源于投资银行，却要求它们对投资者负责，本身就是制度的错位。随着无担保公司债和各类金融衍生品的发展，信用评级机构在我国资本市场的地位将日益显著，应建立对投资者负责的信用评级机构。

（三）强化保险公司风险管控能力

就 AIG 公司自身而言，可以说祸起金融衍生产品。但是，倘若公司风险管理体系健全，则风险会得到有效控制。因此，我国保险企业应当建立健全全面风险管理体系。其一，以健康的风险文化和理念为前提，树立起贯穿全员和全过程的全面风险管理理念，培育自上而下的风险管理氛围；其二，采取定性和定量相结合的方式，运用风险量化模型和量化指标，合理地评估风险；其三，完善公司治理机制、建立全方位的风险管理组织架构，同时建立全过程的风险管理组织结构；其四，构建科学、严密的风险内部控制制度。

（四）建立混业经营风险防火墙

在 AIG 危机中，保险业务虽未出问题，混业经营后衍生金融产品带来的灾难却殃及池鱼，不同行业的风险在内部子公司间传导，并体现于合并的资产负债表中。危机过后，AIG 董事长兼首席执行长利德在电话会议上表示，公司在迅速出售世界各地的非保险业务后，将把注意力集中在避免免赔额损失方面，同时还打算向评级优良、资产负债表强劲的知名买家出售旗下业务。AIG 专注“回归”其核心业务——保险业务的同时，混业经营风险防火墙的建立，也成为公司高管不可回避的现实问题。

第四节　中国首例比特币刑事犯罪案

一、基本案情

伴随着 Q 币、游戏币等的广为人知，虚拟货币不再是神秘的新概念。然而比特币的出现以及轰动一时的国内首起比特币交易平台诈骗案件的告破，再次让人们认识到虚拟货币的威力并引发对其风险防范的警觉与有效监管的深思。

比特币问世于 2009 年 1 月 3 日，其创始人是传说中化名“中本聪”的网络黑客。比特币是由计算机生产的一串串复杂代码组成，并由网络节点计算生成的一种 P2P 形式的数字货币。它没有统一的发行和兑换机构，而是由用户在自己的客户端上运行一种基于特殊算法的开源软件来获取（俗称 Mining，即“挖矿”），任何人都可自由、免费当“矿工”或是兑换、收购比特币，得到的比特币以数据代码形式储存和传输。使用者既能将比特币兑现成大多数国家的货币，也能用其购买网络游戏中的衣服、装备等虚拟物品，还可以购买现实生活中的物品。

比特币诞生之初并不值钱，第一笔比特币交易是一名用户用 1 万个比特币购买了一个比萨饼。2012 年 11 月 15 日，其交易价格在 11 美元上下。2013 年 11 月 29 日，比特币在热门交易所 Mt. Gox 创下 1242 美元的交易历史新高，其价格首度超过黄金。随着比

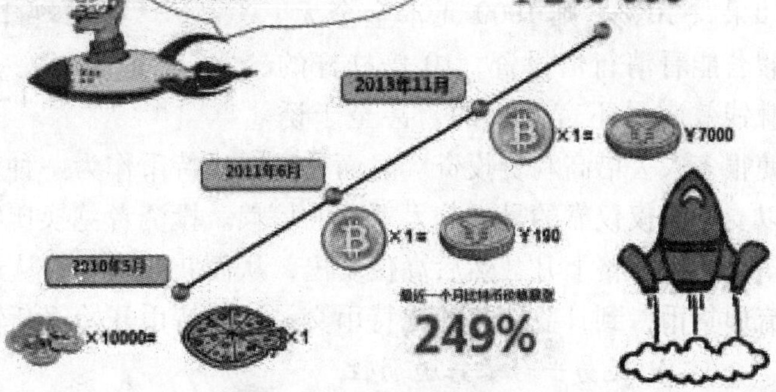

图 4-8　比特币价值攀升

特币在全球关注度的日渐增高，其交易频率日益增大，自身价值也迅速攀升。2010年10月，比特币进入中国且受到追捧并持续走热。据统计，截至2013年5月，从事比特币“挖矿”工作的中国“矿工”达8.5万人，人数跃居世界第一。2013年以来，中国已成为全球最大的比特币交易市场。

刘某，湖南省湘潭市人，比特币交易平台GBL网站的负责人。2007年从某学院毕业，从事过通信公司业务员、经营过港式甜品店和陶瓷卫浴店。因痴迷股票和比特币投资，并化名分析师“庄见愁”，在业内具有一定知名度，其他几人均为其招募。金某，网站制作、维护者，也积极参与网站的日常运营。黄某，广东省茂名市人，是刘某以前的同事，负责网站的财务。

2013年10月22日，东阳人乔某因看好比特币行情，通过第三方支付在GBL公司充值9万元买卖比特币。然而，令乔某猝不及防的是10月26日GBL公司网站无法登录，平台工作人员联系没有回应，正常交易程序不能进行，遂向浙江省东阳市公安局报案。警方调查发现，在中国香港注册的比特币交易平台GBL负责人携款跑路，其涉嫌虚构网络比特币交易平台，从中诈骗钱财，导致1000多投资者损失超过2500万元人民币。三名涉案人刘某、金某和黄某相继于11月12日、14日和19日在贵州、安徽、深圳被抓获，轰动一时的国内首起比特币交易平台诈骗案件告破。

二、案情分析

（一）10倍杠杆实现投机风险

乔某只是众多GBL平台骗局受害人之一，据大多受害者反映，其实他们都是看好比特币行情的，他们中的大多数使用GBL平台，是因为平台里有一个对赌功能，而且是10倍杠杆效应。假如某人有1000元，在10倍杠杆的情况下，如买涨可以买10000元的比特币，如果比特币果真上涨10%，则赚1000元，如果跌10%，则1000元本金全无。假若能看清行情投资，10倍杠杆的赚钱效应是不言而喻的，甚至于诱使很多人去借高利贷投资。显而易见，比特币作为一种虚拟的货币，无任何实际资产予以支撑，仅仅靠的是部分人对它的信赖。投资者兑换比特币的目的大多是低买高卖，希望比特币价格上升，然后高位卖出，从而获取利润。从最初比特币在“丝绸之路”充当流通货币，到日益狂热的比特币交易，比特币开始逐渐转变为一项投资或投机的工具。

图4-9 “控矿”比特币

（二）交易平台暴露脆弱性

虽然比特币网络非常健壮，但比特币交易平台非常脆弱。交易平台通常是一个网站，而网站一旦遭到黑客攻击得手，可能造成巨大损失。2011 年 8 月，一家比特币交易的处理中心 My Bitcoin 宣布遭到黑客攻击，并导致关机。涉及客户存款的 49%，超过 78000 比特币（当时约相当于 80 万美元）下落不明。同样，GBL 网站 10 月 26 日凌晨 2 时前，还有人在提现。其后该网站无法访问，首页显示一条留言，内容为"该网站已被攻破，请按照我们说的数目汇款到这个账号，否则我们将删除网站所有数据"，接着用户们又纷纷被踢出 GBL 官方 QQ 群——这是他们与这个交易平台唯一的联系渠道。在此次案件中，受害者被骗去的财产有股权、人民币、比特币三种，价值几千元至几十万元人民币不等。如果网络与技术安全得不到保障，比特币发展将面临致命"瓶颈"，比特币参与者的权益将受到重大侵害。

（三）灰色交易增大洗钱风险

比特币之所以名声大噪是源于一个叫做"丝绸之路"的秘密购物网站，该网站创建于 2011 年 2 月，在这里可以买到各种药物，当然也包括毒品。"丝绸之路"排除了其他支付工具，唯一受欢迎的是比特币。因为比特币具有匿名性质，外部人员只能看到比特币钱包地址和一串随机的文字和数字等信息，而不清楚背后交易者的身份，也便给毒品等非法买卖提供了支付工具。购买者可以先用货币兑换成比特币，然后在网络上以比特币完成交易，卖家则将获得的比特币兑换回货币，从而完成整个交易，而这一系列交易却能有效逃避执法部门的监管，这也使得比特币成了非法交易的温床。

三、本案启示

比特币因其匿名性、跨国界性等互联网基因而受到追捧和使用，并在 2013 年度持续走高。与此同时，洗钱、诈骗、赌博等犯罪形式也与之相伴而生。基于本案所折射出的启示，应加强风险预警与监管、保护投资者利益、保障支付体系安全、维护金融安全与稳定。

（一）立法正确定位比特币、防范挑战主权货币

比特币由于结构设计上的有限性必然会导致过度投机。自从比特币诞生后，互联网又涌现出莱特币、暗黑币、火币等众多电子货币产品，这些产品能同各国的主权货币进行双向兑换，无可回避地加大了对各国主权货币的挑战。目前各国只以声明、通知、文件等形式表达对比特币的态度或监管政策，还没有一个国家在立法上取得重大突破。中国只有在依法治国基本方略指引下，逐步增强监管的法律依据，才能做到监管有法可依，监管效

图 4－10　定位比特币

力及影响力快速提升。首先，应明确比特币的属性。2013年12月5日，中国人民银行、工信部等五部委发布《关于防范比特币风险的通知》（以下简称《通知》），央行明确了比特币为“网络虚拟商品”，而不是货币。同时《通知》规定，金融机构与支付机构不得开展与比特币相关的业务。其次，应上升到立法层面。可先出台部门规章或行政法规，待时机成熟再上升到法律层面。只有在法律的保护下，才能确保监管行为能切实开展并发挥实效。

（二）加强风险预警、保护投资者利益

建议通过发布风险提示、虚拟货币创新的知识普及和消费者教育等方式加强风险预警，提高公众防范意识。同时，公安机关、金融监管、工商等部门应加强合作，形成政策合力，对利用以比特币为代表的虚拟货币实施的各类犯罪行为予以严厉打击。其一，加强比特币投资风险提示。从不同角度向公众提示比特币面临价格波动剧烈、易被黑客攻击、交易不可逆、损失难追回等多重风险，投资者需切实防范“庞氏骗局”式投资风险、诈骗风险。其二，要求虚拟货币交易平台加强信息披露。明确比特币交易平台信息披露规则，帮助消费者获取信息资料，作出最优财务决策，保护消费者利益不受损害。其三，规范比特币交易经营行为，明确比特币企业稳健经营要求与技术使用、比特币交易范围，维护消费者利益。

（三）完善风险监测体系，强化比特币反洗钱对策

建议在前期风险评估基础上，从建立特定非金融行业反洗钱和完善现金管理角度，将比特币交易平台纳入反洗钱监管范围，完善比特币反洗钱对策。其一，明确比特币反洗钱义务主体，建立登记注册制度。其二，建立与比特币交易相关的身份认证、交易审查和交易报告制度。其三，建立私人密钥托管制度。在国家法律提供安全保障的条件下，建立由政府部门主导管理的私人密钥托管制度，在反洗钱监管及犯罪侦查需要时，通过政府托管机构使用私人密钥，解密交易信息。其四，制定违反比特币反洗钱义务的惩处条款，通过威慑作用达到预防犯罪的效果。其五，加强比特币反洗钱领域的国际合作。如比特币反洗钱国际情报交流与共享、证据收集与诉讼的刑事司法协作等，并推动FATF设立针对虚拟货币的国际监管标准，减少全球监管政策不一致的风险。

（四）建立有效监管体系、维护金融安全与稳定

从中央银行的角度而言，比特币流通无疑会对其货币政策、职能、地位及作用产生深刻的影响，不论这种影响是否危及央行的生存、货币政策的有效性及通货膨胀（通货紧缩）的国际传播。基于比特币超越国界和去中心化的特征，比特币的流通也会给现行国际货币体系带来冲击。如何有效地实施中央银行对比特币和网络银行的金融监管、防范相关风险、维护金融安全与稳定刻不容缓。可借鉴美国“风险评估—制定政策—依法监管”思路。进入互联网时代，建议完善虚拟货币风险评估，广泛吸纳财政、税务、工信、国家安全及其他金融监管部门、以比特币为代表的虚拟货币产业从业者、专家的意见，对虚拟货币法律漏洞、洗钱和恐怖融资、危害金融稳定、损害投资者权益等各类风险开展综合评估。根据风险评估结果，分步骤、有针对性地建立和完善对互联网支付技术创新的各类监管政策，体现风险为本要求，为依法监管奠定基础。

（五）高度重视比特币，促进支付技术创新

支付技术及支付行业关乎国家金融及信息安全，是国家核心竞争力的重要组成部分，可能成为各国金融制裁的工具。比特币的货币属性和职能，对传统的支付模式形成了重大的挑战。尽管现阶段我国不承认比特币的合法地位，但仍然不能否认比特币具备的货币属性和职能。并且随着世界信息技术的进步和发展，以比特币为代表的电子货币以其独特的技术优势，将会被越来越多的国家所认可与接受。以比特币为代表的虚拟货币，尽管从技术上而言未必完全成熟，但它代表着未来的发展方向，完全有可能对现有的金融及支付秩序造成冲击，甚至颠覆现有体系。建议国家加强对这一领域技术发展趋势的研究，鼓励支付技术创新，推动传统金融机构全面拥抱互联网业务，掌握未来互联网支付技术的制高点。

第五节 广东国投破产案

一、基本案情

1999 年 1 月 11 日，被誉为商业“航空母舰”的广东国际信托投资公司（以下简称广东国投）以严重资不抵债、无法偿付到期境内外巨额债务（该案涉及 490 多个境内外、国内外债权人，申报债权总额高达 467 亿多元人民币，其中 80% 以上是境外、国外债权）申请破产，引起国内外一片哗然。广东国投破产案既是我国首宗非银行金融机构破产案，又是全国法院当时受理的涉及财产金额最大、境内外债权人最多的国有企业破产案，还是最大的首宗金融涉外债务破产案，也是我国首次实行境内境外债权平等受偿的破产案。它既打破了我国金融机构不能破产的神话，也成为我国金融机构退市的晴雨表和试金石。

广东国际信托投资公司的前身是 1980 年成立的广东信托投资公司，1983 年起享有外汇经营权。同年 12 月，更名为“广东国际信托投资公司”，成为国家指定的允许对外借贷和发债的地方级“窗口公司”，其随即与日、美、英、法等国的 12 家银行签订了贷款协议，获得 1.36 亿美元的信贷额度；到 1985 年，上述协议的签约银行已增至 38 家，信贷额度也增至 3 亿美元。1986 年，其作为全国对外借贷和发债的“窗口公司”之一的地位再次被确认。随后获得了日本公社债研究所给予的 AA 信用评级，并于 1986 年 9 月首次在日本成功发行了 200 亿日元为期 10 年的武士债；1987 年 8 月又在中国香港发行了 5000 万美元的亚洲债券；1988 年 5 月还在伦敦发行了 200 亿日元的欧洲日元债券。20 世纪 90 年代初期，广东国投利用它的特殊地位，继续在海外融资方面发挥作用。即使在融资比较困难的 1989—1991 年，它仍然从日本的几家银行获得了 7000 万美元贷款。1993—1994 年，达到鼎盛时期。1993 年 3 月和 11 月，先后获得美国穆迪公司和标准普尔公司的 AA 级债信评级，获得进入欧美债券市场的高级准入证。随后，它在欧洲市场和美国市场分别发行了 1.5 亿美元债券。截至 1997 年末，广东国投先后从海外融资总计

50多亿美元，其自身也发展成为总资产高达327亿元人民币的特大型综合性金融投资实业集团，在中国信托业排名第二。

1997年下半年亚洲金融危机爆发，外资银行为了逃避危机，急切地向广东国投要求偿还到期债务，广东国投却无力偿还债务。1998年10月6日，中国人民银行决定关闭广东国投，并组织关闭清算组对其进行关闭清算。自1998年10月6日至1999年1月6日为期3个月的关闭清算查明，广东国投公司的总资产为214.71亿元，负债361.65亿元，总资产负债率168.23%，资不抵债146.94亿元。经过3个月关闭清算，行政手段已无可挽回。1999年1月，广信及其全资深圳公司、广东国际租赁公司和广信企业发展公司4家公司分别向广东省高院、深圳市中院和广州市中院提出破产申请。1999年1月15日广东高院受理该案，并依照《中华人民共和国企业破产法（试行）》（以下简称企业破产法）第三条第一项的规定："企业因经营管理不善造成严重亏损，不能清偿到期债务的，依照本法规定宣告破产。"和第八条的规定："债务人经其上级主管部门同意后，可以申请宣告破产。"认定广东国投公司管理极度混乱，严重资不抵债，不能清偿境内外巨额到期债务，符合法律规定的破产条件，于1999年1月16日裁定：广东国投公司破产还债，指定清算组接管广东国投公司。

二、案情分析

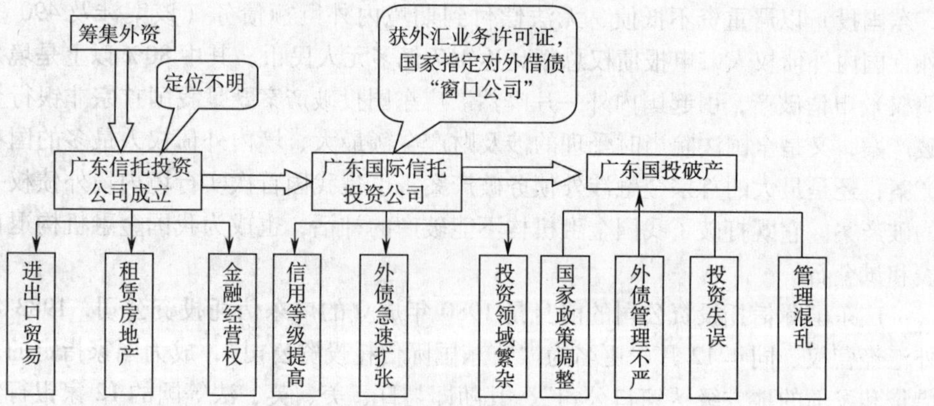

图4-11　广东国投案件始末

（一）畸形"窗口信用"泛滥、政企不分

从20世纪80年代末期开始，广东国投凭借其"窗口公司信用"在世界范围融资，为广东省的经济和社会发展发挥了积极的作用。随着我国经济市场化、国际化程度的提高，真正需要用汇的项目和企业改用国际通行的项目融资和公司融资。在"窗口公司信用"内涵发生实质变化之时，一些国际投资者却仍固守"在中国办事关键靠关系"的信条，认为广东国投的后台是广东省人民政府，关系硬，其还债能力毋庸置疑。所以，在国内投资者不敢给它再贷款的情况下，许多放贷的境外债权人未能按国际惯例办事，依然贷款给它——既不要求它提供公司经营状况的全部材料，也不对其进行资信调查和项目评估，它们把风险抵押在地方政府和部门违规甚至违法开具的担保、承诺和没有法律效力的“安慰函”上，并将该承诺等同于主权信用，畸形“窗口信用”泛滥。

伴随国家利用国外商业贷款整体性战略的调整，以及“窗口公司信用”的变化，如果各种制度安排到位，公司领导能够及时进行改革，广东国投也许能够通过一系列重组，转变成一个产权明晰、结构合理、管理科学、竞争力强的现代企业，它通过10多年所建立起来的“窗口债信”也将获得可靠的实力支持，转变为真正意义的独立公司债信。然而，政企不分、内部管理极其混乱、腐败盛行、“关系贷款”等严重现象存在，最终导致资不抵债、走上申请破产之路。

（二）内控机制不健全、盲目投资

根据原广东国投提供的截至1998年10月6日财务报表中数据，计算出以下指标：资本充足率长期低于人民银行规定的8%的比例，仅为4.3%；自营存贷款比例高过184%，大大超过人民银行规定的75%的限度；公司总部大量资金集中在少数企业，对同一借款人贷款余额占资本金的比例高过223%，类似这种情况的贷款企业有10家，涉及金额49.2亿元，占总公司对外贷款总额的83.3%；1年期以上的信托贷款占全部信托贷款的比例为70.4%，大大超过人民银行规定的30%的比例；拆入资金近40亿元，为核心资本的近4倍，违反了人民银行所做的前者不能超过后者的规定。触目惊心的数字对比，足见管理层对风险管理的忽视程度与内控机制的缺失。

广东国投还大肆投资，参与3000多个项目，进入金融、证券、贸易、酒店、旅游、投资顾问及交通、能源、通信、原材料、化工、纺织、医疗、高科技等工业生产几十个领域，尤其在房地产开发上倾注巨资，成为广东省最大的“地主”。经审核，广东国投仅收不回的贷款、租赁资产、投资资金和应收款利息等损失就高达96.2亿元，占资不抵债总数的65%，造成大量资产损失。实业投资的失败和无效益，迫使广东国投通过挪用股民保证金、高息揽存等非法行为进行资金补充，导致金融黑洞越滚越大，金融风险无限放大。

（三）外部环境恶化、监管不力

亚洲金融危机使香港地区受到严重冲击，外国银行加紧逼债并纷纷从香港地区和亚洲撤资，导致相当多香港中资企业借新债还旧债的路子中断，资金流动性发生严重困难，这是广东国投破产的外部原因。广东毗邻港澳，广东国投在香港地区设有子公司，香港地区是广东国投融资的重要渠道，亚洲金融危机对香港中资企业的影响对广东国投同样严重，并由此诱发和加剧了该公司自身问题的暴露，到期债务支付不断发生危机，经营活动难以为继。

金融监管机构对国有非银行金融机构的监管存在漏洞，没有从风险控制和消化的角度约束和监管广东国投的经营行为。自1992年以来，广东国投就存在大量高息揽存、账外经营、乱拆借资金、乱投资等违规经营活动，经营管理混乱已导致不能支付到期巨额境内外债务。追溯表明自1996年开始，广东国投已从表面上的盛极一时逐步走向衰落。1996年末，广东国投深圳分公司总经理李骥被革职审查，不久即因涉嫌经济犯罪而被逮捕，深圳分公司的巨额债务亦随之暴露。其实，广东国投的违规经营并不是偶然为之，也不是隐蔽操作，许多高息揽存行为和乱拆借行为在当时的市场环境下已经公开化，金融监管部门如果强力制止，也许不会发生如此巨大的金融黑洞。

三、本案启示

（一）坚持政企分开、重塑企业信用

自20世纪80年代以来，广东省的许多企业，特别是乡镇企业大多是由各级政府作为直接投资者，或由政府提供担保借贷、负债经营发展起来的，有的企业资产负债率高达80%。企业能够借到这么多钱，当然靠的是政企不分条件下的政府信用。产权模糊、政企合一，不仅严重窒息了企业发展的活力，而且严重扭曲了政府作为社会管理者和仲裁者的角色定位。因此，必须加快政府机构改革的步伐，真正实现政企分开，让企业真正以独立法人的身份进入市场，建立真正的企业信用。

（二）遵循国际惯例、金融机构有效退出

处理经济问题必须遵守市场经济的游戏规则，要按国际惯例办事，与国际接轨。对广东国投的处理决策，既遵循了法制化原则，又表明中国的金融机构开始遵循市场经济的规律，政府不再对国有金融机构及窗口公司所欠外债承担无限责任。该做法得到了国际舆论界、理论界的充分肯定。同时，也宣告了昔日窗口公司融资模式的失败，对中国信托业的重组提供了警示和启发，并对改革对外融资体制和发展独立的企业债信起到促进作用。

（三）强化依法治国、防范与化解金融风险

亚洲金融危机发生后，金融安全问题成为世界各国亟须解决的重大问题。广东国投破产案，涉及美国、日本、法国、瑞士等多个国家的当事人，被国际社会广泛关注。该案作为中国金融改革进程中的个案进入司法程序，由法院依法审理，通过司法手段确认债权，进行破产清算，对有效化解金融风险，依法规范金融市场秩序有着重要意义。该案的依法成功审结，标志着中国法制从此进入新纪元。

（四）加强金融监管、完善内控机制建设

广东国投破产案映射出我国金融领域隐藏着局部风险，有可能对整个金融体系的稳健运行构成威胁。因此，切实加强中央银行对金融机构的监督管理，不断改进监管制度和监管方式，提高监管质量，可以有效地消除金融隐患，提高防范和化解金融风险的能力，对金融业的稳健运行至关重要。同时，东南亚金融危机的爆发，再次敦促金融企业必须建立独立于业务部门的风险管理机构，制定相应的风险控制策略和操作规程，采用相应的风险管理技术以完善内控机制建设。

参考文献

[1] 黄慧．麦道夫“庞氏骗局”的教训［J］．产权导刊，2009（2）：10－13.
[2] 毛玲玲．麦道夫欺诈案对完善金融监管制度的启示［J］．南方金融，2009（3）：32－48.
[3] 刘瀛．从吴英案看法律对金融市场的规制［J］．法制博览，2012（2）：8－10.
[4] 李娅，张倩．AIG 被接管对我国保险业的警示［J］．保险研究，2006（11）：107－111.
[5] 王茂琪，陈秉正．AIG 陷入财务困境的原因及启示［J］．保险研究，2009（2）：65－71.
[6] 冯春江．美国防范虚拟货币风险的主要做法及启示［J］．武汉金融，2015（2）：42－44.
[7] 岳品莹．比特币，行走在光明与黑暗之间［J］．互联网周刊，2014－10－05.
[8] 王祖浩，比特币虚拟价值．［M］．北京：高等教育出版社，2013.
[9] 游新宇．民间借贷应步入法制化运作轨道［N］．河南日报，2011－07－18（3）.
[10] 唐晓阳．广东国投留给世人的教训［J］．中国经济导报，2000（13）：31－32.
[11] 周家龙．“广国投”破产冲击波［J］．经济导刊，1999（12）：28－29.

思考与讨论

1. 麦道夫“庞氏骗局”案暴露出哪些监管漏洞？对我国金融监管体制改革有哪些启示？
2. 吴英非法集资量刑判决的一波三折，引发学界对非法吸收公众存款罪和集资诈骗罪的争议，谈谈你对规范我国民间借贷发展问题的思考。
3. 你认为美国政府倾力救助 AIG 的原因是什么？AIG 危机案对我国保险业发展有何启示？
4. 你认为对比特币应如何定位？如何完善电子货币风险防范机制？
5. 分析广东国投从辉煌走向破产的原因，如何在信托业中营造诚信的经营环境？

第五章

金融稳定典型案例

第一节　雷曼兄弟倒闭案

一、基本案情

作为美国第四大投资银行的雷曼兄弟创立于1850年，有着158年的光辉历程，在其存续的这段时间，雷曼兄弟凭借其超高的创新能力和探索精神以及其雄厚的资金支持，一跃成为所在行业的中坚力量，把握着众多行业和公司的命脉，成为了当时的一个风向标，为美国财富的增长作出了巨大的贡献。然而，2008年9月15日，雷曼兄弟宣布申请破产保护，这一世界顶级投资银行从此轰然倒塌，名誉扫地，被称为2008年全球十大金融灾难之首。

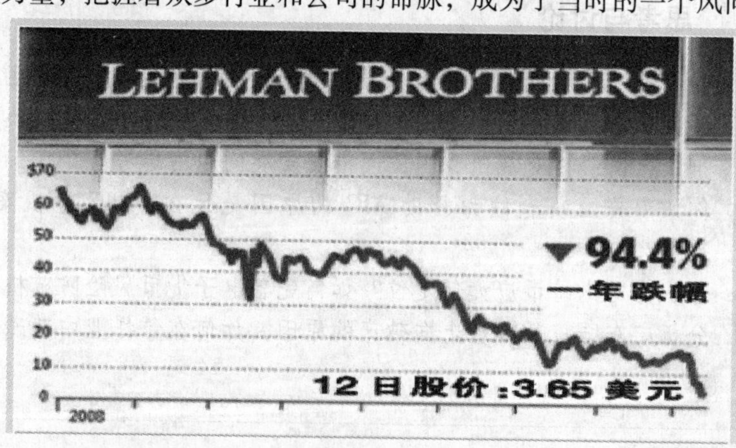

图5－1　雷曼兄弟股价暴跌情况

雷曼兄弟创立初期，棉花具有很高的市场价值，那段时间雷曼兄弟一直以棉花为经营的主要业务。1865年美国内战结束后，北方工业资产阶级取得了胜利，雷曼兄弟开始意识到对于棉花的经营已经无利可图，1870年公司总部迁到了纽约市，并协助创办了纽约棉花交易所，这是雷曼兄弟在商品期货方面的第一次尝试，并在后来逐渐将业务拓展到了金融咨询业务。1887年雷曼兄弟开始通过在纽约交易所获得的交易席位正式进行交易，1899年雷曼兄弟做了第一笔股票发售的承销工作。1929年雷曼兄弟正式成为一家封闭式的投资公司，1970年位于中国香港的办事处正式开业，第二年便为亚洲开发银行承销了第一笔美元债券。在随后的几十年里雷曼兄弟仍然是扶摇直上，并取得了非常显著的成就，即使遭遇了2001年的“9·11”事件，雷曼兄弟也不负众望走出了危机。雷曼兄弟虽然在过去取得了如此卓越的成绩，但在后来却没有逃脱破产的命运。

图5-2 雷曼兄弟总部

2008年6月16日公司第二季度的财务报告显示，公司出现了1994年上市以来的首次亏损，亏损额达28.7亿美元，当时的首席执行官理查德·福尔德试图通过发行新股募集的资金来挽救颓势，但此时的股价已经累计下跌了60%，9月9日由于韩国产业银行中止了对雷曼兄弟收购的谈判，已经岌岌可危的股价继续重挫45%，9月10日，雷曼兄弟公布的第三季度报告，创造了雷曼兄弟有史以来最大的季度亏损39亿美元。在短短9个月的时间里，雷曼兄弟的股价狂跌了90%，从年初的每股60美元直接跌到7.79美元，9月14日，美国政府拒绝为其收购提供担保，这使得雷曼兄弟的一系列潜在收购者相继退出了谈判席。至此，雷曼兄弟已无力挽回其倒闭的态势，9月15日，称霸一时的美国第四大投资银行——雷曼兄弟退出了历史的舞台。

图5-3 雷曼兄弟破产情形

二、案情分析

在当时次贷危机的大背景下，美联储放弃了对雷曼兄弟的救助，这可能是其倒闭的原因之一，现将其倒闭原因归于以下几点。

（一）央行连续下调联邦基金利率的举措形成了一定的心理预期

受2000年互联网泡沫破灭及“9·11”事件的影响，美国经济一度处于衰退趋势，为了遏制衰退，美联储在2001年初至2003年6月这短短2年多的时间里连续13次下调联邦基金利率，形成了低利率和货币扩张的经济环境，房价持续上升，人们开始有了房价只升不降的心理预期。此时，华尔街投资银行也开始介入其中，它们借助其优势和巧妙的金融工程设计，将大部分风险转移到了投资者手中，以此来赚取利润，由于贷款成为坏账的风险并不由贷款发放者来承担，导致贷款发放随意，审查不严格，后来就形成了美国次贷危机，引发了美国信用体系的崩溃，大量衍生产品迅速贬值，形成了大额亏损。据统计，截至2008年第二季度末，雷曼兄弟累计持有将近3700亿美元的担保债务凭证（CDO）、信用违约掉期（CDS）等信用衍生产品，其中有一大部分出现了巨额亏损，这一亏损是雷曼兄弟破产倒闭的重要原因之一。

（二）美联储的双重标准可能是造成雷曼兄弟倒闭的原因之一

雷曼兄弟在深知自己处于倒闭危机时，曾向美联储发出求助信号，但美联储并未向其伸出援手，雷曼兄弟就此倒闭。与此不同，美联储就在拒绝救援雷曼兄弟后不久，迅速向当时同样处于危机时期的AIG提供了850亿美元的贷款，并就此接收其近80%的股份，帮其渡过了危机，美联储为什么会对同一时期的两家公司采取截然不同的态度呢？

首先，AIG的资产超过1万亿美元，它在全球130多个国家开展寿险、财险、事故险及飞机租赁等业务。美联储考量的是AIG作为世界上最大的担保商，它的金融服务业务和资产管理业务几乎遍及金融信用产品的每个角落，一旦AIG破产，将很难再找到下家来接手。据统计，一旦AIG倒闭，要想平缓因其倒闭产生的负面影响就必须拿出它账面价值至少两倍的资金，这在当时来说显然是一项非常艰巨或不可能完成的任务，而且它的倒闭极有可能会影响更多的全球性金融机构，所以，美联储认为AIG必须得救。

反观雷曼兄弟，它的重要性就没有AIG明显，日本人是雷曼兄弟最大的生意伙伴，但雷曼兄弟的倒闭对于他们来说影响有限。比如，三菱和住友等大型财团都能承受这个损失，可能有些中型银行会遇到困难，仅此而已。换句话说，雷曼兄弟的客户都是机构投资者，而AIG除了与大量金融机构交易外，与普通老百姓的生活关系也非常密切。

另外，雷曼兄弟虽然是当时的第四大投资银行，属于美国五大投资银行的“五虎将”之列，但它与美联储的关系并不是很深厚。原因是高盛、摩根的老板同时也是美联储的大股东，而雷曼虽然也是大公司，但与美联储并没有多大渊源，简单来说就是“嫡系部队”和“杂牌军”之间的较量，其结果显而易见。从美联储对其经济损失的考量来说，雷曼兄弟倒闭给其带来的损失并不大，这也是美联储舍弃雷曼兄弟的原因之一。

（三）美联储出台一些流动性政策后，雷曼兄弟高层并没有抓住机会化解危机

2008年3月贝尔斯登倒下，同时，美联储也出台了一些支持流动性的政策，这些政策的实施使得流动性的问题对雷曼兄弟来说在表面上已经很大程度地被缓解了，但由于雷曼兄弟高层当时的优柔寡断导致其错失了良机。

（四）雷曼兄弟的高杠杆经营模式

近年来由于业务的扩大发展，华尔街上的各投资银行已将杠杆率提高到了危险的程度。高风险偏好一直是雷曼兄弟的一贯经营作风，投资银行为了满足资金的需求，只能借贷，如此杠杆比率也会相应地增加。杠杆效应的特点就是，在赚钱的时候，收益是随杠杆率放大的；但当亏损的时候，损失也是随杠杆率放大的。杠杆效应是一把“双刃剑”。

表 5－1　　四大投资银行杠杆比率　　单位:%

银行 \ 年份	2004	2005	2006	2007
雷曼兄弟	23.9	24.4	26.2	30.7
贝尔斯登	28.5	27.1	28.9	8.1
美林	20.0	19.1	21.6	31.9
高盛	24.6	25.2	23.4	26.2

2007 年末雷曼兄弟的总资产有 6910.63 亿美元，而净资产却只有 224.9 亿美元，且其杠杆率也在持续上升。2006 年雷曼兄弟采取激进的投资策略，扩大了高收益业务的比例，不断发展商业地产投资，与此相适应，雷曼兄弟所承担的风险也在不断增大，这部分投资有相当一部分属于不良的非流动资产投资，但雷曼兄弟对此无动于衷，继续扩大该项业务，使得雷曼兄弟积累了相当大的潜在风险，这种风险单一集中不易分散，为雷曼兄弟以后的破产倒闭埋下了不安的种子。

（五）央行缺乏有效的风险监管措施

一方面，雷曼兄弟为了扩展业务领域，获取高的收益水平，发行了大量的衍生产品，涉足了更多更广的领域，这在短期内的资产负债表上表现得很完美，收入水平有所上升，但这种做法使得雷曼兄弟承担了很高的风险，高风险对应着高收益，而雷曼兄弟管理者并没有对这种风险表现出足够的重视和关注。在雷曼兄弟涉入这一系列跨领域、高风险的业务时，美联储并没有对投资银行的高杠杆经营模式进行有效的监督和管理。因为 2004 年起正式实施的《巴塞尔协议Ⅱ》存在缺陷，它以最低资本金要求、监督检查以及市场纪律为三大支柱，对杠杆率并没有明确的要求，由此滋生了一些金融机构通过政策上的漏洞来赚取巨额收益。2008 年金融危机的爆发暴露了金融监管体系的很多不足，危机后各方在监管方面达成了共识，推出了《巴塞尔协议Ⅲ》，并进一步引进了杠杆率，将其逐步纳入第一支柱。

三、本案启示

雷曼兄弟作为美国当时的第四大投资银行，它的破产倒闭无疑对当时的美国经济投下了一颗重磅炸弹，轰动一时，并触发了金融界一连串的倒闭潮，引发了金融市场的剧烈波动，冲击了人们对金融市场的信息，它对金融业的影响是相当大的。这件事也给美联储敲响了警钟，其应反思自己在“最后贷款人”职能中的救助态度。

（一）美央行应从风险管理入手，加大监管力度

在雷曼兄弟破产两年后，《巴塞尔协议Ⅲ》终于出炉。该协议应该说是受 2008 年金融危机的影响直接被催生出来的，并于 2013 年 1 月 6 日发布了新规定。金融危机爆发后，各国监管当局尤其是美国开始认识到了监管方面的缺陷和问题，并开始进行广泛讨论，最终出台了《巴塞尔协议Ⅲ》，作为对《巴塞尔协议Ⅱ》的补充，《巴塞尔协议Ⅲ》提出了杠杆率的要求。雷曼兄弟高杠杆的经营方式，使得美联储在内的金融监管当局认

识到了问题的严重性，《巴塞尔协议Ⅲ》的出台进一步加强了银行业的稳定性，当时负责监管的美联储理事介绍了进一步的计划，其中包括要求银行持有更高水平的资本等，以此来提高银行的安全性，降低银行的经营风险。这说明美联储已经开始注意到金融机构监管的重要作用。

（二）金融监管当局应引导金融机构作出正确的风险管理决策

雷曼兄弟在其存续期间持有大量的次级债，这种次级债的持有使雷曼兄弟在次贷危机中承受了巨额损失，这也是雷曼兄弟破产倒闭的重要原因之一。次级债持有过程中的巨额亏损说明雷曼兄弟制定的投资战略决策出现了问题，没有作出正确的战略决策，这从本质上来说是雷曼兄弟没有形成正确的风险管理决策和原则，导致雷曼兄弟陷入困境。基于此，相关的金融监管当局（包括美联储）应该从政策上引导并且监督金融机构作出正确的决策，或可以从设置门槛或者惩罚条款上限制金融机构的冒险行为。

（三）应当强化内部控制体系，在不同的发展阶段设定合理的内部控制战略目标

企业是以盈利为目标，但这个盈利并非是企业制定发展策略的唯一标准，企业要想持续稳定健康发展，必须要以完善健全的内部控制体系作为后盾，这样才能保证其经营目标、预期收益和发展目标的实现。并且要认识到在企业的不同发展时期有不同的发展战略和经营目标，相应的就要有不同的内部控制目标重心与之相适应。雷曼在创立初期，其投资金额不确定并且处于发展的初级阶段，此时，雷曼兄弟更多的是进行传统的投资银行业务，这也是雷曼兄弟比较擅长和精通的业务领域，相应地，它的内部控制目标就是保证企业会计信息的完整、准确和及时，为投资银行的管理者提供及时有效的信息来进行决策；在其发展的成熟时期，为了扩大市场占有份额，获取更多的收益，雷曼兄弟开始涉足更多的领域，将大量资金投资于高风险的债券，尤其是次级债，借助其强大的创新研发能力，并创造了很多复杂的金融衍生产品，使得其杠杆率不断上升，风险越来越大，而此时雷曼兄弟在该阶段的内部控制目标模糊、不清晰，内控能力明显不足，加上内部控制当局独立性不强，雷曼兄弟开始亏损，最后破产倒闭。从雷曼兄弟的破产可以看出，企业的内部控制目标的重要性。

（四）美国政府及其央行应加大监管力度

许多投资银行，尤其是那些规模和影响较大的投资银行都认为自己有能力控制风险，而美国监管机构也忽略了对这些大型银行的有效监管，甚至是采取不干涉的监管政策，然而问题是在外部监管存在漏洞和投资银行自身自我感觉良好的环境下，它们能有效地控制其面临的风险，抵制住高利润、高收益的诱惑。从雷曼兄弟破产倒闭这一案例中很显然答案是否定的，在运营过程中，企业在处理自身对风险的控制外，还需要政府以及外部的力量来加以适当监督，比如说对杠杆比率、投资范围以及投资比例的限制，都在一定程度上能够有效防止企业过度冒险，雷曼兄弟破产以及后续所引发的对金融市场的震动都使得政府有必要对其监督管理行为进行思考和后续的完善，以保障金融市场的稳定健康发展。

第二节　高盛金融欺诈案

一、基本案情

成立于1869年，总部位于纽约曼哈顿，有着140多年历史的高盛集团，作为国际顶级投资银行，有着业界"道德标杆"的美誉，在世界各地的资本市场都是声名显赫，甚至股神巴菲特对高盛也是颇为赞赏，信赖有加。

作为一家国际领先的跨国银行控股公司集团，在23个国家和地区都设有办事处。它拥有资源和客户，业务运作能力和提供的服务也是顶级的。高盛的投资银行业务开始于19世纪90年代之后，当时高盛集团创始人马可斯·戈德门每天通过打折收购商人们手中持有的本票，从中获取利差。1929年，当时的公司领导人威迪奥·凯琴斯为了把高盛集团发展成为一家全面的投资银行，开始引入股票业务，成立了高盛股票交易公司，并在他的助推下，股票的交易量迅速膨胀，股价也是迅速攀升。但就在公司发展前景一片大好的情况下，迎来了1929年的全球金融危机，公司的股价也是一路狂跌，损失了几乎大部分的原始投资，公司元气大伤。在之后的几十年里，新的领导者西德尼·文伯格也是采用了集团创立初期的一贯保守、稳扎稳打的经营风格，这才使得高盛之风从金融危机的阴影下恢复过来。20世纪70年代，市场上掀起了"恶意收购"之风，这使得投资银行传统的格局被打破，新的行业秩序因此被催发出来，高盛集团开始借此机会，一反金融危机时的不利形象，树立了保护遭受恶意收购这类公司的天使形象，并从此在投资银行界中崭露头角。高盛集团在随后的发展中，吸取了经验教训，以"先起一步"作为其发展策略。

图5－4　高盛集团纽约曼哈顿总部

2008年金融危机爆发，引发了人们对金融创新中高风险的警觉和思考，美国率先采取行动，进行"秋后算账"。2010年4月16日，美国证券交易委员会对高盛集团及其副总裁法布里斯·托尔雷提起民事诉讼，指控高盛集团的证券欺诈行为，此消息一出，业界一片哗然。案件起源于2006年末，保尔森经营的对冲基金公司预期有一百多个抵押证券将会遭到贬值，保尔森为了能在次级按揭贷款行业可以押注，赚取巨额利润，随后委托高盛集团为其设计一款金融衍生产品，并支付了约1500万美元的设计和营销费用。2007年初，高盛集团设计、出售了一种紧贴于该贬值抵押证券的新债务抵押证券 ABACUS 2007 - AC1，它是在住宅抵押贷款支持证券（RMBS）的基础上打包形成的，而保尔森也参与了 RMBS 的筛选，基于基金公司自身利益考虑，保尔森特意挑选了在短期内能产生信用风险较高的 RMBS，紧接着，保尔森通过购买信用违约掉期合同做空他挑选的 RMBS 组合，并从中获得了 10 亿美元。高盛集团的问题就在于一方面默认保尔森做空该金融产品，另一方面却向投资者承诺该产品的客观独立性，并未向投资者披露保尔森基金公司在 RMBS 筛选中所扮演的重要角色，投资者并不知道该产品的推出从一开始就是一个陷阱，副总裁托尔雷作为该金融产品的主要直接负责人，被诉讼是情理之中。最终，几个主要投资者蒙受了巨大损失，德国工业银行损失 1.5 亿美元，ACA Capital Holdings 损失约 9.1 亿美元，苏格兰皇家银行损失约 8.4 亿美元，受诉讼事件的影响，高盛集团当日股价跌幅超过 12.79%，引起了巨大轰动，国际油价也以大幅下跌近 3%，欧洲股市也以大幅收跌告终，高盛集团承认其一项次级抵押贷款产品在市场材料中缺乏一些关键信息，同意以 5.5 亿美元的和解金与美国证券交易委员会达成和解，成为华尔街史上最大的罚单，另支付 2.5 亿美元用来支付在此次事件中遭受损失的欧洲银行。

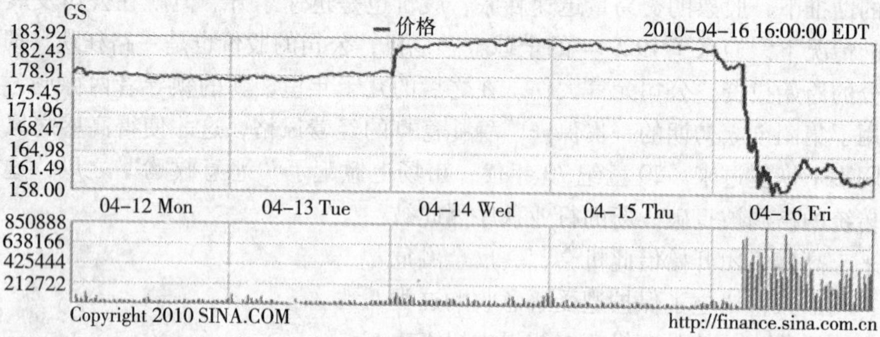

图 5-5　高盛集团股价走势

二、案情分析

高盛集团欺诈的丑闻，无疑给金融市场投下了一颗炸弹，它的这种“一手做空，一手销售”的做法，严重损害了投资者的利益，破坏了金融市场的正常秩序，违反了做市商的基本原则，要引以为戒。高盛集团欺诈案的关键就在于保尔森基金公司既是参考选择组合的参与者又是保险的购买者，同时高盛集团并未对这一信息进行披露。同时也透露了当时美联储主席格林斯潘在位期间的政策倾向。

（一）美联储前主席格林斯潘在任期间放松市场监管的政策倾向

在举行有关金融危机是谁的疏失的听证会上，有一派经济学者认为是格林斯潘在任期间对市场的放松监管以及一再减息政策最终拖垮了信贷市场，而格林斯潘对此也明确承认。

格林斯潘在上任伊始就遇到了 1987 年美国股市的“黑色星期一”，许多投资者甚至绝望自杀。格林斯潘在面对此种情况时冷静出招，放松银根，中止股市继续恶性发展，稳住了美国这艘大船的航向，此后格林斯潘频出奇招，并在1998年的全球金融危机中沉着应战，三次削减利率，使得美国免受金融危机的波及，这一次次的辉煌使他被媒体称为“金融之神”。格林斯潘坚持反通货膨胀主义和自由市场体制，由此形成的长期低利率，导致热钱泛滥，大量的资金投资于股市、房市，为次贷危机埋下了伏笔。

有人认为，美国金融崩溃的罪魁祸首应当是格林斯潘，他是自由市场经济的坚定拥护者，如果不是他的默许和放纵，华尔街骗局和美国的金融泡沫不会达到这个程度。

（二）信息披露上的不足

金融衍生产品本身不易监管，再加上它的复杂性，信息本身就缺乏透明度和公开性，且大多数金融衍生产品都是在场外交易而非场内交易，投资者对于产品信息的掌握更多的是依靠做市商，因此，在金融衍生品的交易过程中，做市商扮演着很重要的角色，产品发行人与产品投资者的博弈其实就是信息的获取和判断的博弈，此时，如果卖方和金融产品的主要承销商或做市商串通一气，并没有对大客户和普通客户进行平等对待，做市商隐藏有关产品的重要信息，投资者必然会在这场博弈中以失败告终。在相关信息披露的政策规定里，并没有对信息的披露作出详细的规定，如说金融产品的设计、选择产品参考组合的参与者、存在哪些风险、有无利益冲突方的存在等。做市商很有可能利用政策上的空白点来攫取利益。高盛集团金融欺诈案正是如此，保尔森基金公司与投资者存在利益冲突，并且参与了RMBS的筛选，进行做空，高盛集团对这一切心知肚明，却未向投资者披露这一信息，并且给投资者误导性的信息，在这一过程中，投资者和产品发行者之间存在信息的不对称，从而导致客户损失，凸显了做市商的道德风险。

（三）格林斯潘时期对自由市场体制的坚决拥护一定程度上损害了投资者的利益

美联储前主席格林斯潘在位期间对自由市场体制的推崇给投机者提供了可乘之机，使他们为了获得高额利润有能力并且有机会从事那些有损投资者的活动。投资银行的承销业务主要来源于承销的佣金，为了使产品顺利发行，承销人往往会通过加工包装来美化产品，而投资者对于产品的了解一般都会比较信赖信用评级机构的评估。在高盛集团欺诈案件中，高盛集团设计的新产品ABACUS 2007 - AC1包含了大量保尔森筛选的垃圾次贷，存在很高的信用风险，高盛集团虽然对这一情况了如指掌，却视而不见，反而伙同保尔森基金公司欺骗投资者，美化产品的评级，诱导投资者投资该产品，试图掩人耳目，给投资者造成了巨大损失。

高盛集团一方面坚持称ACA为“独立第三方”，却在声明中强调，“ACA投资该产品达9.51亿美元，它也与投资者一样，希望价格增值”。高盛集团拉ACA“入伙”的原因，在于投资人并不放心高盛集团。作为华尔街CDO的主要做市商，高盛集团也想借助ACA的品牌影响力来销售产品。而ACA公司代表在一封邮件中说：“我实在搞不清楚，保尔森公司究竟想怎样参与这笔交易”。这说明ACA并不清楚保尔森基金公司在这次金融交易中扮演了怎样的特殊角色，但参会的另外两方，都明白保尔森公司参与挑选RMBS的原因是要同时购买信用违约掉期（CDS）合同，若市场下行，会赚取保险赔偿。

三、本案启示

金融危机爆发以来，美国政府以高盛集团开始开刀成为美国金融监管改革的标志性事件。高盛在交易过程中并没有履行信息披露和告知的义务，诱导欺骗投资者，给投资者造成了巨额损失，高盛欺诈案让我们在衍生产品监管、信息披露、做市商诚信建设方面开始反思。

（一）各国央行应加强场内外金融产品交易的监管，增强场内交易的公开透明

在信息时代的大背景下，金融衍生产品的复杂性越发突出，高盛事件对我国场内金融衍生产品的交易及央行或金融监管当局在场内外衍生产品交易的监管方面有一定的启示性。首先，相关监管当局应尽快加强适当投资者制度，只有满足一定条件的投资者才能进入场内市场进行交易，即场内交易的“门槛”，不满足条件的投资者不能进入场内市场进行交易，通过这种“门槛”的制定可以在一定程度上防止投资者的不适当投资行为的发生。金融监管当局可以通过相关的法律法规对中介机构进行约束，也可适当调整违反法律法规的惩罚力度，使得中介机构在心理上不敢贸然欺诈投资者。其次，要严格要求信息披露的及时性、可靠性，维护投资者的利益。最后，可以针对参与者设置风险准入门槛，建立有效的风险监管体系。金融监管部门的监管要充分利用独立的审计机构、法律服务机构等外部监管机构对金融产品的交易进行有效监管，保护投资者踏入中介机构的“投资陷阱”，同时加强公司内部审计、承销工作的独立性也是非常重要的。美联储前主席格林斯潘与前几任相比，在政策制定的透明化程度上取得了很大的突破。

（二）引入适当性原则，可以通过立法或者具体的制度来维护投资者的合法权益

在金融交易，尤其是金融衍生工具的交易中，由于信息的不对称，投资者本身处于弱势，对投资对象很难做出正确的判断和了解，因此有必要引入适当性原则，金融服务者应当了解投资者的风险承担能力和财务状况，不能向不适合或者风险承担能力不足的投资者推荐某金融产品，不能诱导、欺骗客户购买不合适的金融产品。另外，我们可以借鉴日本的《金融商品销售法》来维护金融投资者的合法权益，通过具体的法律制度来保护消费者。

（三）各国央行或监管当局在政策制定方面应考虑一些细节的披露

高盛集团金融欺诈案后面蕴藏着做市商的道德风险以及信息披露上的问题。在金融市场，仅仅依靠自身道德的约束来维护金融市场的正常秩序显然不太现实，面对巨大的利益诱惑，做市商很可能会违背道德原则，欺诈客户赚取巨额收益，因此，各国央行和金融监管当局应该在政策的制定和信息的披露方面更注重一些细节。加强做市商的诚信建设，增强信息的公开透明度很有必要。一方面，尽管在法规上我国对信息披露义务人该履行的义务有所规定，但是执行能力不强，没有具体规定信息披露的主体，披露的具体内容和披露的程度，在规定上仍存在漏洞，因此，在信息披露方面，应该披露一些具体细节，如说金融产品的设计、选择产品参考组合的参与者、存在哪些风险，有无利益冲突方的存在等，做市商须如实披露，不得隐瞒，强制做市商进行产品的信息说明义务。另一方面，相关金融监管当局可以加大对做市商欺诈、诱导、提供虚假或错误信息

的惩处力度，推动信息披露义务的有效执行。

（四）采取长期激励措施，约束高管薪酬，降低风险

在短期的激励措施下，高管为了追求短期内的高收益，往往置投资者的利益于不顾，恶意欺骗客户，隐瞒金融产品的风险，获取大额报酬。高盛副总裁托尔雷作为此次金融衍生产品的主要负责人，负责设计、开发、销售保尔森要求的新的衍生产品，在与客户的交易过程中，他并没有向投资者告知相关重要的信息，并诱导客户购买该金融产品，致使投资者承受巨大的损失。为了有效控制高管的这种短期谋利行为，应该采取长期的激励措施，将他的利益与公司的长期利益联系在一起，防止高管以客户的利益为代价来获取短期的利益。

第三节　抢救伊利诺斯银行案

一、基本案情

1984年，伊利诺斯大陆银行（Continental Illinois National Bank）是美国第7大银行，同时也是美国最大的商业贷款银行。该行的营业地点设在伊利诺伊州的芝加哥金融区，伊利诺伊州是实行“单一银行制”的州（即不允许银行在本州内设立分行），该行的营业地点设在芝加哥的金融区，因此伊利诺斯银行在新建银行大楼以后，必须在芝加哥市区盖一座跨越街道的天桥，连接总行的两幢大楼，以便在法律上视为同一幢建筑。

正是因为法律不允许设立分行，使得银行的个人存款仅占总负债的10%～12%。伊利诺斯银行的大部分资金都是向其他银行拆借来的，或是通过控股公司发行商业票据，再转给伊利诺斯银行，因此伊利诺斯银行是美国拥有资金最多的银行。这家银行主要从事批发业务，即其贷款对象主要是大公司。其贷款的来源是没有保险的大额公司存款和存单、欧洲美元和附属债务等形式的资金。20世纪70年代末及80年代初，该银行的管理层宣布，银行的目标是成为对美国工商业的最大贷款者。这就意味着它开始要从其他银行如美洲银行、花旗银行等及其邻近的竞争对手芝加哥第一国民银行手中夺取业务份额。然而，正是因为管理层实施了错误的公司战略，最终误导银行走上了破产之路。

二、案情分析

20世纪80年代初期，美国能源业蓬勃发展，对石油开采和生产的贷款需求旺盛。该行的一些官员与俄克拉荷马州（以下简称俄州）某产油区的一家小银行建立了密切的工作关系。伊利诺斯银行以为，俄州这家银行通晓关于石油贷款的一切事项，于是居然同意买进后者不能维持的银行贷款。伊利诺斯银行还超越自己法定贷款限制参与其他银行的贷款业务。伊利诺斯银行没有认真做信贷分析，也没有注意审查有关文件就接受了俄州银行的贷款。在本案例中，管理层的一个重要错误是，放松标准以赢得业务，管理层强调数量而不是质量，将贷款发放权下放给缺乏经验的信贷官员，过度追求新贷款而

放弃正确的贷款程序和信贷标准。当俄州这家银行因坏账损失而倒闭时，伊利诺斯银行的麻烦开始明朗化。其中一些贷款被认为是个骗局。显然，伊利诺斯银行买进或参与的许多贷款也是呆账。伊利诺斯银行并非是唯一的受害者，其他城市有几家参与或购买俄州这家银行贷款的银行无一能幸免。检察官发现，伊利诺斯银行的账目上这种不良贷款有几亿美元。此外，还有几千万美元的其他坏账，能源贷款和更加常规的工商贷款也是在这种信贷政策不充分、程序不当、授信不妥的制度下操作的。当俄州这家银行倒闭时，新闻界广泛报道该行许多坏账已转到伊利诺斯银行。伊利诺斯银行有保险的存款人并不担心，因为美国政府完全保证他们的存款保险。但是，没有保险的存款人、一般债权人和欧洲美元存款的持有者对该行的支持开始动摇。定期存款到期后都没有转存，欧洲美元合同中止，银行在同业市场上筹集资金也遇到了困难。伊利诺斯银行因坏账过多、资金无保险的存款人和一般债权人的挤提而出现了严重的流动性危机。银行向作为中央银行及最后贷款人的联邦储备银行大量举债，以应对流动性危机，但不久就发现，伊利诺斯银行已不能满足债权人的要求，而且由坏账已经造成的和预期造成的损失使资本严重不足。伊利诺斯银行开始摇摇欲坠。

伊利诺斯银行发生流动性危机后，美国银行监管当局（联邦存款保险公司、货币监理署、美联储）认为让伊利诺斯这样的大银行倒闭会严重威胁整个银行体系的稳定，因此决定对该行予以挽救。

拯救该行的第一个措施是保持货币市场的稳定，通过建立公众对该行的信任而使该行能在货币市场上继续出售可转让定期存单或借入资金。摩根保证信托公司很快牵头组成一个银团为该行筹集了 45 亿美元的贷款额度；美联储要求该行把 170 亿美元的资产存入美联储作为今后借款的抵押品。由于这些措施仍不足以平息恐慌，政府又安排管理当局采取了其他一些措施：联邦存款保险公司（ FDIC ）宣布为该行的所有存款者（无论额度大小）提供担保；联邦存款保险公司和 7 家大银行联合向该行注入 20 亿美元资本金；美联储保证继续向该行提供贴现窗口借款等。然而，事实证明这一揽子拯救措施只是权宜之计，伊利诺斯银行的存款仍在继续流失，仅 2 个月内该行的存款流失就达约 150 亿美元。

1984 年 7 月，管理当局建议对伊利诺斯银行进行彻底的财务整顿。随后股东批准了这一计划，该计划通过一系列复杂的交易使联邦存款保险公司成为该行的所有者，具体做法是：

（1）联邦存款保险公司立即购买伊利诺斯银行 20 亿美元的有问题贷款（按账面价值），并承担该行在联储的 20 亿美元债务。联邦存款保险公司立即把 10 亿美元贷款作为损失冲销，相应把该银行资本金的账面价值降到 8 亿美元。

（2）伊利诺斯银行有权在之后 3 年内出售另外的 15 亿美元非正常贷款。

（3）联邦存款保险公司购买伊利诺斯银行新发行的 10 亿美元优先股，并将其转换成 1.6 亿股普通股。伊利诺斯银行 4000 万股股票的持有者把他们的股票换成新组建的持股公司的股票，这家公司持有余下 4000 万股股份。这样，联邦存款保险公司就立即拥有了该行 80% 的股份。

(4) 联邦存款保险公司因购买有问题贷款而受损，所以它有权购买新持股公司4000万股的股票。联邦存款保险公司的总损失包括支付给联储的利息费用和托收成本，将在5年以后计算。

(5) 伊利诺斯银行的现有股东每持有一份股票，就有权购买该行的一份股票，如在60天内购买，每份价值为4.5美元，如在60天以后购买，价格为6美元。通过上述方式，伊利诺斯银行已基本被国有化了。

1985年和1986年，伊利诺斯银行的报表上出现了盈利。1986年末，联邦存款保险公司制订一项出售伊利诺斯银行股票的计划，从而使该行重新成为私有制银行。

三、本案启示

银行业务面对社会大众，经营中出现的问题往往波及社会各阶层、经济各部门的利益。银行的安全问题，是社会最敏感的问题之一，往往影响到社会心理。故对有问题银行进行抢救，是银行业务监管的最后一道防线，对于创造一个安定、高效的金融环境，稳定整个金融形势具有十分重要的意义。自20世纪80年代以来，无论是发达国家，还是发展中国家，许多银行出现了流动性困难、资不抵债、支付困难，以及其他在可以预期的将来可能引发挤兑、倒闭或破产风险的困难。在监管和处理这些有问题银行的过程中，各国均根据各自金融体制的具体情况，动用多方面的力量，对有问题银行实施抢救，尽量避免单个银行经营不善出现大的社会震动。抢救和保护措施除了存款保险外，兼并、接管、注资挽救以及清盘关闭等均是常采取的有效措施。其中，收购是指一家健康的金融机构采取现金或股票的方式购买陷入困境的银行的全部或大部股权；兼并一般指一家健康的金融机构与陷入困境的金融机构（银行）将各自的全部资产和负债合并在一起；接管是指通过采取整顿和改组的措施，对被接管的金融机构的经营管理、组织机构进行必要的调整，使被接管的金融机构在接管期限内，改善财务状况，渡过危机；注资挽救是对出现流动性困难但尚未陷入破产境地的金融机构提供救助资金，它既可以是中央银行救助、政府“输血”、存款保险机构支持，也可以是同业援手、股东负责；清盘关闭则是对无偿债能力的金融机构进行接管，实行管制性管理，禁止挤兑，金融机构的股东将失去其股本，债权人将失去部分或全部债权。

美国监管当局对伊利诺斯银行的成功抢救是一起十分典型的国家挽救银行的事例。伊利诺斯银行从20世纪70年代后期到80年代前期，对石油开发项目的融资以及对中南美和墨西哥的融资很多，在石油危机油价明显上涨时期曾经发财，后来世界各地都开发油田，供应能力扩大，油价又急剧下降，石油融资出现大面积亏损。在两次石油危机的影响下，发达国家的经济长期萧条，墨西哥和中南美洲的出口大幅度减少，也陷入了严重的经济危机。再加上美元升值，偿还美元贷款的负担加重，外国提供的贷款都变成不良资产。这是伊利诺斯银行的收益状况急速恶化的外部原因。从内部因素来看，伊利诺斯银行放松、降低信贷标准及其他业务标准，银行管理层一味强调贷款数量而非质量，并将贷款发放权下放给一批没有多少经验的信贷官员，过度追求新贷款而放弃正确的贷款程序和信贷标准。这些也是该银行陷入破产边缘的因素，而导致该银行出现危机的直接诱因则是俄亥俄州那家小银行的倒闭。1984 年，国内外大宗存款者相继提走存款，发生挤兑骚动。伊利诺斯银行是一家特殊的银行，只设立总行，完全依靠大宗存款。大宗储户一旦判断伊利诺斯银行有危险，马上同时提取存款。在发生挤兑时，银行就要不惜以高利筹集资金，千方百计地维持资金周转。伊利诺斯银行虽然也采取了这种办法，但由于大宗储户提出了大量存款，出现资金短缺，终于陷入破产危机。联邦储备银行面对这种事态，实行了大规模资金援助，防止了倒闭的发生。这样做出于两个原因：第一，担心引起大银行连锁倒闭。不少美国大银行对中南美等发展中国家提供了大量融资，如果不保护伊利诺斯银行的存款，储户一旦都涌向银行提取存款，大银行有可能相继出现资金短缺。第二，如果伊利诺斯银行完全倒闭，与伊利诺斯银行进行短期资金交易的小银行将成为牺牲品，形成挤兑“传染”（Contagion）。

联邦储备银行作为中央银行体系的核心，在对伊利诺斯银行实行国家管理的同时，要求联邦存款保险公司给予援助，请摩根银行等商业银行集团提供紧急融资。在联邦存款保险公司和银团的共同努力下，防止了伊利诺斯银行倒闭。作为救济伊利诺斯银行的条件，联邦存款保险公司下令解除伊利诺斯银行全体原经营官员的职务。

其实，美国银行监管当局本可有序地关闭清理伊利诺斯银行。这就是说，支付有保险的存款人，然后出售或收集银行的剩余资产，由没有保险的存款和其他债权人分担清算后的损失。但是，又一严重的问题出现了。该行是全国主要的联行之一，拥有全国几百家银行，尤其是芝加哥附近的美国中西部地区银行的存款账户。其中，许多是小银行，它们在伊利诺斯银行有大额账户，以便进行支票清算、证券交易、电汇和其他常规业务交易。对几百家这样的联行来说，它们在伊利诺斯银行的存款超过了自己的资本。如果伊利诺斯银行关闭，它们将资不抵债。这么多银行同时倒闭的可能性令人恐怖，其结果将是小银行的存款人和股东严重受损，他们所服务的社区的商业也将遭到破坏。而且，如果银行由政府关闭，在美国国内外的许多大公司和银行将损失惨重，因为他们的存单、联邦资金贷款、欧洲美元合同和其他债权将得不到偿付。这也很可能导致信心危机，使债权人清理其他与俄州银行有业务联系的银行的债权，从而严重冲击整个银行系统。

联邦存款保险公司、货币监理署和美联储理事会决定宣布伊利诺斯银行太大，不能任其倒闭，否则将严重威胁美国银行系统的稳定。美联储向该行贷款几十亿美元，满足其流动性的需求，联邦存款保险公司也向该行注资几十亿美元，实际上取代了几乎损失了全部股本的私人股东。联邦存款保险公司成了主要的股东，因此，该行也成了政府机构所有，这有利于恢复信心。后来，联邦存款保险公司更换了银行管理层，稳定了局势。

在新的管理层的领导下，贷款问题得到了处理，银行的规模缩小，逐渐恢复盈利能力。它还清了美联储的贷款。新的资本注入后，联邦存款保险公司最后转手出售了它的股份，使该行重归私人所有。在这个过程中，一场银行危机勉强被避免了，许多通过同业市场与该行有联系的存款人和机构避免了重大损失。

伊利诺斯银行蒙难的这段历史表明银行之间的相互依赖性，以及稳健的银行对支付系统乃至整个经济正常运行的重要性。俄州那家小银行的倒闭是比它大得多的伊利诺斯银行倒闭的直接诱因。如果当初政府不是接管而是关闭伊利诺斯银行，其他几百家机构可能随之倒闭，给整个经济带来严重的后果。

第四节　中央银行推行存款保险制度

一、基本案情

2015年3月31日，我国《存款保险条例》正式公布，并自2015年5月1日起正式施行。2015年4月1日，国务院正式公布关于同意存款保险制度实施方案的批复，首度明确由中国人民银行接管存款保险基金，并为此设立专门账户，分账管理，管理工作由中国人民银行来承担。该条例的公布表明我国存款保险制度正式建立，成为全球第114个建立存款保险制度的国家。

我国的《存款保险条例》规定，本条例下的投保机构应包括：在中华人民共和国境内设立的商业银行、农村合作银行、农村信用合作社等吸收存款的银行业金融机构，但中华人民共和国境外设立的分支机构，以及外国银行在中华人民共和国境内设立的分支机构不适用前款规定。被保险存款包括投保机构吸收的人民币存款和外币存款，另外，我国的存款保险实行限额偿付，最高偿付限额为人民币50万元。中国人民银行会同国务院有关部门可以根据经济发展、存款结构变化、金融风险状况等因素调整最高偿付限额，报国务院批准后公布执行。由人民银行接管的存款保险基金主要来源于：投保机构交纳的保费、在投保机构清算中分配的财产、存款保险基金管理机构运用存款保险基金获得的收益以及其他合法收入。而且我国对于基金的运用形式也加以限制，接管的基金只能存放于中国人民银行、投资于信用等级较高的金融证券、政府证券或者国务院批准的其他形式。

我国为了维护金融稳定，适应银行业的发展，对存款保险制度的出台作出了积极的努力。相关历程如下：

1993年，《国务院关于金融体制改革的决定》提出要建立存款保险基金；

1997年末人民银行存款保险课题组成立；

2004年4月金融稳定局存款保险处挂牌；

2004年12月《存款保险条例》起草工作展开；

2006年末，人民银行在发布的金融稳定报告中，指出要加快存款保险制度建设，并详细阐述了有关存款保险机构的职能、存款保险的基金来源、最高赔付限额、费率制度等相关细节问题；

2012年1月初，第四次全国金融工作会议召开，人民银行行长周小川提出，要抓紧研究完善存款保险制度方案，择机出台并实施；

2012年7月16日，人民银行发布《2012年中国金融稳定报告》，该报告指出中国推出存款保险制度的时机已经基本成熟；

2013 年，人民银行发布《2013 年中国金融稳定报告》，指出内部已经对建立存款保险制度达成共识；

2014 年 1 月，人民银行表示存款保险制度各项准备工作基本就绪；

2014 年 11 月 27 日，人民银行召开系统内的全国存款保险制度工作电视电话会议；

2015 年 3 月 31 日，我国《存款保险条例》正式公布，并将从 2015 年 5 月 1 日起施行。

二、案情分析

金融监管当局的审慎监管制度、央行的最后贷款人制度以及存款保险制度是金融安全网的三大支柱，我国在存款保险制度未出台前，央行作为最后贷款人，一直承担着存款保险的责任，但随着市场的发展以及金融改革的发展要求，央行承担存款保险责任的弊端也越来越突出，因此，我们需要了解我国存款保险制度推出的初衷或者原因。

（一）人民银行需要维护银行业或存款类金融机构的稳定发展

20 世纪 90 年代，业界并没有认识到存款保险制度的重要性，因为那时银行的竞争性相对来说比较小，大多数人认为这类存款类金融机构掌握着国家命脉，而且对我国经济的发展起着至关重要的作用，为此国家必须掌控这种经济命脉，所以存款保险有没有并没有那么重要。但随着经济的发展以及金融改革步伐的推进，银行业以及存款类金融机构的竞争也越来越激烈，参与者也越来越多元化，银行或存款类金融机构的资产负债规模也越来越大，此时出现的问题便是，如果这类机构清算倒闭，国家该不该救助？拿什么救助？是用纳税人的钱来救，还是用其他方式来救？答案是为了维护金融的稳定秩序，保护储户的利益不受大规模损害，中央银行应该采取措施来补救，此时，除了拿纳税人的钱来救助银行或存款类金融机构外，就要有存款保险机制来维护我国金融业的稳定，这就是存款保险制度出台的初衷之一。

（二）央行为了促进和完善金融市场化退出机制

存款保险制度的出台，有助于完善我国金融市场的退出机制，即有了存款保险制度后，即使在准入机制上放松一点，也不会过于担心一旦问题出现给市场带来大的波动，这个问题同时也要考虑到道德风险这方面的影响。

（三）央行旨在降低央行承担的隐性财政负担，有利于公平和效率原则的更好发挥

存款保险制度未出台之前，央行作为最后贷款人实际上承担了存款担保的隐性职能。随着金融业的发展，央行的这种隐性担保在无形中增加了政府的财政负担，同时也降低了央行制定货币政策的自主性，在一定程度上影响了央行的独立性，也影响了银行业的公平竞争。显性的存款保险制度的推出，通过限额担保和适当的调整机制来取代央行兜底的担保救助形式，一方面大大降低了政府的财政负担，提高央行制定相关政策的自主性和独立性，另一方面又进一步完善了我国的金融体系，促进了银行业的公平竞争，维护了金融业的平稳有序进行，完善了我国的市场化运行机制。

（四）央行推出存款保险制度，意图为我国下一步金融改革做铺垫，有助于增强监管，维护金融稳定

存款保险制度的推出对我国利率市场化及金融机构的退出机制有着积极的催化和承

托作用。随着利率市场化的不断深入发展，银行以及相关金融机构在定价和产品的设计方面都拥有较大的自主性，存款保险制度的存在可以起到以下作用：首先，即使银行在产品设计或定价方面有失误，存款保险制度可以保护普通的储户不受损失，我国规定的50万元的限额担保可以担保绝大多数储户的存款不受损失，甚至可以在限额范围内实现全额担保；其次，存款保险制度也规定了存款保险费率，通过这种差别费率可以给银行无形中形成一种压力，提高人民银行的监管效率。

三、本案启示

存款保险制度出台前后业界也一直在担心一个问题，那就是该制度推出后会不会无形中增加金融机构的道德风险。存款保险制度的推出并不意味着金融风险能够完全消除，对此，人民银行行长周小川回答：社会需要有风险偏好，客观上也存在动物精神，但重要的是我们在政策上要把握好道德风险和金融稳定之间的平衡点。存款保险制度的推出当然有利有弊，要在利弊之间找到平衡点。

（一）要关注存款保险制度下所带来的道德风险问题

存款保险制度的推出虽然对银行的存款起到了担保的作用，取代了央行之前的隐性担保职能，完善了我国金融体系的建立，促进了我国金融业的稳定运行，但同时也出现了道德风险的争议，正如人民银行行长周小川所说，要在该制度带来的积极影响与消极影响之间找到平衡点，维护我国金融体系的稳健运行。

（二）央行存款保险制度的推出并不意味着央行最后贷款人职能没有存在的必要

存款保险制度与央行的最后贷款人职能是金融安全网的两大支柱，各自发挥其应有的作用，要正确处理好这两大支柱之间的关系。存款保险制度能够保护绝大多数储户的存款不受损失，在银行出现挤兑、破产或资不抵债的情况下起到至关重要的作用，在一定程度上会缓解银行出现挤提的现象，维护了金融业的稳定发展，但存款保险制度能够救助银行的能力是有限的，它是一种限额担保而不是全额担保，该制度存在的主要目的是在保护小额存款人利益同时尽可能地维护金融的稳定发展。同时我们需要注意到，存款保险制度作用的发挥离不开最后贷款人制度，它是以央行的最后贷款人职能作为依托，与之配套进行。为了维护我国金融的稳定发展，为我国经济发展营造一个稳定的环境，央行必须与存款保险机构密切合作，相互沟通，努力推动我国金融改革的进一步发展。

（三）要加快我国利率市场化的进程，加强对我国存款保险制度的宣传

央行推出存款保险制度为我国金融改革和市场化进程做了铺垫，存款保险制度开始实施后，相应的问题也随之出现，利率传导机制的不健全以及我国利率的结构性缺陷会影响我国市场化的进程和金融业的稳定发展，因此，我国在建立存款保险制度后需要加快利率市场化进程，同时要对该制度加强宣传，要在适合我国基本国情的基础上不断完善我国的存款保险制度，稳定金融业的发展。

第五节 “黑色星期一”与美联储的救助

一、基本案情

“黑色星期一”即1987年10月19日（星期一）美国股市出现的大崩盘，当日随着纽约道琼斯工业平均指数的暴跌，全球股市也开始全面下跌，形成了股市大崩盘的局面。星期一上午7点多，纽约证券交易所主席菲林在办公室收到了一份报告，该报告显示了一个令人惊叹的情形，当天数量近亿的股票，几乎全是卖单，这种买卖严重失衡的状况直接导致当天的股市无法正常开盘，就连当时大热的IBM股票，一开盘就下跌了10美元，形势已经不容乐观。

纽约股票交易所当时挂牌的股票有1600多种，而股价上升的却只有52种，其余股票一路飘绿，几乎所有大公司的股票的下跌幅度均在30%左右。当天，道琼斯工业股票平均指数在仅仅3小时内就下跌了508.32点，跌幅高达22.62%，创下了有史以来的单日跌幅之最，指数期货下跌程度更为惨烈。持股者手中的股票在一天之内大幅缩水，总计约有5000亿美元在当日蒸发，这几乎相当于当时美国全年国民生产总值的1/8，股市全面崩溃，这引起了股民的巨大恐慌，被称为美国股市“最糟糕的一天”。当日，受美国股市崩盘的影响，伦敦、巴黎、法兰克福等地的股市也纷纷陷入困境。10月19日当天，世界首富萨姆·沃尔顿的直接损失就高达21亿美元，为此失去了世界首富的地位，在接下来的一周里，恐慌有增无减，其中，中国香港股市的下跌幅度创下了有史以来的新高，仅仅一周的时间里，中国香港股市的损失就几乎等同于其在1986年11月以来股市的所有收益。

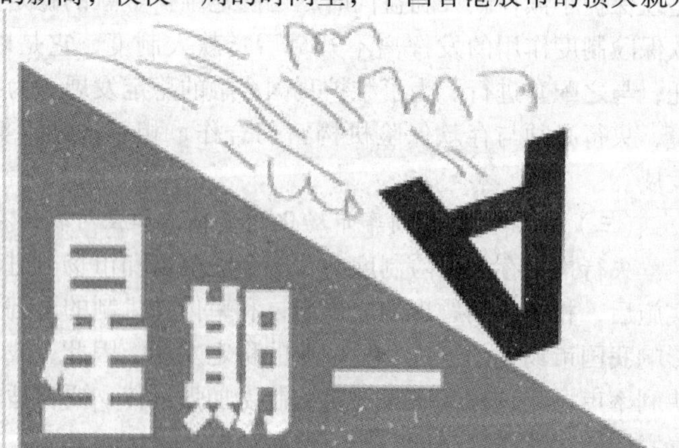

图5-6 “星期一”A股暴跌形象图

据相关统计数据显示，股市崩盘后的短短一周时间里，股市损失竟然高达2万亿美元之多，几乎相当于二战期间直接和间接损失值之和的6倍，这段时期曾被经济学家称为“失控的大屠杀”，在随后的一段时间里，美国的经济便一度处于停滞状态。为了挽救股市崩盘带来的经济颓势，刚上任2个月的美联储主席格林斯潘果断放弃了之前坚持的“打压通货膨胀”的政策，采取降息措施，放松银根，向市场注入资金，提供一切必要的资金信贷，来满足市场的流动性需求。在股市崩盘的第二天（星期二）便发表声明：美联储作为美国的中央银行，将履行央行的职责，支持经济和金融体系的正常运作，保证金融体系的正常流动性，这句话实际上是暗示银行可以继续为股票交易商提供流动性，而美联储也会立即向银行系统提供需要的资金。此声明一出，股市参与者的恐慌、焦躁的情绪开始慢慢平复下来，参与者的信心开始逐渐上升，一场突如其来的大恐慌被巧妙化解。

二、案情分析

1987年的股市暴跌来势凶猛，打得股民措手不及，一度形成了一场蔓延至全球的股灾，股民陷入极度的恐慌之中，各国经济都受到了不同程度的破坏，从历年股灾可以看出，每次股灾并非由单一因素形成，而是众多因素共同作用的结果，导致1987年股灾的原因有以下几点。

（一）过度投机是股灾形成的原因之一

俗话说得好，“入市需谨慎，投资有风险”。股市，作为一种投资渠道，既是生钱的市场，同时也是投机的市场。众所周知，股市有赔有赚，因此需要把握适度原则，适当地投机，如果过度投机势必会影响股市的正常运作，此时就容易引发股灾。过度的投机行为表现为盲目的投钱和对股市的过度狂热，其目的就在于牟求暴利，迅速的积累资金，在美国，许多人更倾向于股票投资，直接投资股票市场的人数约占全国人口的1/4，这个比例是不容小觑的。而在1987年之前，人们就一直有着股价只涨不跌的心理预期，加之美国的股市投机盛行，他们将大量的资金投入股市。但事实情况是，1986年美国经济已经开始从高速发展阶段逐步转向缓慢发展阶段，而此时股市却越炒越热，股民对股市的狂热度不减反增，在这种情况下只要稍有影响股市下跌的因素出现，都有可能引发股灾。

（二）美联储当时对通货膨胀的担忧和对股市的高估也起到推波助澜的作用

美国在1970年至1980年这10年期间一度发生了恶性通货膨胀，为抵制通货膨胀，当时的美联储主席还为此被戏称为“反通胀斗士”，这段时间，美国一直深受通货膨胀的困扰，美国当局一直希望通过美元升值来抑制通货膨胀，为此实行的通货紧缩政策使得与美元不断贬值，从而使与美元相挂钩的其他货币受挫，股市低迷，进一步蔓延至其他市场。1987年之前，股市上的买空卖空交易已经非常盛行，股票市场总额已经与实际支撑的资本额相差悬殊，1987年8月，股票的账面价值已提高了3倍，高达29000亿美元，而此时的美元也因通货膨胀而开始贬值，场面一旦失控就有可能造成股灾，随后，1987年9月，股市崩盘如期而至。

（三）美联储及美国政府当时面临的巨额的财政和贸易赤字加快了股灾的到来

从1985年上半年开始美国就成为了净债务国，经常性项目的赤字达到621亿美元，1986年美国赤字有增无减，当时美国的财政赤字和贸易赤字分别已高达2210亿美元和1562亿美元，成为世界上最大的债务国，1987年虽然财政赤字较上年有所下降，但赤

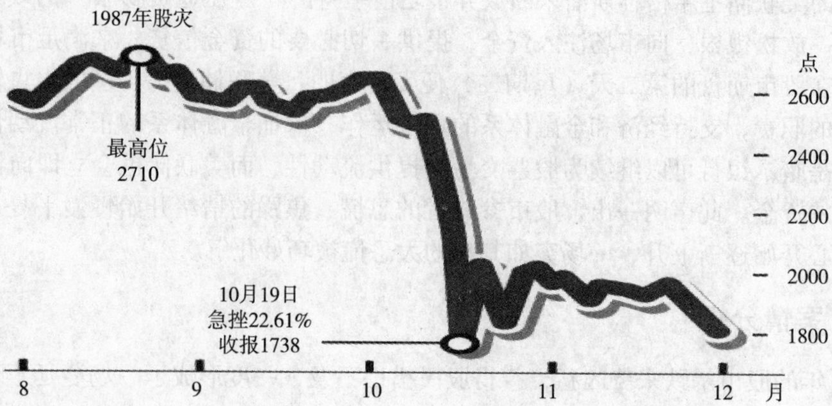

图5-7　“黑色星期一”股市的崩盘

字额仍达1480亿美元，此时，美国为吸引外资，弥补国内资金不足的现状，就需要以高利率来达到吸引外资的目的，而利率的提高同时也使得国库券和其他的债券的利率相应提高，鉴于这种情况，投资者开始将目光纷纷投向债券市场，进而股价暴跌，加之国际贸易的失衡，国际债务的不断累积，贸易逆差过大，人们对美元和美国股市的信心不足，这些因素都影响了美国股价和股市的稳定，推动了1987年的股市崩盘。

（四）美国经济低速增长的态势一定程度上推动了美国繁荣的虚假景象

美国自20世纪80年代开始进入低速增长时期，整个世界经济一直处于不稳定的状态，生产型投资需求的不足导致大量资本涌入证券市场，投资势头异常猖獗，财务和贸易赤字导致国际贸易产生严重失衡，债务空前膨胀，一度形成了美国经济的虚假繁荣，股价的暴跌就是这段时期“泡沫经济”的真实写照。

（五）美国当时大的经济环境背景下的股票套利操作是股灾形成的主要原因

在股票市场投资者需要购买真正的股票，而购买股票期货只需要支付10%的定金就可以，基于这种购买条件，投资者可以在期货合同到期前将多余资金用于其他投资来获取额外收益，投资者利用股票现货和期货之间的价差以及股票市场和期货市场之间的相互作用，通过同时买卖现货和期货来牟取暴利，这种牟利的操作手法是股灾形成的主要原因。

（六）程式交易是引起股灾的技术性原因

程式交易是通过电脑软件来计算股价变动，构建投资策略，这种模式盛行于20世纪70年代末的美国华尔街，该模式可以对大宗的股票和期指交易同时进行买入和卖出，当股票指数上升到一定水平时，电脑就会自动发出买入股票的指令；若下降则会发出出售股票的指令。因此，每当市场价格出现波动时，程序交易便会起到推波助澜的作用。10月19日，纽约股票交易所从上午开盘至11:00，道琼斯工业股票平均指数就从2250点一路跌至2025点，其跌幅在仅仅一个上午便达到10%，这并不符合正常跌幅限制，与此同时，根据程式交易这种模式，电脑已经开始发出出售指令。伴随着抛售指令的发出，股票大量被抛出，股票指数进一步下跌，而股票指数的进一步下跌又促使电脑发出新一轮抛售指令，如此恶性循环，最终形成了1987年股价的暴跌。

三、美联储的救助措施

20世纪80年代初，美国经济正处于经济模式转换的慢速增长时期，当时的美联储主席保罗·沃尔克坚持反通货膨胀的货币政策，并在美国“新经济政策”的引导下，美国的通货膨胀开始得到控制，利率下行，吸引了大量的外资流入。然而随着布雷顿森林体系的瓦解以及“广场协议”的难以为继，美元开始再次贬值，加之许多非利好消息的冲击，如海湾战争、税收优惠的取消，继中国香港、欧洲的股市暴跌后，美股也开始暴跌，面对这样的情况，美联储及美国政府采取了一系列措施开始救市，以最大限度地稳定市场。

图5-8　A股暴跌形象图

（一）总统声明

美联储作为美国的中央银行，将履行央行职责，支持经济和金融体系的正常运作，保证金融体系的正常流动性，支持商业银行为股票交易商继续发放贷款。同时里根总统也表示：此次股灾与美国经济的健康并不对称，美国的当前经济还是比较稳定的。这句话实际上是暗示银行可以继续为股票交易商提供流动性，而美联储也会立即向银行系统提供需要的资金。此声明一出，股市参与者的恐慌、焦躁情绪开始慢慢平复下来，参与者的信心开始逐渐上升，一场突如其来的大恐慌被巧妙化解。

（二）美联储保证向市场提供充足的流动性

为防止流动性缺乏而导致的非理性下跌，美联储于股市暴跌第二天（10月20日）开始大量购买政府债券，这一举措的实施使得联邦基金利率当日下行近60个基点，并于11月4日正式降息。放宽出借债券的规则，说明美联储向银行的注资已准备就绪。

（三）保证续贷

美联储鼓励金融机构与客户共渡难关，特别强调商业银行对经纪商和交易商的贷款不能中断，保证贷款的持续进行。这一鼓励措施与美联储保证充足的流动性是分不开的，正式有了美联储流动性的支持，各州主要商业银行可以增加证券贷款，保证客户对资金的需要，从而保证贷款的持续进行。

（四）公司回购

在股市暴跌后，大多数公司的股票被低估，面对被低估的股票，公司需要大量资金来回购自己的股票，此时，美联储向市场投入了大量资金以保证其有足够的资金回购被低估的股票。同时美国政府还进一步加强了与其他各国的汇率协调，避免资金外流。

1987年10月19日，美国股市全面崩盘。紧接着日本东京的股票价格也开始出现直线下跌的情况。日线225指数当日跌幅便达到了14.9%；香港恒生指数也下跌了421点，创下了该指数单日下跌的最高纪录；同时新加坡海峡时报指数跌幅为12.4%；澳大利亚所有普通股价格指数也下跌了80点；FTSE30指数跌幅达10.1%。另外，巴黎、法兰克福、米兰、阿姆斯特丹等股市也均有6%至11%不同程度的下跌，一度形成了世界范围的股市冲击。1987年股灾带来的全球的股市动荡说明全球的经济都是紧密相连的，牵一发而动全身。

面对如此牵一发而动全身的局面，正是由于美国政府和美联储采取的上述一系列强有力、有效、及时的措施，才有效地缓解了市场的恐慌，美国股市也开始有所反弹上升。

第六节　英国诺森罗克银行挤兑事件

一、基本案情

图 5－9　英国诺森罗克银行

图 5－10　挤兑事件发生时的情景

英国诺森罗克银行创立于 1850 年，总部坐落于英格兰北部纽卡斯尔地区，该行成立初期只是一家住房贷款协会，主要是通过吸收新款、银行间拆借和抵押贷款证券进行融资，从而发放贷款获取利息收益，1997 年才变身为一家银行并上市。挤兑事件发生之前，诺森罗克银行就已经跻身为英国第五大抵押贷款银行，其规模也在不断扩大，2005 年该银行的资产 800 多亿英镑，仅仅过了一年时间，该银行资产已迅速增长到了 1000 多亿英镑，发展速度可谓是十分迅猛。2007 年上半年，该行新增抵押贷款额约占全国新增数额的 19%，稳居英国第一位。挤兑发生之前该银行已经拥有约 150 万储户，80 万的住房购买者都是通过诺森罗克银行来获取贷款。2008 年随着美国次贷危机的爆发，全国开始出现银行挤兑事件，诺森罗克银行也不例外，成为在次贷危机中英国最大的受害者，美国次贷危机爆发以来，该银行的储户开始陆续提取现金，9 月 14—18 日，英国的诺森罗克银行就有累计 30 多亿英镑的存款被提出，相当于将近 12% 的储户存款被挤提，同时，诺森罗克银行也对网上银行和电话银行业务失去了信心，受挤兑事件的影响，该行的股价也是一路狂跌，创下了 21 世纪以来的新低。

美国次贷危机爆发以来，英国中央银行就一直采取“无为而治”的方式来进行监管，认为不需要向银行体系注入资金，9 月

13 日，诺森罗克银行向英国央行英格兰银行申请紧急贷款，这时英国才开始意识到问题的严重性，经过紧急商讨，14 日英国三部门，即财政部、中央银行——英格兰银行以及金融监管局发表联合声明指出："诺森罗克银行资本充足率高于最低要求，有能力清偿债务，当前的挤兑现象只是暂时的。"该声明旨在缓解储户的恐慌心理，抑制挤兑现象的蔓延，然而事与愿违，银行股价继续大幅度下跌，甚至蔓延到了其他银行，形势危急。为了防止全国性挤兑现象和金融危机的出现，17 日晚，英国财政大臣达林宣布：英国政府将会对现有储户在诺森罗克银行的存款提供保障，同时为存在相同问题的银行提供账户担保。这是英国央行近 30 年来第一次以"最后贷款人"的名义向银行提供紧急贷款援助，18 日，该行的挤兑风波终于有所缓解。2008 年 2 月 18 日，财政大臣达林宣布了将诺森罗克银行国有化的决定。

二、案情分析

诺森罗克银行，作为当时英国房贷市场和金融市场的领头羊，虽然远离美国，但为何会在美国次贷危机之后发生如此严重的挤兑危机，这是偶然还是另有原因，以下我们对诺森罗克银行出现的挤兑风波作一系列分析。

（一）银行预期收益下降的消息给储户和投资者带来了恐慌

2007 年 9 月 14 日，诺森罗克银行发布的盈利预警表示，银行 2007 年的利润将比 2006 年降低 13% ~20%，而市场预期 2007 年该行利润将增长 15%，很显然该行发布的盈利预警数据比市场预期的数据不增反降。该行发布的盈利预警也是有依据的，当时英国央行基准利率是 5.75%，比当时伦敦 3 个月的同业拆借利率低 1.05%。通常情况下，每当同业拆借利率比央行基准利率高出 0.1% 时，诺森罗克银行的融资成本就会相应增加 1000 万英镑，仅根据这一数据，该行 2007 年的税前利润就会比预期减少约 1 亿英镑。这种巨大的反差给储户和投资者带来了巨大的不安和恐慌，为了保证自己的资金能够如数拿回，储户开始纷纷从银行提取资金防止所持资金不翼而飞。

（二）该行最主要的融资渠道受堵

2007 年上半年诺森罗克银行的资金主要来源于以下几个方面：资产证券化、零售存款、非零售存款以及备兑债券，所占比例分别为 43.6%、23.2%、25.5%、7.7%。关键是 2006 年该行通过房地产抵押贷款证券化的方式，筹集了大约 60% 的银行总资产。从该数据可以发现，诺森罗克银行将住房贷款证券化作为其最主要的融资渠道。然而，现实却很残酷，为了达到预期经营目标，诺森罗克银行就必须再筹集 100 亿英镑的资金，但事实是美国次贷危机之后国际资产证券化市场受到重创，资产证券化的机构投资者在次贷危机中损失惨重，同时个人投资者也不敢轻易再涉足资产证券化市场，美国投资银行贝尔斯登就是鲜明的例子，由于其深受次贷危机的影响，8 月初该投资银行就宣布它旗下的两只基金倒闭，投资者因此损失惨重，法国巴黎银行也因投资失利致使其旗下的 3 只基金倒闭，澳大利亚、亚太地区以及德国都无一幸免。由于证券化市场的普遍亏损，投资者都心有余悸不敢轻易尝试，此时，诺森罗克银行手中持有的大量资产证券化产品由于销售对象的缺失而不得不取消，这对于当时以住房贷款证券化为主要融资渠道的诺森罗克银行而言无疑是一种沉重的打击，其融资成本与之前相比也在增加。

（三）英国央行“无为而治”的监管方式促使挤兑现象不断蔓延

英国央行行长认为，央行不应该向金融市场注入资金，不应该行使“最后贷款人”的职能，因为这样会给市场投资者一种暗示：央行会为市场埋单，他认为央行的“最后贷款人”只会促使金融投资者冒更大的风险，即使最后出现危机也有央行作为后盾。《英格兰银行法》规定，央行要行使最后贷款人职能，就必须与金融管理局协商，并根据协商结果来决定到底要不要行使该职能。这也是挤兑事件发生时英国不对市场注入资金的原因。另外，英国当局对其监管和评估水平很有自信，它认为本国的住房抵押贷款的评估标准和金融监管要比美国更加严格，而且其现实情况也不同于美国，因此对金融机构很有信心，认为金融机构自己完全有能力可以清偿债务，无须央行的援助，然而，事实表明，英国央行对面临的情况并没有深入的了解，对其监管的金融机构过于自信，高估了金融机构的实力，再加上央行救助的延误，使挤兑危机蔓延至整个英国。

（四）美国次贷危机波及英国

2008 年美国次贷危机以来，大量次级抵押贷款机构濒临倒闭、投资基金被迫关闭、股市剧烈震荡，人心惶惶。金融危机发生前，房价不断上涨，房地产市场异常火爆，由此银行认为如果把钱贷给次级信用借款人，即使其无法偿还贷款，也可以用借款人抵押的房屋来偿还，坏账损失的可能性不会很高。但出乎意料的是，由于房价的非理性上涨，产生的房地产泡沫最终使得房价急转而下，借款人最终无力偿还贷款，不得不将房屋交给银行，但银行却发现，在当时金融危机的特殊情况下，即使将房屋出售，所得资金仍远远无法弥补本息，甚至连贷款的本金也无法弥补，如此，大量的次级抵押贷款使银行出现巨额亏损，进而导致了全球性的金融危机。虽然诺森罗克银行在美国次级债券市场的投资比例并不高，仅占 0.24%，但这已经相当于银行本身 40% 的有价证券投资，这一比例对于储户还是有一定的心理压力的。

（五）银行的资金来源单一，过于依赖债券、同业拆借和有资产抵押的证券

诺森罗克银行的资金主要来源于以下几个方面：资产证券化、零售存款、非零售存款以及备兑债券，所占比例分别为 43.6%、23.2%、25.5%、7.7%，其中，将近 75% 的资金主要是通过卖出资产抵押证券、同业拆借等手段来获得，这样，资金主要来源于上述途径的诺森罗克银行更容易受到市场上资金供求变化的影响。

（六）该行的利率缺口过大使得银行的融资成本增加

不管是发行证券还是住房贷款的资产证券化，其定价都是根据伦敦 3 个月的同业拆借利率，而英国诺森罗克银行住房抵押贷款发放的依据是英国央行的基准利率，这种定价方式在货币市场利率大幅高于官方利率的情况下会增加银行的融资成本，给银行带来不必要的损失。当时伦敦 3 个月的同业拆借利率是 6.8%，而英国央行的基准利率是比同业拆借利率低了 1.05%，两者之间的利率缺口大大增加了诺森罗克银行的融资成本，相应地，其利润也随之下降，给银行造成了损失。

（七）英国当时的存款保险制度对储户的恐慌心理起不到应有的效果

诺森罗克银行挤兑事件发生时，英国当时的存款保险制度有如下规定，对低于 2000

英镑的储户，存款保险基金对其本息进行全额保护，对于存款金额在2000～35000英镑的，只保障90%，而对存储金额在35000英镑以上的不进行保障，其损失由存款人自行承担。根据这一规定，英国当时的存款保险制度在大的银行挤兑发生时根本无法起到稳定人心的作用，不能挽回储户对银行的信心，因此，即使存在存款保险制度，但由于很少的保险额度根本不可能阻止储户对银行的挤兑。

（八）金融监管当局也应为该事件的发生负相应的责任

《巴塞尔协议Ⅱ》虽然规定了三大支柱，即最低资本金要求、监督检查和市场约束，但从此次挤兑事件中，诺森罗克银行对该规定的执行程度和信息披露都值得怀疑。另外，英国的金融监管模式过于依赖企业的自律，对于企业的自我控制能力过度自信，监管不力在这次的挤兑事件中起着推波助澜的作用。

三、本案启示

此次银行挤兑事件虽然在最后得以平息，并以诺森罗克银行的国有化告终，但我们不能只看到挤兑事件的表面，还要从此次挤兑事件中吸取教训。这次危机给我们以下几个方面的警示。

（一）需要有全面的风险管理的方法和理念

全面的风险管理必须要有良好的公司治理结构和风险管理组织，形成由董事会、监事会、风险管理部门及高级管理部门组成的风险管理系统。重要的是，风险管理部门须具有高度的独立性并且可以有向首席执行官报告的权利。各部门之间要权责明确，建立有效的内部控制和激励约束机制，英国从1998年就开始实行“三位一体”的金融监管体制，央行即英格兰银行的职能是独立地制定该国的货币政策，以此来保障货币和金融市场的稳定发展；财政部主要负责金融领域的立法工作；金融监管局主要负责对银行业、证券业、保险业在内的所有金融领域的监管，以维护金融市场的正常秩序。这种“三位一体”的监管体制虽然能够起到权力相互制衡的作用，但容易造成各部门意见分歧，增加决策的复杂性和有效性。

（二）我国在金融监管力度方面有待进一步加强

我国当前实行的是“一行三会”的分业监管模式，这种模式很可能在将来很长一段时间内不会产生大的变动。其中，中国人民银行主要负责制定和执行货币政策，监督和管理货币市场和外汇市场；银监会主要负责对我国银行、信托投资公司及其他存款类金融机构进行统一监管；证监会则是依法对全国的证券和期货市场进行集中的统一监管；保监会主要是对我国的保险市场实行统一监管，维护其合法、稳健运行。随着我国金融业的全面开放和经济全球化趋势的不断增强，我国金融市场开始逐步向混业经营的方向发展，科技的创新和金融自由化使得越来越多的金融产品出现在金融市场，金融监管很有可能跟不上金融市场的变化而存在更多的监管漏洞，因此，我国必须要加强金融监管力度，积极推进金融改革，各监管部门需密切合作，相互监督，不断推动我国金融市场的稳步发展。

（三）我国商业银行在组织结构和风险管理建设方面还有待加强

随着经济全球化的发展，我国商业银行面临着巨大压力，就业务范围而言，我国国有商业银行与西方国家全能银行相比存在较大差距。我国国有商业银行业务范围主要是传统的存、贷、汇业务，国际银团贷款业务，部分投资银行业务，金融债券的发行，代理国债的发行、承销、承兑，以及代理保险业务。而国外的全能银行除了保留一般的商业银行业务外，还增加了经营全部投资银行业务，包括金融租赁业务、信托业务、保险业务、财产顾问与咨询业务、外汇业务等。我国业务范围存在的局限性在相当大的程度上制约了国有商业银行的盈利能力，进而影响到其竞争力，尤其是在风险管理等核心竞争力上，因此，我国商业银行需要完善银行的内部控制和信息披露制度，进一步加强银行的风险管理和组织结构建设，同时要吸取教训不能盲目扩张。

（四）严防房地产泡沫带来的金融风险

此次挤兑事件被称为英国版的次贷危机，诺森罗克银行虽然在美国的次级债券市场仅占了很少的一部分，但对于银行本身来讲多占投资金额已经算相当大的一部分，英国当时的情况与美国其实有些类似，当时英国的房价不断上涨，基于这个上涨态势，抵押贷款公司从中看到了赚钱的机会，开始发放大量的住房抵押贷款，但问题是它们对借款人信用和还款能力的要求不高，那些因信用记录不好或偿还能力较弱而被银行拒绝提供优质抵押贷款的人，往往会去申请次级抵押贷款购买住房，而贷款利率相应地比一般抵押贷款高很多，高利率以及较低的还款能力并没有使抵押贷款公司感到危机的存在，它们认为即使借款人无法偿还贷款，也有房屋作为抵押，但风险就在于此，一旦房价下跌，银行就会产生大量的坏账，因此，要对商业银行住房抵押贷款借款人的偿债能力以及信用做有效评估，严防房地产泡沫带来的金融风险。

参考文献

[1] 张继德．雷曼兄弟公司破产过程、原因和启示［J］．中国管理信息化，2009（6）：48－53.

[2] 王倩．雷曼事件中审计问题剖析及启示［J］．时代金融，2014（3）：210－211.

[3] 周子凡．从高盛案看做市商的诚信建设［J］．企业导报，2011（5）：5－6.

[4] 王守勤．高盛欺诈门的警示与反思［J］．经济研究导刊，2010（24）：103－104.

[5] 阎坤．日本大和事件剖析［J］．日本学刊，1996（2）：43－53.

[6] 郭迎新．“黑色星期一”来袭［J］．生命与灾害，2011（12）：24－25.

[7] 邓忆平．格林斯潘首次政治大考［J］．数字财富，2004（8）：74－75.

[8] 张存贵，张松峰．起起落落说股事之六——“黑色星期一”［J］．宏观经济管理，2007（11）：65－67.

[9] 刘华，李亚培．英国诺森罗克银行挤兑事件透视［J］．银行家，2007（10）：89－92.

[10] 刘明彦．诺森罗克银行：在次级债风暴中祈祷［J］．银行家，2007（10），80－82.

思考与讨论

1. 针对雷曼兄弟的破产倒闭案，说明风险管理的重要性。
2. 成立于1869年的高盛集团曾有着“道德标杆”的美誉，不料却在美国金融危机爆发后爆出了欺诈丑闻。请结合高盛集团欺诈案说明高盛在信息披露方面存在的问题，从中我们可以得到哪些启示?
3. 为什么美国监管当局对伊利诺斯银行进行抢救而不是关闭?这与央行维护金融稳定的职能之间有何逻辑关系?
4. 人民银行推出存款保险制度的初衷是什么?存在哪些利弊?在该制度运行过程中应该注意哪些问题?
5. 如何正确理解存款保险制度与央行最后贷款人职能之间的关系?
6. “黑色星期一”的股市暴跌，使得美国经济一度处于停滞状态，严重影响了金融的稳定，针对当时股市崩溃给金融行业带来的严重影响，我们从中得到了哪些启示或者教训?
7. 从金融监管体制的角度对英国诺森银行挤兑事件进行思考，分析金融监管方式对维护金融稳定的重要性。

第六章

对外活动典型案例

第一节 新加坡国际金融中心建设案例

一、基本案情

欧洲货币市场在20世纪60年代经历了全球范围内的迅速扩张和发展，这种快速发展不仅使得欧洲许多国家的经济发展与金融服务水平大大提升，也带动了一些亚洲国家通过发展离岸金融业务，并以此为契机促进了本国或本地区金融市场国际化，促进经济产业结构的调整，使其经济步入快速增长轨道。根据发展轨迹和发展动因的不同，我们可以将国际金融市场的发展模式粗略地分为两种：一种是先小区域发展缓慢而后扩展到全国乃至世界各地自然渐进模式，另一种是短期快速内发展起来的离岸金融市场，其发展则依托的是得天独厚的地理位置和支持国际金融市场建设的国家政策。

具体来说属于渐进式缓慢发展模式的代表主要有伦敦、纽约、东京等的国际金融中心，而新加坡、巴哈马、开曼群岛等则是依托其优越地理位置和国家优惠政策发展起来的离岸国际金融市场。离岸金融市场作为国际金融市场，对所在国家既会产生积极影响，也会产生负面效应。一批有实力的外国银行为了更好地发展国际性业务会被吸引到这些市场，它们的加入会有效地助力该区域经济建设、对外贸易和金融发展。但这种高程度的对外开放会给该国资本流动和金融市场稳定带来新的挑战。因此，在推进金融市场国际化的过程中，处理好开放程度与国内经济金融的安全关系就成为了各个试图建立国际金融市场的国家必须解决的问题。新加坡作为亚洲新兴经济体，为了建设国际性的金融市场，在重视积极的对外开放的同时，更加注重了谨慎严格的金融监管。正是由于新加坡政府妥善处理了开放与监管之间微妙的关系，最终才成功地将新加坡建设成为世界著名的国际金融中心。分析新加坡建设国际金融中心的历程，有利于我国吸取经验并建设中国人自己的国际金融中心。

二、案情分析

(一) 1965 年获得独立，确立金融市场国际化战略

新加坡于1965 年脱离马来西亚的控制，取得了国家的独立。随后为了将货币发行权从英国人手中收回，新加坡政府很快于1967 年6 月成立了货币委员会，货币委员会暂时行使中央银行发行货币的职能。为了尽快使国家强大人民生活富足，新加坡政府尽快建立了自己的银行体系并出台了一系列对于工业和金融方面的改革。新加坡政府在充分分析本国国情、周边环境和世界经济发展的新形势之后，认为新加坡发展金融服务业的优势明显，且未来面对的发展机遇较多，因此对发展金融业给予了更多的政策支持，最终确立了走金融市场国际化的国家发展战略。

(二) 创建亚洲美元市场，引进国外银行，完善法律政策保障

1968 年欧洲货币市场对美元需求大增，新加坡政府迅速抓住机会建立了亚洲美元市场。该市场的建立不仅增加了新加坡贸易服务收益，而且还可以借亚洲美元市场发展本国的金融服务行业，为建成国际金融中心做好积累和准备。新加坡作为一个岛国，虽然自然环境优美，交通便利，但是自然资源严重缺乏，要想通过第一、第二产业富国强民难度非常大，只能依托服务业的发展才可以发挥自身优势。因此建立亚洲美元市场是明智之举。

新加坡国际金融中心的建立对以美洲银行为首的一些外国银行的国际金融活动利益的实现提供了场所。1968 年，美洲银行提出申请，希望新加坡政府允许其设立一个可办理非居民的美元存款、外汇买卖和资金借贷等项业务的亚洲货币单位。随后新加坡政府又陆续收到了花旗、麦加利、华侨、华通、渣打和汇丰等 16 家实力雄厚的外国银行经营境外货币业务的申请，并批准了它们的申请。亚洲美元市场的建立以及后来众多外资银行的引入，对新加坡加快金融国际化进程意义重大。也为后来新加坡国际金融市场的建成打下了坚实的基础。

刚刚诞生的亚洲美元市场还比较弱小，为了进一步促进其发展，新加坡政府在完善相关法律法规的基础上，还采取了许多的便利非居民以及国外经纪商的扶持性政策。下面按时间先后顺序稍加列举。1969 年取消了税率为 40% 的对非居民征收的利息预扣税；1972 年亚洲货币单位不再提缴 20% 存款准备金，本地公司和居民既可以在“亚洲货币单位”设立外币账户，又可以购买亚洲美元债券，并向“亚洲货币单位”申请贷款。后来又废除了名目繁多的印花税。1973 年修订了《所得税法》中关于经营境外货币的所得税税率条款，将其税率下调到 10% 。随后为了进一步丰富融资渠道减少融资成本，又陆续批准了 7 家国际货币经纪商的开业，政府还与一些国家大银行合资设立了 4 家贴现公司。

(三) 1978 年取消外汇管制，进一步促进金融市场的国际化

1972 年以后，为了进一步促进新加坡金融市场国际化并使各金融机构之间充分竞争，新加坡政府逐步放宽了对本国居民向“亚洲货币单位”借款和投资方面的限制。在1978 年取消了外汇管制之后，新加坡的公司与居民可以用任何一种货币进行支付结算，

也可以在对外进行直接投资、证券买卖和国际借贷时，无须报请新加坡外汇管理局同意。以上是对本国居民的相关规定。新加坡政府规定，国外的投资者可以毫无限制地买卖新加坡国内发行的证券。一些国外企业可以在依法免除资产投资所得税的情况下，在当地证券市场发行证券并上市交易。

国外银行进入新加坡市场的条件也相比以前降低了很多，而且开展业务的范围也不再局限于之前的外汇买卖和国际投资，还可以办理一些存款业务。随后，为了吸引更多的外国银行到新加坡开立分行，新加坡政府又于1990年把对外资持有银行股份的限制放宽，将持股比例提高到了40%。后来新加坡又将亚洲货币单位经营离岸金融相关业务的所得税税率降低为10%，进一步放大它们的利润空间。

（四）30多年耕耘，成果丰硕

新加坡政府经过30多年的探索和努力，在着力发展亚洲美元的情况之下，终于将新加坡建设成为真正意义上经营全球性业务的国际金融中心。新加坡金融市场的容量从1968年刚建立时的3000多万美元扩展到1993年的3763亿美元。持有离岸业务经营执照的新加坡商业银行和海外银行的代表处，截至1995年5月共计达到了149家，这为离岸金融业务的发展提供了有力保障。在这些庞大的离岸金融业务网的辅助之下，大量外资银行吸收进的国际流动性快速涌入亚洲地区，有力地支持了亚洲经济的大发展。有了新加坡这一国际金融平台之后，使得资金融通在亚太和西欧北美之间更加便利，流转速度更快，加速了国际经济的一体化步伐。

在新加坡亚洲美元市场快速发展的同时，其外汇市场也得到了长足发展，市场交易规模屡创新高。新加坡外汇市场的交易范围从20世纪70年代中期引入国际货币经纪人以来扩展迅速。新加坡外汇日均交易量从1989年的550亿美元增加到了1997年的1670亿美元，使得新加坡外汇市场在国际上的地位得到了大幅提升，一跃成为仅次于伦敦、纽约和东京的世界第四大外汇交易中心。

新加坡的证券市场并没有像外汇市场和亚洲美元市场一样快速发展。这是因为20世纪80年代以前新加坡的相关法律严格限制国外公司在新加坡发行以新加坡元标价的公司债券，并对这些通过债券筹得的资金的用途做了严格规定。直到1999年11月新加坡政府修改相关法律法规，放宽对外国机构发行新加坡元债券的硬性限制之后，新加坡的债券市场才有了较快的发展。2003年的数据显示，新加坡企业债券的市场规模达到了573亿新加坡元，而非新加坡元企业债券的发行量就占到了一半以上。

再来看新加坡金融服务技术革新带来的变化以及期权期货和股票市场的发展。首先是借助计算机技术的24小时便利清算服务体系的建立。新加坡政府成立的证券清算计算机服务中心于1979年起正式运营。该清算服务中心通过计算机技术手段的支持，24小时不间断地为会员公司提供及时便利的清算服务。不仅如此，该服务系统还可以为其会员交易所提供每家上市公司的报价、交易额、最新财务报告等重要的数据资讯，使新加坡的国际金融服务竞争力大幅提升。其次来看其期权期货市场的发展。利用其优越的地理区位优势，1984年7月新加坡国际货币交易所与国际货币市场（属芝加哥交易所管辖）和伦敦国际金融期货交易实现交易数据的互联互通，实现了客户相互抵消制度，有了与其他两大交易所的合作，新加坡可以向全球客户提供 24 小时全天候期货交易，国际竞争力大大增强，同时也促进了新加坡国内股票市场的发展以及股票市场的国际化。1980 年新加坡通过建立两套不同的计算机交易系统，使其取票交易实现自动化。数据显示到 1990 年末，在新加坡证券市场上市的外国公司占在新加坡上市公司的比例为 12%，数量达到 22 家之多。占上市公司总数的 12%。与此同时，在纽约上市的外国公司占已上市公司总数的 5%，东京证券交易的百分比为 7%，由此可见新加坡国际金融中心对国外上市公司的吸引力更强，国际化水平更高。图 6－1 展示了新加坡金融市场资金管理规模从 1993 年至 2013 年的变化。

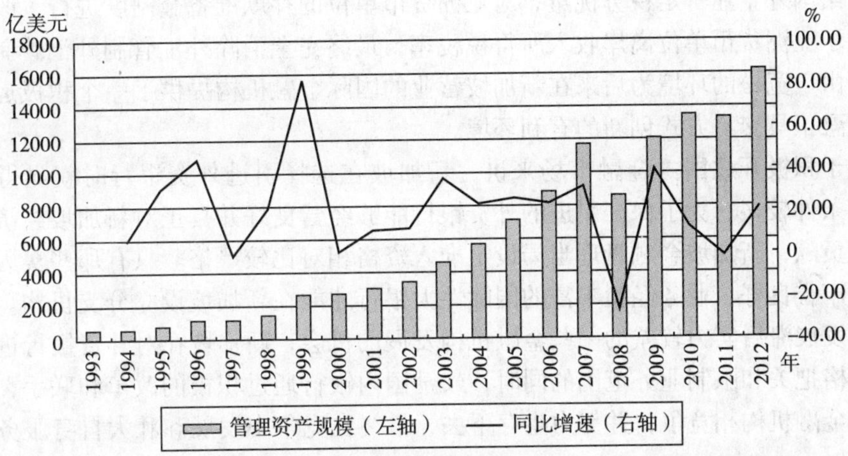

图 6－1　1993—2012 年新加坡管理资产规模急速攀升

三、本案启示

随着二战的结束，和平与发展成为时代的主题，经济一体化和全球化成大势所趋。这也为金融市场的国际化提供了机遇，反过来讲金融市场的国际化又为国际直接投资提供了资金支持，从而促进各国发挥各自比较优势和绝对优势发展本国经济，并助力全球经济增长。然而，由于经济水平、地理位置、周边环境差异，以及政府对金融的理解和管理水平的不同，能够抓住该机遇，建成国际金融中心的国家并不多。新加坡能够在这一波浪潮中建成世界金融中心，必然有一些值得我国在今后推进金融改革，建设国际金融中心时可以借鉴的经验。下面对新加坡在金融市场国际化的发展中的经验做一总结如下：

（一）把发展金融业作为国民经济支柱产业加以重点扶持

回顾新加坡金融国际化的发展历程不难发现，其国际金融中心的建立不同于英美式的历程，是由政府借助自身优势和政策主动打造出来的。我们姑且可以将这种发展模式称为“新加坡模式”。新加坡模式的特点可以概括为以下几点：一是加强基础设施建设，方便相关产业聚集；二是颁布实施有利于金融业国际化的法律法规以及财政税收政策；三是为国际金融机构在新加坡设立分支机构提供优惠政策和便利条件。正是在新加坡完善的教育体系、优良的地理环境的支撑之下，在政府有针对性的政策扶持之下，在新加坡采用先进的技术并与其他国际金融中心合作的促进之下，新加坡才得以快速建成世界级的金融中心。

（二）积极开放本国金融市场，谨慎引进外资银行、促竞争

新加坡政府在建国之初，就有着借助其国际贸易港的有利条件加速发展金融市场，进而建设国际金融中心的明确目标。为了实现这一目标，新加坡政府积极而谨慎地向外国金融机构开放本国金融市场，积极引导外资银行在国内设立分支机构，形成充分竞争的金融市场环境。因此先后建立了离岸与在岸彼此分离的，取消对非居民存款的税费，在税收上给国外企业一定税务优惠，对亚洲货币单位的存款准备金制度进行了改革和取缔、降低了亚洲货币单位离岸收入所得税税率，最终完全消除外汇管制外汇管制，这种公平、自由、宽松的环境为后来在新加坡营业的国际金融机构提供了一个积极运用新技术进行金融工具交易方式创新的有利环境。

相对于积极开放国内金融市场来讲，新加坡在选择引进外资银行时就显得格外谨慎，限制条件较多。为了保证引进的外资银行能够经营良好并真正对新加坡经济和金融国际化做贡献，新加坡金融管理当局设定准入资格相对比较严格。只有那些实力雄厚的国际执业声誉良好、业务经验丰富的国际性大银行才能在新加坡设立分支机构。同时为了给国内发展滞后实力较差的一些金融机构发展的机会，新加坡在对外资银行进入新加坡市场严格把关和限制业务范围的同时，鼓励国内银行通过积极的改革和联手，在市场上与外资金融机构相竞争，并努力生存下去，最终在竞争中发展和壮大自身服务水平和经营能力。

（三）建立规范的信贷管理和风险防范机制

一个自由开放的金融市场要想长久地生存与发展，严格金融风险管理制度体系和谨慎的金融风险观是必不可少的，新加坡的成功也脱离不开这一规律。比如，新加坡金融管理当局在资产负债比例管理和资产风险管理方面相对于其他国家来说非常严格。还通过法律的明文规定来严格控制商业银行的资本充足率、资产流动性水平、贷款风险度。一旦出现违反规定的行为还会受到当局的严厉惩罚，从而大幅度降低了商业银行的坏账率和商业银行的风险总水平。并对违规者施以严厉的惩罚，使其经营风险降到了最低限度。以下从三个方面说明新加坡对商业银行资产风险管理的具体办法：

第一，通过限制贷款额度、增加中间业务收入所占比重和采取银团贷款方式使得商业银行面临的风险水平因分散而降低 。

第二，推进内部控制制度和检查考核制度的科学化现代化。在内控建设方面，要通过对在组织结构改革、审贷流程的严格把关，权利责任的清晰界定，来增强内控制度的科学性，使得权责各部门之间可以有效地协调工作和相互监督。在检查考核制度的建设上要努力实现“大数据”的各部门共享，使稽核和会计监督部门的工作实行现代化、自动化，提升稽查考核工作的效率。

第三，探索多样化的损失风险补偿方式。比如，在贷款前要对贷款的可行性与盈利水平进行量化分析，并做好贷款前的资格审查工作，选择个性合理的贷款担保方式，以

备风险发生时及时止损。

第二节　LIBOR 利率操纵案

一、基本案情

2012 年 6 月，媒体报道称，英国巴克莱银行涉嫌操纵伦敦同业拆借利率（LIBOR）和欧元同业拆借利率（EURIBOR）。这一事件引起全球人士的关注。在这之后，金融体系中又不断暴露出了与之相似的一系列较之更为恶劣的操纵事件，这些事件的影响波及全球。一连串的违规事件反映的不仅仅是利率报价形成机制本身的缺陷，也说明了监管部门的监管力度非常不够并且存在很大的漏洞。

2012 年 6 月 29 日，英国巴克莱银行与美国商品期货交易委员会、美国司法部和英国金融服务管理局对其涉嫌操纵 LIBOR 和 EURIBOR 的事件达成共识、同意和解。美国商品期货交易委员会、美国司法部和英国金融服务管理局三家监管机构的调查结果显示，在 2005 年到 2009 年这段时间内，巴克莱银行的管理人员和交易员共向 LIBOR 和 EURIBOR 报价员请求人为更改利率多达 257 次，其目的是想要改变利率估值，以使衍生品交易的利润达到更大或者减少其损失。在和解书中，巴克莱银行同意以 2.9 亿英镑作为罚金。

二、案情分析

（一）LIBOR 利率被操纵的事实

对于 LIBOR 利率来说，当在合理的情况下，其与美联储发布的欧洲美元利率是极为相近的。我们可以看到，在 2008 年金融危机这段时间内，3 个月欧洲美元利率比 3 个月 LIBOR 利率高出了 195 个基点，从这一点就可以看出，金融机构所提交的利率报价要比实际的市场美元融资成本低。并且这还说明，伴随着最近融资形势的改善，不管是欧洲美元还是 LIBOR 利率都下降了很大的幅度。

根据上文的描述我们可以看到，假如每个银行都将欧洲美元利率当做在报价的过程中权衡银行间融资成本的标准，那么，报价比市场利率低很多的金融机构就会有一定的数量。但是，实际情况却不是这样，2007 年 9 月 18 日美联储把联储目标利率由 5.25% 降至 4.75%，同时还将继续降息。如果 LIBOR 可以完全反映银行间拆借利率，在这段时间内，因为市场资金比较紧张，表现出供不应求，其利率肯定应该比联邦基金利率高，但事实并不是这样，相反，联邦基金利率与 3 个月美元 LIBOR 却是比较接近甚至是出现了较高的情况。例如，在 2008 年 2 月，由于贝尔斯登将出现巨大的现金短缺的传闻，这一情况稍有变化，但是在这之后很长一段时间内，LIBOR 利率都表现出持平甚至较联邦基金利率低，一直持续到 2008 年 9 月，随着雷曼兄弟的破产，LIBOR 才出现了比联邦基金高的情况，如图 6－2 所示。

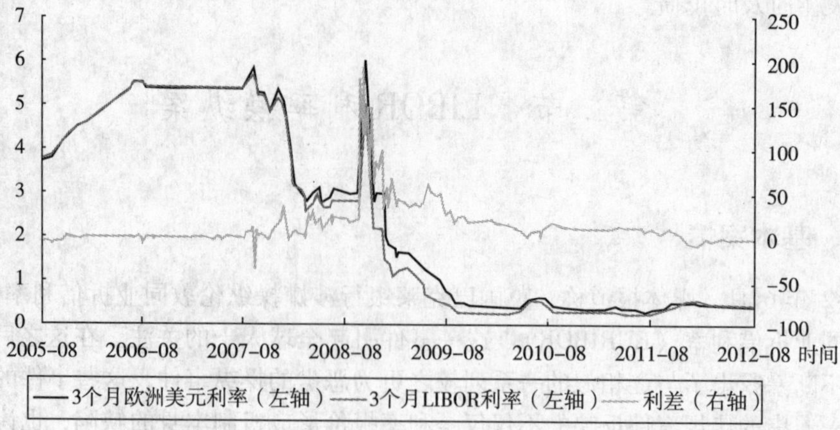

图6-2　2005—2012年3个月欧洲美元利率与3个月LIBOR利率走势对比

同时，根据信贷违约掉期产品，我们也能够看出，报价银行对于LIBOR利率水平实行了有意往低压的做法。通常情况是这样的，只有银行拆借利率是无风险利率和对应银行的风险溢价相加所得，这样才是比较合理的，如果是资金流动性差的情况下，在对合理利率进行计算时还必须加上流动性溢价。CDS是可以用来度量风险大小的，例如，当CDS的溢价上升的同时，银行拆借利率也会上升。

但是，事实情况是LIBOR报价与它的市场CDS溢价却表现出了非常明显的不符合规律的情形，主要表现为很多银行的CDS溢价呈持续上升趋势，但是LIBOR报价却表现出走低趋势，从这些就可以很清楚地看到，银行这么做都是为了有意将自己的融资成本压得低一些。

2010年5月24日，在参与报价的16家银行中，只有瑞银报价3个月欧元LIBOR比同期的美元LIBOR低。那么我们具体看看瑞银在这一天对LIBOR的报价情况：瑞银对3个月美元LIBOR给出的报价是0.54%，相比当天3个月美元LIBOR最后利率高出了0.5097个百分点。但是对于3个月欧元LIBOR利率给出的报价却只有0.49%，而当天最后的平均利率是0.6344%，可见这一报价远远低于当天最后的平均利率。根据当天参与报价的各大银行3个月美元LIBOR利率对3月欧元LIBOR的利差来看，就可以很明显地看出瑞士银行与其他银行相比具有它特别的地方。其与其他银行的巨大报价差异使我们不得不重新考虑其报价的合理性，以及其是否在操纵LIBOR利率。

在对2007年到2010年的相关数据分析可得到，16家银行报价利差值越来越大。就以花旗银行和瑞士信贷的美元利率报价来说，在2007年9月以前，花旗银行和瑞士信贷的美元利率报价差基本没有什么差异，但是，到了同年9月以后，花旗银行的美元利率报价就比瑞银的报价低了很多。

（二）LIBOR利率操纵的不利影响范围广、时间跨度大

LIBOR利率操纵的影响范围广。自从把金融市场的基准利率指标定为LIBOR利率以来，不管是对利率期货、利率掉期、工商业贷款、个人贷款以及住房抵押贷款等金融产品的定价，还是对货币政策的制定，LIBOR利率都起着关键性作用。从全球角度来看，

证券与贷款的总价与 LIBOR 是相互关联的，这个数值超过了 800 万亿美元，在这中间就有 350 万亿美元是直接与 LIBOR 挂钩的掉期合约，还有 10 万亿美元贷款。从而可以得出，每当 LIBOR 利率变动 1 个基点，那么它在全球范围内造成的盈利或者亏损就会被放大到数百万美元。

由于有些国家把 LIBOR 利率当做他们国家货币政策实施的非常必要的参考基准，基于此，如果基准利率稍有被操纵的情形出现，就会严重影响整个金融体系的稳定。

目前已对数十家欧美银行进行了调查，调查的领域从之前的东京同业拆借市场、伦敦同业拆借市场已经扩大到欧、美、英、日本、德国、加拿大、瑞士等多国监管机构。由于涉嫌操纵利率受到监管机构调查的除了巴克莱银行外，还包括了德意志银行、瑞银集团、苏格兰皇家银行、花旗集团、汇丰、法国兴业银行、美国银行等。

LIBOR 利率操纵存在时间已相对较长。从官方披露的数据资料可以看出，巴克莱银行操纵 LIBOR 利率的情形主要集中在 2005 年到 2009 年，而媒体爆出已是 2009 年 6 月，可见利率操纵的时间跨度很长。

（三）产生操纵的主要原因分析

第一，LIBOR 形成机制存在缺陷。20 家大型银行根据 LIBOR 定价的原则和机理，在每天的伦敦时间 11:00，向英国银行家协会上报借贷利率估计值，英国银行家协会去除占报价行总数 25% 的最高利率和最低利率，从而得出报价的均值，这个平均值就是本日的 LIBOR 利率。然后，该 LIBOR 利率便被大量地应用。主要有贷款定价、衍生产品以及其他金融工具的定价。这个定价机制有两个问题：一是无法保证银行报价的真实度。二是易被操纵。由于 LIBOR 在统计的时候选取的样本较少，只有 20 家银行，所以只要这几家银行联合起来稍做手脚，或者其中有银行有意作出不合理的报价，就会造成最终的计算结果严重偏差。

第二，非法利益的驱动与金融监管的疏漏。从银行的角度讲，银行利率操纵有助于其在经济困难或危机时降低吸收存款的成本。银行间同业拆借市场会因为遇到金融危机而表现出资金的流动性明显降低，同时出现资金的供给不足。若是 LIBOR 利率上升会导致大多数银行的借贷成本上升，这样来看，对于缺少资金的银行来说，无疑是雪上加霜。那些大型国际金融机构在报出 LIBOR 报价时，出于对自身利益的考虑，有强烈的动机报出比合理水平还低的 LIBOR 利率。

第三，操纵 LIBOR 会对利率衍生产品市场产生非常大的影响。根据 BIS 的数据，截至 2011 年 12 月，在全球范围内，在交易所外进行衍生产品交易的市场价值总量达 648 万亿美元，其中利率衍生品大约占 78%，其市场价值为 504 万亿美元左右。

国际金融机构借由改变基准利率，通过一定的杠杆率，可以使衍生品价值成倍地发生变化，通过基准利率的微小改变，达到使衍生品实际价值巨大变动的目的，给这些机构带来丰厚回报。

金融监管的疏忽：LIBOR 利率值为每日公布，但数值异常并不能被及时有效地监测到，这可以认定为监管部门的疏忽。这就在无形之中纵容、助长了瑞银、巴克莱银行等国际投资银行的利率操纵。一个典型的例子是，巴克莱在 2007 年就向英国、美国的金融机构说明了 LIBOR 利率存在明显的低估，监管部门却在知悉的情况下，并未及时有效作出反应并加强严格监督管理。巴克莱在 2007 年到 2008 年 10 月期间，就 LIBOR 报价的相关问题与美联储进行了多次的沟通，保守估计也有 10 次。然而这一举动并没能使监管部门对其给予重视。

（四）LIBOR 操纵案件的后续不良影响

首先是造成银行损失巨大且 LIBOR 信任度下降。根据投资银行摩根士丹利的估算可以得出，瑞银集团、瑞士信贷集团、花旗集团、摩根大通、汇丰、巴克莱、德意志银行、苏格兰皇家银行、法兴、劳埃德、三菱东京日联十一家涉嫌 LIBOR 操纵事件的跨国投资银行所需支付监管罚金和对投资者的赔偿金，很可能达到 220 亿美元左右。进一步地研究可以得到，预计苏格兰皇家银行和德意志银行会分别收到高达 10.6 亿美元和 10.4 亿美元的罚单，对瑞银的罚金虽然低于前两者，但是预计也不少于 2.54 亿美元。

LIBOR 利率一旦在计算的过程中被操纵，会使得用于市场定价的基准利率不实，会对经济和投资者产生深远影响。尤其值得注意的是，在判定是否存在 LIBOR 操纵时，由于牵扯太多的主观因素，这些因素很难得到外部的有效监督，而 LIBOR 利率又不可能被其他利率指标代替。所以，“可能被操纵”这一顾虑将很可能从市场参与者间消失，这无疑降低了市场对 LIBOR 的信任度。

其次是使 LIBOR 形成机制面临改革。LIBOR 在金融实务中的运用由来已久，其会对数额巨大的金融产品的定价产生直接影响，其中最为明显的是对欧洲美元期货的定价产生较大影响，其以 LIBOR 利率为基准，同时在利率产品交易中主要是市场占据着主导地位。因此为了确保巨量金融衍生品的定价不出现混乱局面，短期来说在全球范围内很难找到能将 LIBOR 利率取代的好工具，所以还必须保留这一利率指标。但是为了使其更好地发挥作用，必须对其形成机制进行如下几个方面的改革：一是在银行报价这一基础阶段，应当科学地增加参与报价银行的数量。英国银行家协会在选择 LIBOR 基础数据报价行时，有必要在以前的基础上，更多地考虑系统性重要银行。这样一来，单个报价银行的报价对报价结果的影响就会降低，可以进一步优化报价成员组成结构，使欧洲报价行的比重降低，同时提高其他地区的报价银行数，从而报价得出的利率值将会趋于科学合理化。由此产生出更具代表性，更符合实际情况的利率。二是对报价方式的改革，在报价时必须以实际发生的交易为前提，进行不记名报价，有效降低报价行因害怕其报价高于均值而压低报价的不利因素困扰，影响报价的准确性。三是在报价制度设计上，应当以实际交易利率为依据，在对其量化时以一定的加权方法，加强对利率报价及相关流程的评估、控制和审查。

欧美基准利率改革博弈日趋激烈。目前国际市场最为广泛使用的两套市场基准利率分别是以 LIBOR 为代表的银行间拆借利率和有期限差异的美国国债收益率。一山难容二虎，无法避免的这两大利率在定价权方面就存在竞争关系。因为 LIBOR 在选取样本时包括了 10 种货币，也把 15 种期限不同的利率拉入其统计指标中，这使得它涵盖了全球主要的金融产品，也即是说其使用度更广。而美国固定收益证券很发达，资产定价方面也很有优势，所以其始终没有放弃将国债收益率作为全球金融市场的基准利率的努力，最终目的是取代 LIBOR 的功能和作用，使全球金融产品的定价特权能够掌握在美国手中。

美国监管机构其实早就了解到 LIBOR 利率被操纵的事实，可是没有制止，而是提出了有利于美国的对策建议。美国想和欧洲争权，所以早在2009 年纽约联邦储备银行行长盖特纳就向英国央行行长提出要增加参与 LIBOR 定价的美国银行数量，作为改进 LIBOR 的提案。非常巧的是，在美国监管机构对英国银行操纵利率的行为的纵容之后，伯南克又及时从经济学的角度对 LIBOR 机制的垄断或寡头所存在的弊端进行了批评，同时还提议使用回购利率、隔夜指数掉期利率或者直接使用美国国债收益率取代欧洲 LIBOR 利率，这一做法的目的性非常明显。

三、本案启示

LIBOR 操纵案为我国的 Shibor 利率管理提供了一些启示。近年来我国金融体系不断发展和完善，我国金融产品定价的基准参考利率已然是上海银行间同业拆放利率（Shibor）了。虽然 Shibor 与 LIBOR 的生成机制不存在多大的差别，但是它们之间却有着非常明显的差异，Shibor 是拆出利率，而 LIBOR 现已改为了拆入利率。因为 Shibor 利率在设定的时候就是参考了 LIBOR 的相关机制，所以和 LIBOR 一样 Shibor 也有一些不足的地方。因此为了促进我国利率市场化条件下基准利率形成机制的完善和发展，非常有必要从 LIBOR 的经验中吸取教训。

（一）提高 Shibor 的代表性

就我国来说，选取 16 家报价行作为我国 Shibor 的报价行，无法全面地代表我国的实际情况，样本量并不完整。因而为了能够更全面、真实地反映金融市场资金的供求变化，以最大程度地体现 Shibor 的全面、合理，相关部门应在报价行中纳入更多交易量大、对市场有突出影响力的金融主体。这样得出的 Shibor 的可信性才会增强。

（二）提高 Shibor 的科学性，加强监管

应当使用更加科学合理的计算方法计算 Shibor 利率。目前的情况是，对一些重要的因素赋予了更高的权重。同时报价时存在很大的道德风险，因为金融机构只对 Shibor 进行报价，而没有成交的义务，这就使得报价行在报价时，忽视真实的资金供求现状，而将重心放在牟求自己最大利益上。由于这些情况的存在使 Shibor 的准确性和公正性遭到严重质疑。然而与同业拆借利率相比，债券回购利率能够更全面地反映货币市场资金供求关系。因此将有质押或者担保的回购利率作为基准利率，会保证市场反映出的风险水平是合理真实的。这是由于我国独特的发展轨迹，发生信用违约的风险很高，由于担保导致债券回购比银行间债券回购风险低，其交易量是比同业拆借市场交易量大的。

此外，监管机构要加强对 Shibor 在报价、计量、公布各个环节的监督管理，在督促报价行的自律行为的同时，要制定更为严苛的管理条例。事后监管是目前国内外监管机构管理的主要方法，而此轮 LIBOR 操纵违规出现在金融危机时期，绝对不是偶然，这促使监管部门必须加强日常的监管。以此完善风险监控机制，评估 Shibor 的报价风险。

第三节　国际货币基金组织投票权之争

一、基本案情

2008年以雷曼兄弟破产倒闭为标志的美国次贷危机爆发，其主要原因是金融衍生工具的“捆绑效应”和次级贷款的风险系统性爆发。而监管部门又没能有效地对这些创新产品进行监管。这是美国继20世纪30年代经济大萧条以来破坏力最为严重的金融危机。随着世界经济一体化的深化，全球经济联系更加紧密，美国次贷危机迅速蔓延到了全球很多国家，

随着美国次贷危机引发的金融危机向全球的传播，各国经济很快受到了影响，面临很大的衰退压力。这引发了各国对国际货币金融制度合理性、有效性的重新思考。按理说当发生全球性金融危机时，国际货币基金组织应当起到应有的积极作用，但事实是IMF几乎没有采取任何有效措施。这使得各成员国对国际货币基金组织颇有微词，要求对其改革的呼声很高。国际货币基金组织的运作机制决定了IMF各国所占资本份额，以及投票权的相互关系是其机制的核心，因此在份额不变的情况下，必须改革现有投票权的结构。所以说在金融危机的背景之下，为了各自的利益，各国对投票权的争夺越发激烈。

发展中国家不满自身在IMF中的地位，努力寻求改革。它们认为，在国际货币基金组织当中，“少数发达国家”占有和掌控过多的份额与投票权。以美国为例，其占有的投票权，占总投票权的15%左右，同时美国还拥有一票否决权，也就是IMF被少数国家掌控，对发展中国家很不利。这些规定和机制都违背了国际货币基金组织设立之初的宗旨。而近年来，多数发展中国家经济增长强劲，有效地引领和拉动了世界经济的发展。中国和印度就是很明显的例子，2006年至今中国和印度成为世界经济增长的主要推手。但是其占有的投票权与其经济实力、世界影响力、资本占比严重不匹配。这迫使IMF在资金总规模调整、资金份额分配、基本投票权作用的发挥、份额公式的设定等方面做有效的改革，提升发展中国家应有的地位和投票权比例。

二、案情分析

（一）发展中国家不满自身在IMF中的地位，寻求改革

各国在IMF的份额随其经济实力和国际影响力的不同而不同。缴款份额相当于各成员国在IMF中所持有的所有权份额。缴纳的股份越多，说明该国经济实力越强，那么它在国际货币基金组织的话语权就会增加。在这种逻辑之下，以美国为例，作为全球最有经济实力的国家，它在IMF中所占的缴款份额是最高的。IMF做了这样的规定，即对投票权以加权的方式产生，并且一国的最终投票权由基本投票权和特别提取款权相加得到。给每个成员国的基本投票权个数为750个，并且这个投票权的数量会随特别提款权

的增加而增加，特别提款权每增加10万个就会导致一个投票权的增加。由此可见，份额与投票权的关系是相互依存的，两者既相互促进又相互制约。

国际货币基金组织从设立之初就有三大目标：建立防范机制、预防风险，完善管理机制、管理风险，最后在风险发生后给予贷款救助。但是我们可以看到，在危机爆发时，IMF虽然也采取了手段，试图帮助各国和世界经济，但是效果很差。从美国经济大萧条到爆发于1992年的英镑危机，从墨西哥的金融危机到东南亚金融危机，从俄罗斯卢布长期贬值和长期债务危机到阿根廷金融危机，到2008年的美国次贷危机，再到欧洲债务危机，我们都可看到这样的情形。

探本求源我们发现，这是由发达国家与发展中国家的地位不平衡而引起的。一方面，少数发达国家在IMF中拥有过多的份额与投票权，甚至还拥有一票否决权，广大发展中国家对此都表达了不满，这在很大程度上降低了IMF的科学有效性、合理性和可信赖性。另一方面，以发展中国家为代表的新兴经济体经济增长十分强劲，毫无疑问已经成为了世界经济发展的发动机，表6-1清晰地展示了这种情况。

表6-1　成员国主要国家对世界经济增长的贡献排名

	2007年	2008年	2009年	2010年	2011年	2012年	2013年	2014年	2015年
中国	1	1	1	1	1	1	1	1	1
印度	2	2	2	3	2	3	3	3	2
美国	4			2	3	2	2	2	2
欧盟	3	5		4	4	4	4	4	4
俄罗斯	5	3		7	5	5	5	5	5
巴西	6	4		5	6	6	6	6	6
日本	7			6	7	7	7	7	7
英国	8			8	8	8	8	8	8

注：表格空白处代表没有当年数据统计。

资料来源：IMF（2011）。

（二）存在的问题——资金总规模不足、份额分配不均衡

首先，IMF面临资金不足的问题。国际货币基金组织的运作资金25%来自于特别提款权（SDR）的认缴款，剩余75%成员国可以用本国的货币缴纳。在IMF 2008年的改革计划生效之前，国际货币基金组织大约拥有价值2500亿美元的金融资产，可用现金价值2000亿美元，同时两个常设借款协议（GAB）和（NAB）大约可以筹集到价值500亿美元的资金，这样算来其资金规模达3000亿美元左右。2008年金融危机的爆发给IMF带来很大负担，IMF连续向冰岛、希腊等危机严重国家提供援助，出借大量资金，IMF金融资源大幅减少，救助风险的能力大幅下降。其资金规模有望在2008年IMF改革生效后得到提升，然而IMF现在面临的棘手局面是其没有后续的资金来应对金融危机的进一步加深，欧债危机的愈演愈烈以及一些处于危机深处的国家对救助资金的需求。倘若IMF在拓展筹资渠道方面一筹莫展，那么它将无法解决资金严重的问题，也就无法履行其危机救助责任。

其次，份额分配不均衡。注资份额和基本投票权对成员国同等重要，会综合影响成员国在重大事务决策的投票权。由于投票权过于集中，一些发达国家占比过高，而数量众多的发展中国家所占比例却极低，使得发展中国家无法通过行使投票权表达自己的利益诉求。表6-2说明了各期改革计划可能产生的份额与投票权的变化情况：

表6-2　**IMF份额与投票权改革情况一览**　单位：%

时间		份额比例		投票权比例	
改革前后		七国集团	金砖五国	七国集团	金砖五国
2008年	改革前	42.5	10.6	43.0	10.4
	改革后	45.3	11.5	43.0	11.0
2010年	改革前	45.3	11.5	43.0	11.0
	改革后	43.4	14.2	41.2	14.1

从表6-2可以看出，在IMF中发达国家对其享有的权利极高，发展中国家所占权利只有发达国家的1/4左右。而且IMF相关制度还规定这些国家对需要70%或者85%特别多数票通过的事项具有否决权。这样一来，发展中国家的利益将由于投票权的过度集中而面临损失风险。但是远不止以上这些，为了防止新的成员国加入稀释掉他们少数发达国家在投票权的比例，捍卫其利益，他们还牵头做了一些制度安排。比如，通过多次修改《国际货币基金组织协定》和增加特别多数通过的特殊事项来达到此目的。如从IMF成立至今，规定的需要特别多数方能作出决策的条款先是从9项修订到18项，再由18项修订到39项，又从39项增加到了超过50项，从这几次改革我们就可以发现这一点。IMF的合法性、有效性和可信赖度受到威胁。

表6-3　**改革前后IMF主要成员国份额和投票权比例**

	份额			投票权		
	2008年改革生效前	2008年改革生效后	2010年改革生效后	2008年改革生效前	2008年改革生效后	2010年改革生效后
美国	17.071	17.670	17.398	16.732	16.727	16.470
日本	6.118	6.556	6.461	6.000	6.225	6.135
德国	5.978	6.110	5.583	5.863	5.803	5.305
法国	4.935	4.505	4.225	4.842	4.286	4.002
英国	4.935	4.505	4.225	4.842	4.286	4.022
意大利	3.242	3.306	3.159	3.185	3.154	3.015
加拿大	2.927	2.672	2.311	2.876	2.554	2.213
中国	3.718	3.996	6.390	3.651	3.806	6.068
俄罗斯	2.732	2.494	2.705	2.686	2.386	2.585
印度	1.911	2.442	2.749	1.882	2.337	2.627
巴西	1.395	1.783	2.315	1.377	1.717	2.217
南非	0.859	0.784	0.640	0.852	0.770	0.634

资料来源：IMF（2012）。

（三）基本投票权的作用受阻、份额公式有待优化

在IMF创立之初，各国拥有250个基本投票权，为了尊重各成员国地位，体现国家主权平等，避免其在决策时出现问题，IMF在刚成立时就规定各成员的基本投票权数量为250个。但是后来基本投票权变动违背了其最初原则，基本投票权经历较大幅度的起落。从11.3%增加到20世纪90年代的15%，又变为2008年的2.1%，基本投票权大量缩水，国际上对其批评较多。2008年改革的目标是增加基本投票权到750个，将比例控制在5.5%左右，并通过有效的机制保持该数量和比例固定。但是由于基本投票权在总投票权中的比例要发挥作用还取决于很多变化的因素，也不一定就能通过这一改革维护“弱势国家”利益，或者说就算能够顺利拿出解决方案，将方案付诸实施又面临很多变数，因此要把基本投票数和所占比例控制在某一数值不变很难。同时基本投票权的作用还受到了阻碍，5.5%的基本投票权比例在实际表决时起到的作用几乎可以忽略不计，实际意义不大。由于5.5%的基本投票权不仅分别分配给了发展中国家，还分配给了发达国家，所以表决时，无法向发展中国家倾斜，发展中国家的利益依然无法得到保障。退一步讲纵然将基本投票权比例调整到11.3%，不仅成本高，而且收效甚微。从这个方面看，基本投票权的实际作用受到了阻碍，发展中国家在IMF投票表决中孤立无援的地位没有改变。

另一个重要的问题是份额计算公式是不合理的。设定份额计算公式的目的是计算各成员国在IMF中的份额，因此说份额计算公式是否合理直接关系到各个国家的利益。有效的份额公式应该是可以准确地反映成员国在全世界经济中的实力与所占的比重。从该公式成立至今，共出现了6个份额公式。由于没能做到公正和信息的公开透明，前5个份额公式未能得到发展中国家的认可，饱受非议。现行的第6个公式由于简便透明可操作性强，且能够合理地反映和保障新兴市场与发展中国家的利益，而得到认可。表6－4为大家列出了现在使用中份额计算公式。

表6－4　　份额的计算

份额公式	*CQS*	*Y*	*O*	*V*	*R*	*K*
$CQS = (0.5 \times Y + 0.3 \times O + 0.15 \times V + 0.05 \times R)\ k$	计算的份额	3年平均GDP，以市场汇率转换的GDP和以购买力平价汇率转换的GDP混合计算得出，权重分别为0.6、0.4	5年平均的经常项目收入和支出之和	经常项目收入和净资本流入之和的波动（过去13年内的实际值与3年平均值的标准差）	12个月的平均官方储备，包括外汇、SDR、基金准备头寸以及货币黄金	压缩因子

资料来源：IMF（2008）。

由表6－4可以看出份额计算公式主要包括包括GDP、开放程度、波动性和储备额这四个变量，在考虑了各自的贡献率不同之后，又被人为地加上了权重分别，其中GDP权重为50%、开放程度权重为30%、波动性权重为15%、储备额的权重为5%。虽然该公式相对合理，但是还有一些值得优化的地方。

（四）改革时间表及最新改革动态

IMF在成立之后为了使其更好地适应实际的变化与发展，进行了多次改革。以2006

年对新加坡认缴份额与 IMF 治理的改革乃至后来的 2008 年改革为例，这几次改革都得到很好的执行与落实，得到了大多数成员国的认可，有效地扩大了 IMF 份额总规模。最值得关注的是，这两次改革更多地向新兴市场与发展中国家倾斜，同时也兼顾了最不发达成员国的利益与话语权。有利于 IMF 后来的健康运转。

后来到了 2010 年 IMF 又提出了新的改革方案，此次改革计划将代表性过高的成员国 6% 份额转移给代表性过低的新兴市场与发展中国家，这次改革一旦得到落实，金砖国家中的四个国家的份额比例排名将会得到大幅提高。中国的地位也会得到很好的提升。可惜的是，在 2012 年 10 月 IMF 东京年会之前，美国政府未能把 IMF 2010 年改革方案提交国会批准，改革方案面临的国内阻力很大，使得改革方案落空，至今仍然没有生效。改革迟迟不能生效的原因其实并没有那么复杂，主要是以美国为代表的发达国家，不愿意被发展中国家稀释其既得的利益，更不愿看到他们话语权的提升。所以 IMF 2010 年改革至今还未生效。

为了提高新兴市场和发展中国家的代表性，IMF 理事会 2010 年份额和治理改革方案计划将改革执行董事会，计划将欧洲国家的两个席位出让给发展中国家。虽然 IMF 在 2010 年的时候早就通过了这份改革方案，但是美国国会出于自身利益的考虑，置成员国的利益于不顾，断然拒绝通过该方案，可见 IMF 不是一个具有独立性的国际组织，它受制于美国国会。

国际货币基金组织和世界银行春季会议于 2015 年 4 月 11—13 日在华盛顿举行。对被美国国会阻碍的 IMF 份额和治理改革方案的进程各方强烈关注，并指责了美国国会的阻拦。为了给各成员国一个交代，IMF 国际货币与金融委员会 12 日发表公报称，如果 IMF 份额和治理改革方案 2015 年末还得不到美国国会的同意生效，将计划以新的方案代替原改革方案。

三、本案启示

（一）改革的积极效果和现实意义

基金组织是一个和一般国际组织不一样的、以资本多数决为基本议事规则的国际金融机构，但它毕竟是一个以主权国家为成员的国际组织，所以对它来说，为了体现其合法性、公正性和保证公信力，必须全面照顾到各国的国家主权和利益，尊重各个国家。还要以民主政治和国际法治为行事原则。如果做不到这些，IMF 就很可能成为发达国家牟取利益的工具，其最初成立的目标也就名存实亡了。

为了防止以上所说情形出现，2008 年改革计划和 2010 年改革计划都是为 IMF 更好地运转，更准确地反映实际情况所做的努力。一旦落实，IMF 的有效性、可信性和合法性将会得到一定的提升，其内部成员国间的利益关系也将得到协调，其解决实际问题的能力也会大幅提高。

虽然这项基金组织的改革计划相比以前最具革命性的治理改革方案——2010 年改革决议目前没有得到美国国会的批准，但是 IMF 能够在 2010 年时就制订这份改革计划并公布，其意义是显而易见的。这表明，IMF 能够协调各成员国的利益，并依着经济格局的变化而适时对 IMF 的一些机制、规定做有效的改革。也确实为金砖国家和以中国为代表的发展中国家在基金组织中的份额和发言权进一步提高在做着努力。如此一来各成员国在 IMF 中的实际地位将更好地与全球经济地位相匹配。

这些改革计划毫无疑问是对那些在全球经济中作用日益增强的国家的尊重与肯定，也是一次权利结构的重新洗牌。更值得一提的是 2010 年的改革首次提到了要对执行董事会产生方式进行优化改革，从这个意义上来说 2010 年的改革计划具有里程碑意义。

（二）改革的局限和不足

虽然前几次改革意义重大，很多改革也没有触及核心事项。例如，在 2008 年决议付诸实施后，虽然发展中国家的份额与投票权得到了提升，可是美国在基金组织中的份额和投票权非但没有降低反而得到提升，所占份额比例从 17.07% 增加到 17.67%，投票权比例从 16.72% 提高到 16.73%，也就是说美国的一票否决权依然存在，所以说改革的实际意义不大。而且历次改革有明显的不足，也就是说虽然基金组织在管理层代表性和遴选机制方面的问题很多，但是 IMF 没有对管理层选举机制改革方面作出指示。2010 年的改革决议本应该在这方面有所提及，而且还解释称没有提及的原因是建立公开、透明和择优的遴选机制事关重大，在论证妥当以前，不会随意制订改革计划。这种解释明显不太让人信服，IMF 高级管理人员的选举是关乎 IMF 危机治理能力的重大问题，应当花很大精力来论证此问题，而 IMF 却借口没有拿出可靠方案而暂缓此方面改革。其实问题的根源很明显，那就是某些成员不愿就这方面问题让步，成员国间无法就高级管理人员的选举达成共识。

虽然出台的改革方案确实有效体现了全球经济格局和各国实力相对变化的事实，也确实通过某些规定使 IMF 在运作时更加透明民主，公平公正。这是改革的积极方面，我们期待这些改革计划能够落到实处，真正为 IMF 注入新的发展动力，更好地为国际经济健康良好发展做贡献。

第四节　港元保卫战

一、基本案情

1997 年 7 月 18 日，国际投机商对港元进行了试探性的攻击。在这次进攻中，特区政府通过上调银行利率有效地化解了国际投机商对港元的进攻。

1997 年 8 月国际投机者对港元展开第二次攻击。14—15 日两天，对冲基金大手卖空港元造成了港元对美元汇率的大幅下跌。后来由于印尼盾汇率宣布自由浮动，借着这一市场信号的释放，国际投机商又进一步对港元展开了攻击。在这种情况之下，香港金融管理局为了防止港元进一步下跌，迅速提高了银行的短期贷款利息，从而逼迫国际投机商以极高的成本在货币市场上贷款平仓。

在股市受挫、市场信心不足的背景之下，国际投机者又于 1997 年 10 月 17—22 日利用新台币主动贬值3.3%这一有利机会，开始总攻港元。导致在19日这一天港股下挫630点。国际投机商在21—22日两天内共计抛空了1000亿港元，使得市场上港元的供给大幅增加，从而造成港元进一步贬值，达到攻击港元的目的。

香港金融管理局紧缩银根的做法虽然增加了国际投机商的炒汇成本，有力地回击了国际投机者，但是对股市产生了重大影响，股市投资者纷纷抛掉手中持有的股票，以至于在短短7个交易日内恒生指数共跌去4542点。

此后，在1998年1月12—16日，1998年6月12—17日，国际投机者又先后两次对港元展开攻击。这两次攻击规模合计可达370亿港元，第一次规模在230亿~310亿港元，第二次为78亿港元。这两次攻击规模的总和是1997年10月的1/3。

虽然香港政府面临的外部环境复杂而凶险，但是也得到了周边国家和中国政府的支援。比如，香港特别行政区政府与亚洲多国央行签订的双边回购协议，为香港政府提供了充足的流动资金。而中国政府于1998年有效保证人民币汇率的稳定，也为香港政府回击国际投机者的攻击提供了有利的环境。同时为了支持香港特别行政区政府，为了维持市场对港元的信心，中国政府多次公开对散布人民币即将贬值和香港联系汇率制危在旦夕的谣言进行了回击，同时明确表示要无条件支持港元。同时香港政府和大陆的外汇储蓄很充足——总计2318亿美元。这些因素都对香港政府赢得这次战役提供了信心和保障。

在与国际投机商多次较量之后，香港政府吸取经验教训，调整攻击策略，与国际投机者展开决战。在关键时刻香港政府反操纵的做法，使恒生指数在短短半个月内成功地暴涨1169点，从6660点激增到7829。期货具有价格发现功能，也反映市场对价格走势的预期，香港政府的反操纵策略使8月恒生股指期货的价格上升了1241点，这就是有效利用了期货操作的杠杆效应，维持了市场对股票市场和香港政府的信心。

香港政府对国际投机者决战的成功，打击了国际投机者的嚣张气焰，成功地捍卫了中国香港的联系汇率制度并恢复了外界对特别行政区政府和经济的信心。

回顾这一段历史，对我们今日更好地理解金融的本质和认清历史，并从中吸取教训有积极意义。也为我国日后金融的改革和发展提供了有价值的参考资料。

二、案情分析

（一）国际投机者的基本策略及操作步骤

国际投机者在此次攻击港元的行动中，采用的主要方法是：股市抛空、股指期货市场抛空、汇市抛售港元的三市联动策略，以此来获得收益。

国际投机者在攻击港元的具体操作中主要有以下三个环节，详述如下：

第一步要做的是囤积大量的港元，在持有大量港元的同时买入远期美元合同，并在股指期货市场建立大量空仓。

第二步是趁周边环境不稳定时攻击外汇市场，使港元受到贬值压力。此时政府一般的做法是提高港元利率，以达到提高投机者借港元沽空的成本。这样利率会有抬升，这种上升一方面造成美元升水，另一方面，利率的上升也会使大量资金撤出股市，使股市指数持续下跌。

第三步做法是对股市与恒生指数期货同时展开攻击。首先是大量卖空港股现货使恒生股票指数下挫，接着是兑现恒指期货空仓，获得巨额利润。

(二) 首先是7月末的试盘较量

由于国际炒家的目的是攻击港元接着拉低股市最后通过股指期货获利。所以说，从进入1998年7月起，他们就开始在恒生指数期货上建立空头仓位，这是由期货交易本身的特点决定的。国际投机商为了获利将很大一部分资金投入到了股指期货市场。同时在国际炒家的推动之下，1998年8月5日，3月期的港元利率期货合约成交量为8305张。比1997年10月17日金融风暴期间的6673张还多出1632张，创下了有史以来的最高纪录。随着市场供需力量对比变化，没有平仓的期货合约数到8月13日已累积到了34809张。

借着1998年8月5日道琼斯指数下跌近300点美国股市大幅下挫的机会，国际货币炒家对港元进行攻击。香港金融管理局不得不动用大量外汇储备来抵消市场上这股沽空的力量。仅半天时间国际炒家在香港货币市场上就沽空290亿港元。香港政府仅消化了其中240亿港元沽空，港元下行压力较大。与此同时，日元的持续走低（与美元的兑换比例为1:147，创下历史最差纪录），使国际投机者进一步确信他们攻击港元的计划一定可以成功，于是加大赌注，以期在击垮港元的同时，获得丰厚的收益。

基于以上国际背景，国际投机商在8月6—7日这两天之间，再次猛烈地攻击港元，沽出近200亿港元的巨额抛盘。巨额的沽空抛盘，市场一时难以消化，使得恒生指数屡创新低，到8月13日时已经下跌到了6660点。市场普遍坚定地认为恒生指数保住5000点的可能性很小，投资者预期一片悲观。国际投机者的首轮攻击使得港元面临的形势十分严峻。

(三) 中国香港政府的试探性进攻（1998年8月14—17日）

8月14日这天，香港政府一改之前的被动防守策略，对国际投机者展开正面主动的入市反操纵攻击策略。恒生指数中的重要样本股汇丰银行在当天股市刚一开盘时就一直上涨，仅上午每股就涨了6元多，上午报收157元。到了下午汇丰银行依然涨势强劲，汇丰银行股在这一天收盘报价为158元，单日上涨4.6%。

同时香港外汇基金杀入股市，在和升证券、中银证券和汇丰证券3家专业经纪行的帮助下，港府在股票市场、外汇市场和期货市场对国际炒家全面开战。特区政府操盘手在股指期货市场大量地买入了恒生指数期货合约，同时买入数额巨大的蓝筹股。在介入期货市场后，中银证券和汇丰证券又在股票现货市场上攻击以汇丰银行为代表的银行股。

而和升证券将其主要攻击的方向放在了香港电讯和四大地产股。香港政府为了使攻势进一步加强，便对国际炒家通过同业拆借利率展开攻击。在中国香港政府严密的策划指导之下，给国际炒家的嚣张以猛烈回击。当天恒生指数大涨并冲破了7000点大关，最终收盘价为7224点，且当日成交量共计81亿港元。此次与国际炒家的较量，香港政府收获不小，国际投机商首次遭受到了全方位的打击。

（四）双方进入攻防结合之对峙（1998 年 8 月 18—23 日）

8 月 18 日，香港政府继续发力维持股指，当日股指也是大幅上涨并报收 7210 点。香港政府加持恒指期货合约多仓，看到政府决心之后众多中资机构平掉 8 月 14 日前持有的期指空仓，将其转为多仓。8 月 19 日香港政府抓住日元升值和世界主要股票市场持续走高的有利时机，对国际投机者发动了猛烈的多头攻击，把恒指从 7210 拉升到 7622 点，恒指上涨将近 412 点。

香港政府在拉高大盘后，于 8 月 20 日，在指数较高时采用高抛低吸的手法来迷惑国际投机商，最终在收盘时使恒生指数小幅上涨 120 点报收 7742 点。香港政府近两日的成功刺激了国际炒家，它们进一步增持恒生指数期货空仓和远期美元电汇合约试图在恒生指数期货上继续增持空仓，从而加强了对股票市场和港元汇率的下挫压力。

借着俄罗斯政治危机引发的全球股市下跌的势头，国际投机者于 8 月 21 日展开大举反扑，并在收盘前几分钟展开暴力式空头攻击，国际投机者聘请的 8 名洋经纪人通过不断压低价格和阻止香港政府的“御用”经纪应价的方式，成功地迫使恒生股票指数下跌 215 点，取得了暂时性胜利。国际投机者的这次反扑行动说明国际投机商已经恼羞成怒，一场更加残酷的最后对决即将上演。

（五）香港政府、国际炒家的生死之战（1998 年 8 月 24—28 日）

在外围股市大幅下跌的背景之下，8 月 24 日恒生指数早市下跌 89 点报收 7438 点。鉴于此香港政府再次发力，午后香港政府指定的经纪大买恒生指数七大重要性蓝筹样本股。不仅使个股如汇丰控股上涨 7.9%、和记黄埔上涨 2.6%、长江实业上涨 3.0%、香港电讯上涨 9.0%、中国电信上涨 2.9%、新鸿基地产上涨 2.4%、恒生银行上涨 8.2%。港股急涨 318 点，使得恒生指数被有力拉升最终在下午收盘时报收 7845 点。

为了应对国际投机者的转仓行为，香港政府在买进 8 月恒生指数期货合约的同时抛售 9 月恒生指数合约，从而达到增加国际投机商的转仓成本的目的。但依然还有大量的恒生指数期货合约仓位被国际投机者从 8 月转至 9 月。

面对炒家对股票现货市场巨大的抛股压力，香港政府于 8 月 25 日采用避开一线蓝筹股，力挺二线蓝筹股的回击策略，拉住恒生指数报收 7890 点。

香港政府在期货市场上为了增加国际炒家的转仓成本，继续买入 8 月合约、卖出 9 月合约。并把 9 月期的恒生指数锁定在了 7700 点左右。同时为了使美元电汇汇率下跌，把利率调高到了每月 1.5%。

8 月 27 日星期四。俄罗斯金融风暴使全球股票市场全面下挫。欧洲股市各国跌幅在 3%～5%，拉丁美洲市场跌幅达 5% 以上，亚洲市场中以日本股市为例，急跌 3%。

国际炒家借机大肆抛空大批港股。例如，在 8 月 27 日收市前 9 分钟一家外资证券公司狂抛 1 亿股香港电讯。随后香港政府和国际投机商对恒生指数的争夺进一步加剧，当日成交量增大到 230 亿港元，光收市前 15 分钟就产生了 83 亿港元的交易量。但是上涨幅度不大，当天恒生指数只上涨了 89 点。

8 月 28 日早市一开盘成交量就被放大许多，在短短 5 分钟内就成交了 30 多亿港元。多空双方把汇丰控股和香港电讯作为争夺的焦点。国际投机者以最高限（16 万股/笔）

抛出两只股票，而香港政府则一律全部吃进这些抛出的股票。当日恒生指数几乎没有波动，而与此形成强烈反差的是成交量空前地增长，到开盘30分钟时，股票成交量就已突破100亿港元。国际投机商又在上午收市前集中狂抛大型蓝筹股，使上午收市的成交量规模达到409亿港元。到了下午双方的交战更加激烈，面对对手疯狂抛空和大量长线平仓盘，香港政府御用经纪人最终在下午4点收盘时把恒生指数艰难地定格在7829点。当日成交量则再次突破历史纪录达到790亿港元，但恒生指数下跌93点。

7829点的收盘指数对做空股指期货的国际投机者来说，如果国际投机者的空头仓位均价都盯住7100点的话，持有这样的50000张期货合约就意味着他们所承担的亏损额达到18.225亿港元，至此香港政府大获全胜。

三、本案启示

香港不像内地有统一的中央银行，货币也不是由中央银行统一发行，而是由几家银行联合发行，因此一旦遇到外部投机者或者套利者的恶意攻击，各家银行很难快速一致地共同采取行动抵御外敌。香港的联系汇率制度对香港来说有利有弊，而且香港的联系汇率在遭受国际投机者的攻击之前成就了香港的繁荣，但是随着金融国际化的进一步加深，这种汇率制度的弊端开始显现。香港汇率波动的风险开始加大，且暴露了香港没有中央银行的缺陷。虽然港元面临的内部和外部环境都非常不利，但是在此次港元保卫战中，香港政府获得了最终胜利。因此很有必要对其反击成功的原因进行分析：

（一）索罗斯等炒家骑虎难下

香港特别行政区政府在1998年8月投入巨额资金来稳定港元市场，使得不少实力一般的国际炒家纷纷撤离香港股市、汇市和期市，但是实力雄厚的炒家索罗斯及量子基金仍死守香港战场。但是索罗斯设立的对冲基金只适合短期的攻击港元市场，并从中获利。索罗斯及其量子基金认为香港政府在短期内就会束手就擒，但是香港政府不仅坚持了很长时间而且最终取得了港元保卫战的胜利。这就使得索罗斯及其量子基金骑虎难下，最终以失败收场。

（二）香港政府有中央政府作坚强后盾，且其自身外汇储备充足

香港特别行政区政府之所以能够取得这次港元保卫战的胜利与大陆中央政府的大力支持是分不开的。中国中央政府强调香港特别行政区政府作为我国高度自治的一个地区，保障金融企业和金融市场的金融自由，并且依法进行管理和监督，是属于特区高度自治范围内的事情，中央政府不会过多地干预。同时表示中央政府是香港特别行政区的坚强后盾，中央人民政府绝对支持香港特区政府为维护香港金融市场的稳定和联系汇率制所做的努力。

香港金融管理局1998年8月公布的数据显示，截至1998年7月末，香港的外汇储备充裕，金额达965亿美元，排在世界第三位，紧随中国大陆和日本之后。香港如此充足的外汇储备，为香港政府对抗国际炒家的做空力量提供源源不断地资金支持，也增强香港政府的信心，为香港政府与国际投机展开长期较量提供了充分保证。因此，总的来说，只有在中央政府的支持，以及香港特别行政区政府充足的外汇储备的保障和香港政

府坚定的必胜信心以及适时调整运用的交易策略的相互促进之下，特别行政区政府才能打赢这场港元保卫战，才能有力打击国际投资者疯狂阻击港元市场的嚣张气焰，才能捍卫香港政府的金融安全和尊严。

第五节　欧债危机案例

一、基本案情

简单地说，欧债危机是发端于希腊的。希腊新一届政府于2009年10月4日选举成立。随后，新一届政府公布2009年政府财政赤字占GDP的比重可能达到12.7%，公共债务占GDP的比重更高，预计将达到113%。但是，欧盟《稳定与增长公约》规定的两者上限分别为3%和60%，可见政府的负债率极高。到了2009年12月末，希腊政府相关数据显示，财政赤字占国内生产总值的比值达12.4%，也就是说政府实际发生了293.79亿欧元财政赤字。基于对希腊的分析，惠誉、穆迪、标普，这三大世界闻名的评级机构先后调低了希腊的主权信用评级，希腊债务危机的序幕由此拉开。惠誉更是在不到1个半月的时间里两次下调了希腊的长期国家主权评级，使其评级由A降为BBB+。此后，希腊债务危机加剧。根据相关金融理论与实务，希腊政府的借贷成本将会由于信用评级下调而成倍增加。

为了对政府大手大脚的财政支出表达不满，达到削减财政支出的目的，约200万希腊民众在2010年2月24日组织了希腊史上规模最大的罢工，希腊国内经济运行受到了重大影响。2月25日，标普将希腊继续列入负面观察名单，维持了对其长期与短期主权信用“BBB-2”和“A-2”评级不变。并面临较高的被下调其评级1档或2档的风险。为了及时降低负债率，降低债务危机风险，希腊政府不得不于4月23日向欧盟和国际货币基金组织求助。之前欧盟还没有过类似的危机救助计划。但是谈判进展缓慢，债务违约风险进一步加剧。在这种大背景之下，标普又于4月27日将其主权信用评级调低至“垃圾级”。

随后，希腊债务危机作为一个导火索，导致欧洲其他国家如比利时、葡萄牙、西班牙（经济规模小）等国开始陷入危机。不仅规模较小的欧元区成员国受到了影响。德国等欧元区的经济大国也都开始感受到危机的影响。由于投资者和消费者对欧洲经济的消极预期，和欧元贬值以及股市的低迷，使整个欧元区的经济发展面临巨大的考验和挑战。到2010年5月，欧元区和国际货币基金组织通过了对希腊的救助计划，欧元区率先于5月2日通过了一项对希腊价值1100亿欧元援助计划。国际货币基金组织随后与欧盟联合，于5月10日通过了价值7500亿欧元的辅助计划。

随后这种主权债务危机的态势不断发展，继希腊、爱尔兰和葡萄牙接受外援之后，2011年欧元区主要成员国西班牙、意大利和法国的政府债务问题也发展成为了市场关注的焦点。随着后来欧元区第三大经济体的意大利于7月卷入这场危机旋涡，各国的政府债务危机已经扩展为牵扯整个欧元区的欧洲债务危机，从而对各国的经济发展产生了重大影响。

二、案情分析

（一）欧债危机的开端——希腊

通过表6－5来看欧债危机的开端——希腊主权债务危机如何一步步发展恶化。

表6－5 欧债危机的开端

时间	事件	评价与备注
2009年12月	全球三大评级公司下调希腊主权评级（惠誉、标普、穆迪）	希腊的债务危机随即愈演愈烈，但市场信心仍在
12月8日	惠誉将希腊信贷评级由A－下调至BBB＋	前景展望为负面
12月15日	希腊发售20亿欧元国债	
12月16日	标准普尔将希腊的长期主权信用评级由“A－”下调为“BBB＋”	
12月22日	穆迪宣布将希腊主权评级从A1下调到A2	评级展望为负面

（二）欧债危机的进一步发展和蔓延——西班牙、比利时和德国

随后欧债危机进一步蔓延，欧洲其他国家也开始陷入危机，包括比利时及欧元区内经济实力较强的西班牙等这些外界认为较稳健的国家，都预报未来3年预算赤字居高不下，由此可见希腊已非危机主角，整个欧盟都受到债务危机困扰。欧元区的龙头国德国也开始感受到危机的影响。表6－6依时间先后顺序说明了欧债危机的进一步发展和蔓延：

表6－6 欧债危机的进一步发展和蔓延

时间	事件	备注说明
2010年1月11日	若不行使有效措施控制赤字，穆迪将调降该国债信评级	穆迪警告葡萄牙
2月4日	西班牙2010年整体公共预算赤字恐将占GDP的9.8%	西班牙财政部指出
2月5日	债务危机引发市场恐慌，西班牙股市当天急跌6%	创下15个月来最大跌幅
2010年2月4日	德国预计2010年预算赤字占GDP的5.5%，2月9日欧元空头头寸已增至80亿美元	创历史最高纪录
2月10日	美国银行业在希腊、爱尔兰、葡萄牙及西班牙的风险敞口达1760亿美元	巴克莱资本表示

（三）欧洲债务危机的升级

希腊财政部的相关数据显示，希腊在2010年5月19日之前需要约90亿欧元资金才可能顺利渡过危机。为了避免欧债危机进一步蔓延，欧盟成员国财政部部长2010年4月10日凌晨签署达成了一项价值达7500亿欧元的稳定机制。之后又出现了下列事件，使得欧洲债务危机升级，具体如表6　7所示。

表6－7　欧洲债务危机的升级

时间	事件	备注与说明
2010年4月23日	希腊正式向欧盟与IMF申请援助	
5月3日	日德内阁批224亿欧元援希计划	
5月10日	欧盟批准7500亿欧元希腊援助计划，IMF可能提供2500亿欧元资金救助希腊	
9月7日	欧元区财长批准为希腊提供第二笔贷款，总额65亿欧元	
2011年1月14日	惠誉下调希腊主权信贷评级由BBB－级下调至BB＋级，评级展望为负面	惠誉：BB＋级，评级展望为负面
3月7日	穆迪将希腊国债评级从“Ba1”下调至“B1”，评级前景为负面	穆迪：评级前景为负面
3月29日	标普将希腊主权信用评级由“BB＋”下调至“BB－”	
6月29日	希腊议会通过了为期5年的财政紧缩方案，欧盟及德国对此表示欢迎	为欧元区出台新的救助方案奠定了坚实的基础
7月4日	标普将希腊长期评级从“B”下调至“CCC”，指出以新债换旧债计划有可能令希腊处于选择性违约境地	标普对其信用评级再次下调
7月21日	欧元区通过紧急峰会再次向希腊提供1090亿欧元贷款的第二次援助	欧元区第二次援助
7月27日	标普下调希腊评级至“CC”，展望为负面	标普认为希腊债务重组相当于“选择性违约”

三、本案启示

（一）欧元区发生债务危机，货币政策单一，调节力差

希腊的主权债务危机，是在全球金融危机的大背景之下爆发的，这可以说是其客观原因，主观原因是希腊政府的财政赤字过度累积。再加上评级机构的添油加醋，问题会被市场进一步放大。当政府的负债超过资产一定程度时，就会产生货币贬值（流通中的货币量大于实际所需）和借债成本增加（违约风险增加）的不良后果。从经济的自我调节机制来讲，物价波幅小而货币购买力下降，会促使国内企业将更多的产品销往国外，国内消费和从国外的进口都会降低，经济下行的压力会加大，而政府借款成本增加，也迫使政府少借款，提升资金使用效率。

然而由于希腊实行单一的货币政策，经济的自我调节机制不完善，加上欧盟这个大靠山，这两种有利于希腊的情形并未出现，经分析有两大原因。首先是在欧洲经济的两大主要引擎的拉动下，欧洲经济此前运转良好。其次是基于欧元区的国际影响力和实力，使市场对欧洲央行信心爆棚。所以欧元近年来在国际市场的表现是坚挺的。正是由于这两大原因，才使得希腊在债台高筑时依然可以以较低的成本借债（利息率低）。

欧洲单一的货币政策，是欧洲债务危机蔓延的重要推手。由于货币政策单一，希

腊、西班牙、葡萄牙等一些欧元区成员国，其经济自身的自我调节机制无法有效运作。一旦经济运行出现问题，这些国家没有能力提出有效的应对措施。既不能有效调节货币供需影响币值，更无法通过多发货币或调控借贷款利率水平来刺激国内借贷，只能“以债养债”——将已有的借债打包出售，来筹措资金。

但是由于三大信用评级机构对这些国家信用状况的披露，和对其主权债务信用水平的下调，使得市场充分认识这些国家业已累积的债务违约风险，市场预期不容乐观。因此要想售出国债“以债养债”，必须向投资者支付更多风险溢价收益，故借款成本大幅增加，政府调节经济的能力将会进一步降低，经济要想复苏就会困难重重。

欧元诞生于 1999 年（欧元区随之成立），由于加入欧元区，各国都必须被迫执行欧洲央行的货币政策，那些以前执行高利率的国家被迫大幅度下调其利率水平，执行欧元区统一的利率政策。这种利率的大幅度下调，会对资本密集的行业产生巨大影响，典型的代表就是房地产行业。企业家纷纷投资房地产，个人对房价上涨的预期增加，也导致商品房的需求持续旺盛，这促使这些国家的地产泡沫剧增。现实中，希腊 90% 以上的家庭财富是通过房地产的形式存有的，私人房地产投资大概占希腊总投资的 20%。以前，希腊家庭财富与房价上涨成正比。因此，房价的上涨增强了消费者的信心，带动了居民消费。但是，在金融危机发生时，房地产市场的崩溃吞噬了大量希腊民间财富，经济增长动力不足，各类非刚性消费需求明显下降。

（二）欧元区经济发展良莠不齐，债务国抗风险能力低下

欧元区虽然属于经济共同体性质，但是各国之间经济发展水平差异较大，而希腊是属于比较落后的一类。由于这种天然的差异，欧元区内自然地出现了“竞争优势带”和与希腊有相似之处的南欧地区为主的“比较劣势带”。这种差异的存在使得欧元区内的各国之间相互投资出现了不平衡状况。“比较劣势带”国家会蒙受损失，而政治经济实力强的成员国，则可以利用制度、技术和资金优势，并借由欧元区作为一个共同体的整合优势和货币经济运行机制，进一步扩张其经济利益。可见这种将货币统一欧元区的建立并未如规划的那样，实现共赢，反而加剧了区内经济的不均衡。如德国的经济规模是欧元区经济总规模的 1/5；德国、法国、意大利三国更是占到了欧元区经济总规模的一半左右；2002 年欧元现钞正式通过审议，成为合法流通货币，德国利用这种区域一体化的整合优势，从 2003 年起连续 5 年出口总额世界第一。与德国不同的是，南欧地区的主要欧元区成员国并未实现经济的明显增长，反而有多国出现了大额的财政赤字，最后演变为国家债务危机。再加上国际金融危机的影响，最终爆发了欧洲债务危机。

（三）评级机构的影响力过大

从理性的角度来说标准普尔、穆迪和惠誉这三大评级机构与其他评级机构，本来都仅为私人合伙制的金融中介机构，并无特别之处。但是不管是西方政府还是西方媒体却都过分地相信它们对信用违约等各类风险评定结果，这不得不引起我们的重视。三大评级机构毕竟是私人企业，将其作为市场信用风险最终裁决者来看待是不理性且具有很大风险的，因为任何问题的产生都不是某一个因素导致的，它一定是各种因素形成合力产生的结果。从这个角度来讲，三家评级机构的影响力过大，在一定程度上放大了人们对

欧元区债务危机的预期，反而不利于欧元区经济的和谐稳步增长。政府相关监管部门需要在这些方面做更多的努力和改变，才能改变这种不合理的状态。

金融市场的参与者也应该更加理性，一个国家经济好坏的影响因素很多，单凭评级机构的信用风险评定结果作为投融资行为的参考因素是不合理的。这种想法和做法很容易引发系统性的危机爆发。对国家、投资者、消费者都是不利的。

第六节　中美汇率战

一、基本案情

中美汇率争端由来已久，是中美乃至世界都在关注的问题。该问题被广泛提及是因为《2011 年货币汇率监督改革法案》的颁布和生效。美国拟订该法案的目的显而易见，就是要不惜一切代价，通过消除一些国家在对美元汇率方面的不利于美国的因素，维护美国经济利益。2011 年 10 月 11 日美国国会参议院以大比例的赞成票通过了《2011 年货币汇率监督改革法案》。这份法案的宗旨是“使各国对美元的汇率回归到合理水平”。该法案要求美国政府对主要贸易伙伴国的合理汇率水平进行评估，并对那些“汇率被低估”的国家征收惩罚性关税。国内外一致认为，该法案的拟订具有很强的针对性。由于此前就有美国学者、研究机构，甚至一些美国政府机关声称人民币汇率被严重低估，所以外界指出这份法案的主要实施对象是中国，出台此法案的目的是逼迫人民币加快升值步伐。因此，近几年来，中美政府之间在人民币汇率问题上的交锋变得越发激烈。同时美国为了摆脱金融危机引起的国内经济不景气而陆续实施的四轮量化宽松的货币政策也对人民币对美元汇率的合理水平造成了冲击。具体如 2012 年 9 月 13 日美国联邦储备委员会宣布了第三轮量化宽松货币政策（QE3），以进一步支持经济复苏和劳工市场，紧接着在 2012 年 12 月 12 日，美联储宣布了第四轮量化宽松货币政策，美联储每月采购 450 亿美元国债，加上第三轮量化宽松每月 400 亿美元的宽松额度，联储每月资产采购额达到 850 亿美元，并用量化数据指标来明确超低利率期限。这种大额高频释放市场流动性的政策举措，使得人民币兑美元汇率升值压力大增。例如，自 2013 年 4 月开始，人民币进入了加速升值通道，人民币兑美元汇率中间价屡创 2005 年汇改以来新高。截至 2013 年 12 月 26 日，人民币兑美元汇率中间价已累计上升 1797 个基点，累计升值幅度接近 3%。

二、案情分析

（一）美元国际地位的形成和变化

经过 20 世纪 30 年代经济危机的洗礼，在第二次世界大战之后，美国经济实力和抗金融风险能力都有了较大提升，美国成为了名副其实的资本主义世界盟主，加上美国具有雄厚的黄金储备，这都使得美国的国际地位和经济影响力大幅度提升。1944 年 7 月，在美国布雷顿森林召开了一次国际性会议，这标志着布雷顿森林体系的建立。布雷顿森林体系规定黄金是整个体系建立的前提，并规定国际最主要的储备货币是美元。要将美元的价值与黄金建立联系，而各国货币的相对价值又都要与美元相挂钩。影响巨大的一项承诺是美元持有者可以用美元兑换黄金，兑换比例是35美元兑换一盎司黄金。这些具有国际广泛性的规定，实际上确立一种固定汇率制体系，就是美元价值与黄金价值固定，而各国货币的价值相对于美元基本固定。发展到20世纪50年代后期，二战后美国经济竞争力被削弱，加上连年的国际收支恶化，全球许多国家都出现了“美元过剩”的情况，因而美元面临贬值压力，为了规避这种贬值风险，出现了对美国国内黄金的挤兑现象。美国的黄金储备急速减少，面临如此巨大压力，为了阻止黄金的大规模流出，尼克松政府被迫于1971年8月放弃“金本位制”，布雷顿森林体系也因此而瓦解。由于实行了黄金与美元比价自由浮动的汇率制度，美元也不可能再像以前一样成为各国汇率确定时参考的中心。但是，这并不表示美元已不再重要，而是意味着，许多国家在此之后依然实行参照美元与其他世界货币的有浮动的汇率制度。

（二）美日汇率战，日本元气大伤

日本与美国的汇率之争可以说给日本带来了惨痛的教训。日本后来的经济发展都受到汇率战后的不利影响。20世纪80年代时的日本经济可以说是活力十足，拉动经济的“三驾马车”中，出口对日本经济的贡献率最高，日本的产品大量出口到世界各地，国际贸易收支顺差连年加强。随着日本的发展壮大，以及在国际贸易中竞争优势的增强，挑战到了美国的利益，于是两国的贸易摩擦不断升级。一些老牌发达国家为了改善其日益恶化的（逆差）国际收支情况，于1985年9月22日在纽约联合召开了由5个发达国家组成的财政部部长会议，在这次著名的会议上签署了具有深远影响的“广场协议”。这个协议的目的是通过一些措施达到美元贬值的目的。日本央行抛售美元收购日元，导致美元贬值而日元快速升值，这种升值增加了日本出口企业的出口成本。日本还不断实行宽松的货币政策，同时执行低利率。这些突然间释放的流动性，给银行提供了足够的资本，由于资金充裕，银行放松了对地产贷款的审批，于是房地产市场出现爆发式增长，并累积了巨大泡沫。经济的泡沫很快蔓延到了日本股市，NIKKI股指最高时冲上了4万点。美国眼看日本的经济泡沫已经累积到了一定程度，便对日本经济展开打击。华尔街大量卖空日本股票，日本股票指数在这一波买空力量的促使之下猛跌2万点，一度降到了1万点，导致日本金融界一片混乱，许多股民损失惨重，日本经济自此以后元气大伤，久久没能缓过来。

（三）中国与美国汇率战争的经过

21世纪以后，由于中国改革开放战略的实施，中国经济增长的要素得到了充分的调动，中国经济经历了快速的增长，随着中国改革开放的加深，中国与世界其他国家的贸易规模连年扩张，中美的贸易额也是屡创新高。与日本相似，中美贸易因中国对美国的贸易顺差而招致了美国的不满。中美两国的贸易摩擦在近几年也不断升级。由于中国在劳动力要素方面具有显著优势，所以中国向美国出口的产品多属劳动密集型产品，因而价格比较低廉。美国对华贸易的连年逆差引来美国政府的敌视，于是采取了诸多使人民币升值，使美元贬值的措施，甚至通过联合国施压，中美贸易摩擦不断升级。

在正常情况之下汇率更多地与经济问题相关，但是由于牵扯了国家之间的利益问题，所以在所难免地染上政治色彩。2005 年 7 月 21 日中国政府作出了人民币升值的决定。这不仅是迫于联合国和美国的巨大压力，也在某种意义上减少了贸易摩擦，进一步为中国经济发展扫除了障碍，使得我国发展的外部环境更加稳定。仅 2005 年人民币升值的幅度就达到 3%。从 7 月的 1:8.27 至 1:8.28 突破了 8.0 的历史大关。

人民币在 2006 年加快了升值的步伐，仅在这一年中人民币就升值了 2615 个基点，1 月 4 日人民币汇率中间价为 8.0702，而到了 12 月 29 日人民币汇率中间价已变为了 7.8087。

2007 年人民币汇率依然延续 2006 年的升值势头。年内人民币对美元升值幅度达到了 6.01%，比市场预期多升值了 1% 左右。

中国外汇交易中心的数据显示 2008 年人民币升值步伐有所加快，银行间外汇市场人民币对美元汇率中间价于 2008 年 4 月 10 日首次突破 7.0 大关。年底时人民币对美元汇率升值为 1:6.9920。

从 2005 年到 2007 年人民币连年升值，且累积升值幅度较大，2009 年，人民币升值速度明显降低，但人民币快速升值的势头没有结束，到了 2010 年，人民币汇率升值的步伐突然加快。为了更加灵活地应对我国汇率波动和国际舆论压力，人民银行于 2010 年 6 月 19 日宣布采取弹性更大的汇率调整措施。7 月末到 9 月升值幅度较大。进入 2011 年，人民币兑美元汇率继续稳步升值。从 2005 年到 2011 年 6 年间人民币升值幅度巨大，图 6－3 为我们清晰地展示了 2007 年到 2011 年间人民币兑美元汇率的波动情况。

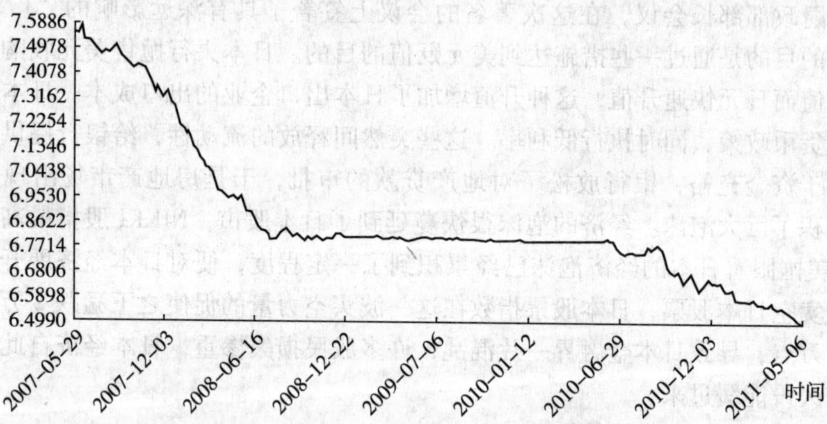

图 6－3　2007 年至 2011 年 5 月人民币对美元汇率走势

升值虽然给我国出口企业出口产品带来负担，但是经过这几轮与美国的较量，我国汇率形成机制得到了进一步完善，也有利于贸易结构优化和产业结构的升级。

（四）美国四轮量化宽松货币政策带来的人民币升值压力

从 2008 年 11 月 25 日，联储首轮量化宽松政策开始，到 2012 年 12 月 13 日凌晨美联储宣布推出第四轮量化宽松政策，美联储 4 年内 4 次释放美元流动性，加上美国实行的是低利率政策，而我国却利率相对较高，资金的获利性更强，许多美国游资涌入中国市场，促使人民币升值，人民币汇率持续走高。而我国政府为了提升国内企业出口竞争力，不愿人民币升值，汇率战悄悄打响。数据显示，截至2013年12月26日，人民币汇率中间价共计38次刷新汇改以来纪录，同时，人民币兑美元汇率中间价已累计上升1797个基点，累计升值幅度接近3%，大大超过2012年1.03%的全年升幅。

三、本案启示

（一）中美汇率战对中国的积极和消极影响

首先，来看中美汇率战使人民币升值，对中国的积极影响。一方面，人民币升值使得在用人民币购买国外产品时购买力增强，这样的话国内企业进口国外材料商品时的成本就降低了。由于我国的优势在于质优价廉的劳动力，而在技术和某些原材料方面我国优势不足，尤其对先进技术的进口需求很大。所以人民币的升值大幅降低了企业引进先进技术和进口某些原材料的成本，为我国经济发展和国际竞争力的提升增添了力量。另一方面，中美汇率战以及由其导致的人民币升值也迫使中国不断优化其不合理的贸易结构。国内企业的定式思维是“卖得越多挣得越多，多出口少进口”。这种重视出口而不重视进口的做法，固然可以通过大量的出口使出口型企业获利，并充分地利用我国充裕的劳动力，这种低附加的产品利润率较低，而且在生产这些产品时，大量消耗了国内资源，也会污染环境，高强度的劳动也损害了人民的身体健康，可谓后患无穷。而随着人民币的升值，进口成本的降低，出口成本的增加，都迫使我国企业更多地依靠技术进步，努力提升产品的附加值，不仅要有市场占有率，还要引领其所在行业的发展，做行业的标杆。总的来讲，人民币升值降低了国内企业的进口成本，有利于国内技术水平的总体提高，有助于我国国内产业的转型升级，有利于调整我国贸易结构，提升企业乃至国家的世界竞争力。

其次，来看人民币升值对中国的消极影响。一方面，人民币升值增加了国内企业出口产品的成本。这就削弱了国内企业的出口竞争优势，使得之前在劳动力方面的优势被稀释。国内出口型企业面临利润空间被压缩的生存危机，企业就会降低生产管理成本，对劳动力的要求也将进一步提升，这就加大了那些综合素质较差员工的失业风险。另一方面，人民币的长期升值使得市场对其升值的预期坚定，基于这种考虑市场参与者愿意持有更多人民币，以此获得利益。这些套利者或者投机者的大量资金涌入中国，加剧了股市房市的泡沫，对经济健康发展影响巨大。

（二）美元贬值对美国与世界的影响

美元贬值不仅影响了美国经济，也可能影响到美国政治的国际影响力。美国与中国展开汇率战的目的就是扭转中美贸易中美国的长期逆差，提振美国产品出口贸易。美元的贬值在刺激出口、减少贸易逆差方面成效显著。但是一旦这种贬值持续，长期来说对美国缩小贸易逆差是不利的。美元贬值还会减少美国对外债务的数额，减轻美国财政赤字压力。短期的美元贬值可以说对美国经济是十分有益的，但是长期贬值是有害而无益的。长期贬值，投资者会减少对美元的持有数量，而持有其他在市场上表现坚挺的货币以达到保值增值的目的，从这个意义上说美元的长期贬值会使公众对美元和美国经济的信心产生动摇甚至不利影响。

（三）中国改善人民币汇率形成机制与汇率政策的措施

汇率本质上是一种价格，也是一国与世界其他国家经济联系的纽带，汇率水平的高低也是一国经济发展水平和发展速度的重要考察指标。因此说，汇率形成机制至关重要，合理的汇率水平有利于促进该国的经济发展和对外贸易关系。而因时制宜的汇率政策能够有效地弥补汇率形成机制的不足。分析清楚中美汇率战的起因、经过和结果，有利于我们吸取教训，探索适合中国的汇率形成机制，并为日后制定实施汇率政策提供参考。

以下是对人民币汇率改革的政策建议：

为进一步增强人民币汇率调节管理的适应性、科学性，要强化对汇率有管理的浮动，完善汇率市场及汇率形成机制。可以从以下三个方面多下工夫。

首先，我们的长期目标是要放宽对汇率波动幅度的限制，使汇率形成更少的受到人为因素影响。这就要我国进一步深化改革开放战略，加快实现国际贸易资本项目可自由兑换，人民币汇率的灵活性，实现人民币真正意义上的有管理浮动。人民币实现浮动汇率是一个长期过程，这个过程应该随着资本项目的开放而不断推进。

其次，银行作为一国外汇交易的主要参与方，对汇价的形成作用明显。之前国家对银行汇率买卖价的波动范围有严格限制。例如，一旦市场需求大幅增加（导致需求大于供给），那么势必导致汇价相应地大幅上涨，而倘若政府对汇率买卖报价波幅有严格的上下线限制，则此时形成的汇价就不能真实反映市场状况，不利于经济发展。

最后，中央银行应当建立合理的外汇市场干预机制。在科学合理的干预机制的引导下，中央银行就能更好地把握干预汇率市场和汇价的时机和力度，从而使市场本有的调节机制逐渐形成和完善。从这个意义上说，我们改革和政策的方向是很明确的，就是要减小对汇率市场汇率波动的管制力度，使其更加市场化，更具灵活性和抗风险能力。

附录　中美汇率战争大事记

1973 年　在以美元为基础的布雷顿森林体系彻底解体后，许多国家采取了浮动汇率机制，允许由市场决定各主要货币的汇价。

1973 年　1 美元 = 2.005 元人民币。

1985 年 1 月 1 日　重新恢复单一汇率制，1 美元 = 2.80 元人民币，汇率下调。

1991 年 4 月 9 日　我国开始对人民币官方汇率实施有管理的浮动运行机制。

1993 年 5 月 25 日　美国财政部在一份递交给国会的报告中将中国列为汇率操纵国，同年 9 月和 7 月中国均被置于汇率操纵国名单上。

1994 年 1 月 1 日　人民币官方汇率和外汇调剂市场汇率并轨，初步形成以市场供求为基础的有管理的浮动汇率制度，当年人民币兑美元约为 1 美元 = 8.7 元人民币。

1996 年 12 月 1 日　中国实施经常账户兑换，人民币汇率小幅升值为 1 美元 = 8.3 元人民币。人民币实现经常项目下的可自由兑换，但资本项下依然实行严格管制。在此之后，人民币的汇率便固定在 1 美元 = 8.28 元人民币，上下浮动的幅度很小。

1997—1998 年　亚洲金融危机期间，中国采取多项配套措施稳定人民币汇率。

2004 年 2 月　中国允许香港银行提供有限的人民币零售银行服务，以促进跨地区旅游消费。

2005 年 7 月 21 日　中国将历时 10 年的与美元挂钩的制度改为以市场供求为基础、参考“一篮子货币”进行调节、有管理的浮动汇率制度。人民币一夜之间升值 2.1%，汇率为 1 美元 =8.11 元人民币。

2006 年 5 月 15 日　人民币对美元汇率中间价突破 1:8 的心理关口，达到 1 美元 =7.9982 元人民币。

2007 年 1 月 11 日　人民币对美元中间价突破 7.8，同时人民币汇率 13 年来首次超过港元。

2007 年 5 月 18 日　中国人民银行宣布，银行间即期外汇市场人民币对美元交易价浮动幅度由 3‰扩大至 5‰。这是自 2006 年初银行间市场引入做市商制度以来最重要的举措，也是自 1994 年以来人民币对美元汇价波幅的首次调整。

2007 年 7 月　首批人民币计价债券在中国香港发售。

2008 年 4 月 10 日　人民币对美元汇率中间价首度“破 7”，达到 1 美元 =6.9920 元人民币。

2008 年 7 月　随着全球金融和经济危机日益恶化，中国事实上将人民币汇率固定在 1 美元 =6.83 元人民币，作为稳定中国经济的紧急措施。

2009 年 1 月 16 日　奥巴马要求中国调高人民币汇率。

2009 年 4 月 17 日　人民币跨境贸易人民币结算试点启动。

2010 年 1 月 29 日　奥巴马发表国情咨文，要求人民币升值。

2010 年 2 月 23 日　中国官方媒体连发 4 篇文章反击人民币升值。

2010 年 3 月 12 日　奥巴马第三次呼吁人民币升值 。

2010 年 3 月 17 日　美参议员或提议案惩罚中国人民币政策。

2010 年 3 月 18 日　世界银行与 IMF 称中国应提高人民币币值。

2010 年 3 月 20 日　商务部副部长赴美为人民币争议降温。

2010 年 4 月 4 日　美决定暂不将中国列为操控汇率国家。

2010 年 6 月 19 日　中国人民银行宣布推进人民币汇率形成机制改革，增强人民币汇率弹性。重在坚持以市场供求为基础，参考“一篮子货币”进行调节。继续按照已公布的外汇市场汇率浮动区间，对人民币汇率浮动进行动态管理和调节。

2010 年 9 月 15 日　美国会召开人民币汇率听证会。

2010 年 9 月 29 日　美国会众议院通过了施压人民币升值的法案。

2011 年 10 月 11 日　美国会参议院以 63 票赞成、35 票反对的投票结果，通过了《2011 年货币汇率监督改革法案》。该法案的主要内容是要求美国政府对所谓“汇率被低估”的主要贸易伙伴征收惩罚性关税。

2011 年 10 月 12 日　中国人民银行撰写报告反驳中国操纵汇率。

2011 年 10 月 13 日　澳大利亚财长：将在 G20 会议上对人民币施压。

2011 年 10 月 13 日　白宫担忧人民币议案与国际义务不符 与国会商讨。

2011 年 10 月 19 日　商务部：中国将采取措施回应美元汇率。

参考文献

[1] 罗桓. 透视中美汇率战背后的原因 [J]. 商场现代化，2011 (17).

[2] 巴曙松，王志峰. 当前人民币汇率争议的文献综述及改革的趋势 [J]. 海南金融，2010 (8).

[3] 王敏聪. 中美汇率战爆发的原因及其趋势 [J]. 致富时代（下半月），2011 (2).

[4] 陆巍. 市场化背景下 SHIBOR 与 LIBOR 利率决定机制的比较 [D]. 同济大学经济与管理学院，2009.

[5] 胡江华. LIBOR 操纵案与国际金融市场基准利率形成机制的完善 [J]. 武汉金融，2013 (7).

[6] 侯军强. 国际"操纵 LIBOR 事件"对于我国利率市场化的启示 [J]. 西部金融，2012 (10).

[7] 余锋. 国际货币基金组织投票权分配制度及其改革：发展中国家的视角 [J]. 环球法律评论，2009 (4).

[8] 谢世清. 国际货币基金组织份额与投票权改革 [J]. 国际经济评论，2011 (2).

[9] 李卫玲. 国际货币基金组织面临四大挑战 [N]. 国际金融报，2004.

[10] 王鹏彬. 港元八月保卫战经过与思考 [J]. 上海金融学院学报，1998 (4).

[11] 一方. 港元保卫战评论综述 [N]. 证券市场导报，1998 (8).

[12] 唐勇，田军伟，李梅. 香港联汇保卫战进程与效果分析 [J]. 科学决策，1998 (4).

[13] 王倩，薛波. 香港、新加坡和上海国际金融中心的比较研究 [J]. 亚太经济，2007 (6).

[14] 肖本华. 新加坡国际金融中心建设的措施、成效与启示 [J]. 亚太经济，2010 (3).

思考与讨论

1. 新加坡是如何抓住时机，逐步建成国际金融中心的？新加坡建设国际金融中心有哪些优势和劣势？对我国建设国际金融中心有何借鉴意义？
2. 请对 LIBOR 利率操纵案做一简要的口头梳理，并指出出现 LIBOR 利率操纵的主要原因是什么？LIBOR 利率操纵的本质是什么？
3. 国际货币基金织组投票权之争集中爆发的背景是什么？国际货币基金组织在投票权的分配上有哪些不合理之处？为何新的改革方案迟迟不能付诸实施？本案例对你有何启示？

4. 为何国际投机者会选择港元作为其投机牟利的货币？港元保卫战中中央人民政府和香港特别行政区政府各自做了哪些努力来保卫港元？试结合本案例谈谈你对金融安全的理解。
5. 为何最先发端于希腊的主权债务危机会一步步蔓延至欧元区的许多成员国？试讨论欧债危机与几大评级机构有何联系？谈谈欧债危机对你有哪些启示？
6. 结合自己了解到的汇率相关知识谈谈汇率的决定因素有哪些？如何衡量一国货币与另一国货币合理的汇率水平？中美汇率战中人民币对美元持续升值对我国微观和宏观经济有何不利影响？中美汇率战的本质是什么？